KB272784

자본시장과 재테크

정추란 지음

자본시장과 재테크

KSi 한국학술정보㈜

　최근 코스피지수가 2,000포인트를 오르내리고 있고, 부동산에 투자하거나 각종 펀드 및 연금 보험에 가입한 자의 수가 크게 증가하는 등 재테크에 관한 열풍이 그 어느 때보다 높아지고 있다.

　그 이유는 보다 안정된 기반을 마련코자 하는 부에 대한 열망이 더욱 커지기도 하지만, 기업구조조정 및 명예퇴직 등으로 조기퇴직을 하거나 혹은 정년퇴직 후에 생존의 기간이 점점 길어지고 있어서 노후에 대한 대비를 미리 해야 한다는 생각이 앞서기 때문이다.

　더구나 장기간의 저금리 상태가 계속되고 있는 반면에, 부동산가격은 계속 치솟고, 고유가에다 물가상승 압박이 계속되는 시대에 살고 있는 현대인들은 보다 나은 수익을 찾아 나서는 데 주저하지 않고 있다.

　따라서 재테크에 대한 체계적인 이해가 필요하며, 경제적인 지식이 뒷받침되지 않으면 투자에 대한 불안감은 더욱 앞설 것이다. 물론 전문가와 의논하여 투자하는 방법이 있지만, 투자에 앞서 자본시장에 관한 제반 이론을 알고 있으면 미래의 불확실성은 더욱 줄어들 것이라고 본다.

　본서는 저자가 다년간 대학교의 학부에서 가르친 경험을 중심으로 해서 내용을 재정리한 것이다. 특히 교양학부에서 학생들을 가르칠 때에 적합한 교재가 없어서 애를 먹었던지라, 대학생들과 일반인들에게 재테크와 관련된 강의에 도움이 되도록 준비하였다. 어려운 재무 및 투자 이론은 가급적이면 쉽게 읽고 넘어갈 수 있도록 애썼으며, 전문적인 기초 지식이 없는 사람들도 유용하게 도움이 될 수 있도록 하였다. 물론 초반부분이 조금 어렵다고 느껴지면 과감히 다음 장으로 넘어가도 내용을 파악하는 데는 무리가 없을 것이다.

요즘 경제기사에 많이 나오는 유가증권시장과 코스닥시장, 파생상품이론, 펀드(fund), 리츠(REITs) 등을 중심으로 정리했으며, 이론과 함께 기업의 실제 사례를 적용하여 설명하였다. 이 책을 읽고 난 후, 재테크에 관한 투자결정시 효율적인 판단력과 자신감이 생기게 되길 바란다.

끝으로 이 책을 기꺼이 출판해 주신 한국학술정보(주)와 강태우 팀장님께 감사드리며, 직원들의 노고에도 감사드린다. 전에 근무하셨던 권현옥부장님께도 감사의 마음을 꼭 전하고 싶고, 나의 직장, 나의 가족과도 이 기쁨을 함께 나누고 싶다. 그리고 전능하신 하나님께 모든 영광을 돌린다.

2008년 2월

저자 정 추 란

제3부 재테크를 위한 주요 투자 상품

제 1 부

재테크를 위한 기초적 이론

　미래의 불확실성하에서의 재테크는 투자자의 투자판단에 따라 크게 좌우될 수 있다.

　어느 기관에서 재테크대상으로 투자선호도를 알아본 결과 서울 지역별로 보면, 서울 강남에서는 부동산을, 강북에서는 금융상품을 가장 선호하는 것으로 나타났다. 직업별로 보면 공무원은 부동산, 회사원은 주식, 전문직은 보험투자를 선호하는 것으로 나타났다.

　재테크 관련 설문조사에서는 전체 가운데 부동산 비중이 가장 높다고 응답했으며, 이어서 금융상품, 보험 등으로 나타났다. 가장 좋은 재테크대상으로 부동산(77%)을 꼽은 반면 금융상품(12%), 주식(11%) 순으로 나타나고 있다. 이것은 최근 부동산열풍이 반영된 것으로 보이며, 앞으로 펀드열풍으로 인하여 주식 등의 금융상품에 투자하려는 여유계층이 많아지리라 생각한다.

　재테크를 하기 위해서는 재무이론에 관한 기초적인 정립이 필요한데, 제1부에서는 재테크를 위한 기초적 이론을 먼저 살펴보기로 하겠다.

제1장 자본시장과 재테크의 개념

본 장에서는 자본시장의 의의와 자본시장에서 거래되고 있는 유가증권에 관한 포괄적인 개념을 파악하고, 재테크와 관련하여 자세하게 설명한다.

제1절 자본시장과 재테크의 이해

1. 자본시장의 의의

자본시장(capital markets)은 자본의 수요와 공급을 연결시켜 주는 시장으로서 기업과 관련되어 투자하는 곳을 의미한다. 기업(enterprises)은 경영활동에 필요한 자본을 자본시장을 통하여 조달하고, 투자자(investors)는 그러한 기업의 자본공급자이다. 기업은 영업활동에 필요한 대규모의 자금을 다수의 투자자로부터 조달하는데, 투자자들은 기업에 직접 또는 간접적으로 투자를 하게 된다. 간접투자자를 위한 투자 중개기관으로는 투자신탁회사, 은행, 뮤추얼펀드, 벤처캐피탈, 보험회사 등이 있다.

〈그림 1-1〉 자본시장

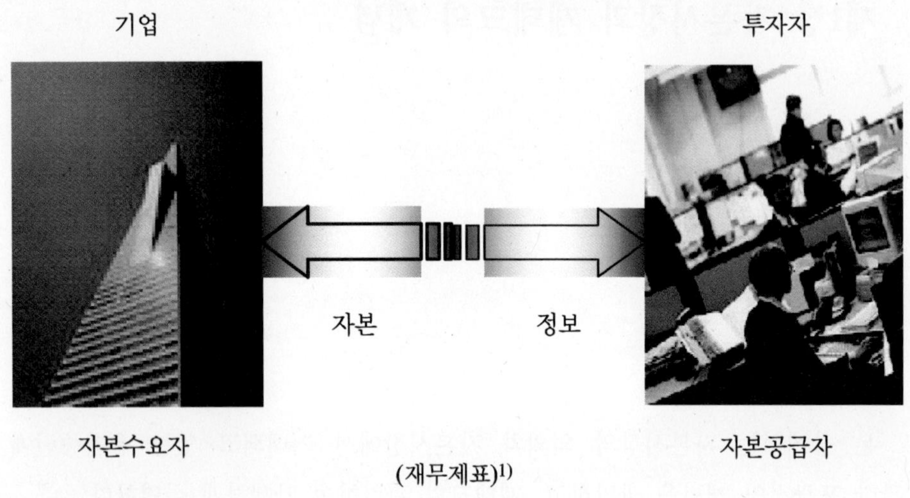

2. 우리나라 자본시장의 조직구조

우리나라의 자본시장은 크게 금융시장과 증권시장으로 조직되어 있으며 자세히 살펴보면 다음과 같다.

1) 금융시장

금융시장은 은행금융기관과 비은행금융기관으로 분류할 수 있다.

(1) 은행금융기관

① 일반은행 - 시중은행, 지방은행, 외국은행 국내지점

---

1) 재무제표의 종류에는 대차대조표, 손익계산서, 이익잉여금처분계산서(혹은 결손금 처리계산서), 현금흐름표, 자본변동표, 주석 등이 있다.

② 특수은행 - 외환은행, 중소기업은행, 국민은행, 농협, 수협 등

(2) 비은행금융기관

보험회사, 투자금융회사, 종합금융회사, 투자신탁회사, 상호신용금고, 신협, 리스회사 등

2) 증권시장

증권시장은 증권거래소, 증권회사(거래원), 증권금융회사, 증권대체결제회사, 증권전산회사, 투자자문회사 등이 있다.

3. 재테크의 의의

재테크라 함은 재무(financial)와 테크놀로지(technology)의 합성어로서 보유자금을 효율적으로 운용하여 높은 수익을 창출하는 것을 말한다. 2000년대부터 시작된 금리인하와 더불어 부동산, 주식, 보험, 금융상품, 세금 등의 다양화 및 복잡화는 우리로 하여금 재테크의 필요성을 날로 증가시키고 있다.

종래에는 기업이 주된 영업활동 외에 여유자금을 가지고 유가증권, 각종 예금 등에 투자하여 배당 및 이자수익을 얻거나 시세차익 등의 부수적인 수익을 얻고자 재테크를 주로 하였으나, 요즘에는 일반대중들도 재테크에 대한 관심이 점점 높아지고 있는 추세이다. 특히 저금리와 고령화 사회로 들어서는 우리나라의 경우, 미래의 안정적인 노후생활을 위한 재산증식과 삶의 질을 개선하기 위해서 재테크는 필요하며, 재테크에 필요한 전문적 지식과 기술이 요구되고, 이에 따라 각종 투자 상담을 위한 전문가도 늘어나고 있다.

4. 재테크의 대상

예나 지금이나 재테크의 대상으로는 우선 부동산이나 금융상품 등을 꼽을 수 있다. 그러나 요즘에는 직·간접 주식투자나 보험투자가 증가하고 있으며, 적립식 펀드의 경우에는 폭발적인 증가추세에 있다. 재테크의 대상을 분류해 보면 다음과 같다.

1) 실물자산

실물자산은 크게 동산(動産)과 부동산(不動産)으로 나눌 수 있다. 동산은 자산을 이동시킬 수 있는 것으로써 값비싼 보석이나 그림 등을 예로 들 수 있겠다. 이것은 매매가 비교적 자유롭지만 전문가적인 안목이 필요하여 일반 투자자들에게는 적합하지 못하다. 반면 부동산은 말 그대로 움직일 수 없는 자산을 말한다. 예를 들면, 토지(임야 및 택지), 단독주택, 아파트, 상가, 오피스텔 등 대부분이 우리가 주거할 수 있는 공간을 말한다. 부동산의 경우 환금성은 떨어지지만, 가격이 급상승할 기회가 가장 많아 아직까지도 가장 선호하는 재테크 대상 자산 중의 하나이다.

2) 금융자산

금융자산은 크게 저축성자산과 투기성자산으로 나눌 수 있다. 저축성자산이란 금융기관에 돈을 맡기므로 원금과 이자가 발생하는 확정자산이다. 예를 들면, 각종예금 및 적금을 들 수 있으며, 가장 안전하지만 수익률은 대체로 낮은 상품이다. 반면에 투기성자산은 투자원금이나 수익을 보장받을 수 없지만 고위험, 고수익을 기대할 수 있는 상품이다. 예를 들면, 주식투자, 수익증권, 각종 펀드, 선물, 옵션, 보험 등을 들 수 있으며, 전문적인 지식과 조언이 필요하다.

5. 재테크 시 유의사항

우리가 어느 정도의 여유 자금이 생기면 어디에 재테크를 할까 고민하게
될 것이다. 돈을 잘 굴리면 부자가 될 것이고, 잘 못 굴리면 실패하여 낭패를
볼 것이다. 수익이 높으면 그에 수반되는 위험도 높으므로, 처음부터 너무 무
리하게 하지 말고, 자신의 능력에 맞는 재테크를 구상해야 할 것이다. 재테크
시 유의사항을 살펴보면 다음과 같다.

1) 저축을 생활화하라

최소한 수입의 50% 이상은 저축할 마음을 가져야 한다. 티끌모아 태산이라
는 속담과 같이 평소에 절약과 저축하는 습관을 길러서 목돈을 만들어 놓아
야 한다. 아무리 좋은 재테크 지식과 방법을 안다고 해도 돈이 없으면 무슨
소용이 있겠는가?

2) 자신이 가장 선호하는 재테크 방법을 생각하라

실물자산에 치중할 것인지, 금융자산에 비중을 둘 것인지를 미리 생각하고
목표를 세워 실천해 나가야 한다.
그리고 이들 재테크 대상을 구체적으로 정하여 놓고 실천에 옮기기 전에
여러 번 반복하여 모의투자를 해 보는 것이 좋다.

3) 반드시 분산투자에 힘쓰자

투자수익률이 높으면 위험성이 높고, 투자수익률이 낮으면 그만큼 위험성도
낮다. 따라서 부동산과 금융상품 등에 분산투자하여, 투자위험을 최소화하면서

투자수익률을 가능한 높이는 방향으로 투자를 해야 한다.

4) 각종 신문과 경제뉴스에 관심을 갖고 투자지식을 키우자

재테크에 성공하려면, 효율적인 자산운용과 아울러 투자에 대한 지식 및 정보력이 있어야 한다.

따라서 각종 정보매체를 수시로 접하는 습관을 기르고, 정확한 판단력을 발휘하는 매매(賣買)의 적시성이 필요하다.

5) 너무 성급하게 매매하지 말고 느긋하게 투자를 즐겨라

우리는 복잡하고 다양한 경제 환경 속에서 살고 있고, 변화의 속도가 그 어느 때보다도 빠른 시대에 살고 있다. 인터넷으로 인하여 투자여건도 우리나라뿐만 아니라 세계의 그 어느 나라와도 신속하게 연결이 되고 있다. 따라서 자신이 있으면 직접 매매하는 것도 좋지만, 자산운용회사 등을 통하여 간접투자하는 것이 더 안전하다고 본다. 어떠한 투자방식이던지 간에 일단 투자를 했으면 여유를 갖고 느긋하게 투자를 즐기자.

6) 절세방법을 터득하라

요즘에는 세금에 대한 비중이 날로 증가되고 있다. 부동산거래세 및 보유세, 금융자산에 대한 각종 세금 등을 잘 파악하고, 절세나 세금우대 등 가급적이면 세금을 줄일 수 있는 방법을 알아두는 것도 효율적인 재테크라고 할 수 있다.

제2절 재무이론과 재테크

저성장, 고유가에다 콜금리마저 인상되었던 요즈음 미국발 서브프라임 모기지(subprime mortgage: 비우량 주택담보대출) 부실 문제로 말미암아 국제금융시장이 변동의 조짐을 보이고 있다. 예기치 않은 국내외의 불확실성 요인은 금융시장 및 실물경제에 영향을 미치게 된다. 이로 말미암아 장기간의 저금리 시대에서 꾸준히 오르고 있던 금리인상이 주춤하고 있는 형국이다.

서브프라임 모기지 부실 문제가 오랫동안 지속될 경우 국내경기변동에도 직·간접적으로 영향을 미칠 것으로 예상된다. 따라서 급속히 변화하는 경제환경 속에서 재무적 기초이론을 먼저 살펴보고, 경제요인별 재테크 요령을 알아보자.

1. 화폐의 미래가치(복리이자계산)

화폐는 동일한 금액이라 하더라도 시점에 따라 가치가 다르다. 즉 오늘의 1억 원과 1년 후의 1억 원은 그 가치가 다르다.

미래가치(compound or future value)[2]란 현재의 일정금액을 미래의 일정시점에서 계산한 가치를 말하며, 미래가치를 구하는 것을 복리계산이라고 한다.

현재의 원금을 p_0, 기간당 이자율을 i, 로 이자액을 I, n기간 후의 미래가치를 p_n이라고 하며, 1기간 후의 미래가치 p_1은 다음과 같다.

$$p_1 = p_0 + I = p_0 + p_0 \cdot i$$
$$= p_0(1+i) \qquad \text{.......}(1-1)$$

---

2) "정한규, 2005, 재무관리원론, 경문사"에서 참고한 것임.

또한 2기간 후의 미래가치 p_2는 다음과 같다.

$$p_2 = p_1(1+i) = p_0(1+i)(1+i)$$
$$= p_0(1+i)^2$$

따라서 n기간 후의 미래가치 p_n은 다음과 같다.

$$p_n = p_0(1+i)^n \quad \cdots\cdots\cdots\cdots(1-2)$$

식 (2)에서 $(1+i)^n$을 복리이자요소(compound value interest factor: CVIF)라고 부른다.

예를 들면, A라는 사람이 원금 100만 원을 연 10%의 이자율로 2년간 은행에 예금한다고 가정해보자.

(1) 단리이자[3])의 경우 .... 100만원 + (100만원× 0.1 × 2) = 120만원
(2) 복리이자의 경우 ..... 100만원 × $(1+0.1)^2$ = 121만원

위에서 단리법에 의한 계산을 하면, 2년 후에 만기원리금은 원금 100만 원과 연 10만 원씩 2번의 이자 20만 원을 합한 원리금 120만 원을 받을 수 있다.

반면에 복리법에 의한 계산을 보면, 첫 연도는 원금 100만 원과 이자 10만 원을 합한 110만 원을 원리금으로 계산하고, 2년 후는 110만 원에 이자 11만 원을 합한 121만 원을 원리금으로 받을 수 있다.

---

3) "원금+(원금×이자율×기간＝이자)"로 만기의 원리금을 계산하는 방법.

따라서 어떤 방법에 의한 금리계산을 하느냐에 따라 수익의 차이가 날 수 있으며, 이러한 차이는 기간이 길수록 복리에 의한 이자계산이 상당한 금액으로 증가하게 될 것이다. 당연히 복리에 의한 이자계산은 장기간 예치할 경우 단리에 의한 이자보다 많은 이자수익을 얻게 된다.

2. 화폐의 현재가치(할인율계산)

화폐의 현재가치(present value: PV)란 미래에 발생할 일정금액을 현재의 시점에서 평가한 가치이다. 현재가치를 줄여서 현가라 한다.

현재가치는 항상 미래금액보다 작아지기 때문에 현재가치를 구하는 것을 할인(discount)한다고 하며, 할인할 때 사용하는 이자율을 할인율(discount rate)이라고 한다.

현재가치는 위의 식 (1-2)로부터 유도할 수 있다.

$p_n = p_0 (1+i)^n$ 은 현재시점의 금액 p_0 가 n기간이 경과한 후에 얼마가 될 것인가를 나타내는 식이므로, n기간 후의 미래가치인 일정한 금액 (p_n)의 현재가치(p_0)는 다음과 같다.

$$p_0 = p_n \frac{1}{(1+i)^n} \quad \text{.........}(1-3)$$

위의 식 (1-3)에서 $\frac{1}{(1+i)^n}$ 을 현가이자요소(present value interest factor: PVIF)라고 부른다.

예를 들면, 현금 100만 원을 연 10%의 이자율로 은행에 예금하면 1년 후에는 110,000원이 된다. 따라서 1년 후의 110,000원은 현재의 100,000원에

해당된다. 이때 현재의 100,000원을 1년 후의 가치인 110,000원의 현재가치라
고 한다.

3. 연금의 현재가치

연금의 현재가치(present value of an annuity)는 매 기간 발생하는 일정금
액을 현재시점의 가치로 환산한 금액의 합계이다.

연금의 현재가치를 A_n이라 하면 다음과 같다.

$$A_n = \frac{R}{(1+i)^1} + \frac{R}{(1+i)^2} + \cdots \frac{R}{(1+i)^{n-1}} + \frac{R}{(1+i)^n}$$

$$= R \left(\frac{1 - \dfrac{1}{(1+i)^n}}{i} \right) \quad \ldots\ldots(1-4)$$

식 (4)에서 $\left(\dfrac{1 - \dfrac{1}{(1+i)^n}}{i} \right)$를 연금의 현가이자요소(present value interest

factor for an annuity: $PVIF_a$)라고 한다.

예를 들어 매년 말 1,000만 원씩 3년간 받을 금액을 연간 할인율 10%로
할인하여 현재시점에서 일시불로 받을 경우를 계산해 보면,

$$1,000(PVIF_a,\ i = 10\%,\ n = 3)[4)$$

$$= 2,486.9만 \ 원(=1,000 \times 2.4869)이 \ 된다.$$

4. 사채의 가치평가

사채(bond)란 기업이 거액의 자금을 비교적 장기간에 걸쳐 조달하기 위하여 일반투자자들로부터 대규모의 자금을 차입하고자 발행하는 유가증권으로서 원금과 함께 일정한 이자를 지불해야 하는 확정적 채무이다.

사채는 액면금액, 이자율, 기간(만기)으로 표시되어 있으며, 발행 기업은 만기까지 매 6개월 또는 매 3개월마다 일정한 이자를 지불해야 한다.

약정이자를 액면가액으로 나눈 것을 액면이자율(coupon rate) 또는 표시이자율이라고 하며, 액면이자율은 사채가 발행될 때 고정되어 만기까지 변경될 수 없다.

사채의 가치는 사채투자로부터 들어오는 현금흐름(이자와 만기상환가액)을 현재가치로 환산한 금액이 된다.

예를 들면, 투자자 A가 액면가 100,000원, 만기 5년, 액면이자율 12%(단, 이자는 연 4회 지급됨)인 사채의 현재가치를 계산하려고 한다.

투자자 A가 이 사채를 매입하면 앞으로 5년간 매 3개월마다 3,000원의 이자를 지급받고 만기인 5년 후에는 상환가액 100,000원을 상환받게 된다.

따라서 이 사채의 가치는 이자지급액(연금의 형태임)의 현가와 상환가액의 현가를 합한 값이 된다.

투자자 A가 이 사채로부터 요구하는 수익률이 연 14%라면, 이 사채의 가치는 다음과 같다.

---

4) 연금의 현가표를 이용하면 쉽게 구할 수 있다.

1) 이자지급액의 현가(PV_1)

$$PV_1 = \frac{3,000}{(1+\frac{0.14}{4})^1} + \frac{3,000}{(1+\frac{0.14}{4})^2} + \cdots + \frac{3,000}{(1+\frac{0.14}{4})^{20}}$$

$$= 3,000(PVIF_a,\ i = 3.5\%,\ n = 20)$$

$$= 3,000(14.21241)^{5)} = 42,637원$$

2) 상환가액의 현가(PV_T)

$$PV_T = \frac{100,000}{(1+\frac{0.14}{4})^{20}}$$

$$= 100,000(PVIF,\ i = 3.5\%,\ n = 20)$$

$$= 100,000(0.50257)^{6)}$$

$$= 50,257원$$

따라서 위의 사채의 현재가치는 $PV_1 + PV_T$ = 92,894원이 되므로 투자자 A는 이 사채에 대하여 92,894원까지 지불하려고 할 것이다.[7]

---

5) 연금의 현가이자표($PVIF_a$)를 이용하여 계산한 것임.

6) 현가이자표(PVIF)를 이용하여 계산한 것임.

5. 투자의 기대수익률과 위험

1) 투자자산의 기대수익률

과거의 투자위험분석은 개별자산의 수익성과 위험도를 분석하기 위하여 미래 가능한 수익률의 확률분포로부터 기대수익률과 분산 또는 표준편차로 측정하였으며, 이들을 투자분석의 기준으로 이용하였다. 투자자산의 기대수익률 [expected rate of return: E(R)]은 미래의 가능한 수익률을 각각의 발생할 확률로 가중 평균하여 계산할 수 있으며, 이를 수익으로 나타내면 다음과 같다.

$$E(R) = \sum_{i=1}^{n} R_i P_i \qquad \text{....... } (1-5)$$

E(R): 투자자산의 기대수익률

R_i : i 상태하에서의 수익률(R_1, R_2, ... R_n)

P_i : R_i 가 발생할 확률(P_1 , P_2 .... P_n) 단, $\sum P_i = 1$

---

7) 기업이 사채를 발행하는 경우에 대부분의 사채는 액면가액으로 발행하지만, 실제로 사채의 발행가액은 액면이자율과 시장이자율을 비교하여 결정된다. 시장이자율이 액면이자율보다 높은 경우에는 할인발행하여야 하고, 시장이자율이 액면이자율보다 낮은 경우에는 할증발행하여야 한다. 즉, 액면이자율과 시장이자율의 차이만큼 투자자에게 보상해주거나 보상받기위하여 사채를 할인발행하거나 할증발행하는 것이다. 위의 경우는 액면가액 100,000원의 사채를 92,894원에 발행하여야 하므로 7,106원 만큼 할인발행하게 된다.

예를 들면, 주식A와 주식B에 투자했을 때 미래의 경기수준에 따른 수익률이 <표 1-1>과 같다고 가정하고 기대수익률을 계산하면 다음과 같다.

〈표 1-1〉 주식 A와 B의 예상수익률

경기수준	확률	예상수익률	
		주식 A	주식 B
호황기	.3	50%[8]	25%
준호황기	.2	40%	20%
준불황기	.4	−10%	10%
불황기	.1	−30%	5%

(1) 주식A의 기대수익률

$$E(R_A) = \sum_{i=1}^{4} R_i P_i$$

$$= R_1 P_1 + R_2 P_2 + R_3 P_3 + R_4 P_4$$

$$= 50(.3) + 40(.2) + (-10)(.4) + (-30)(.1)$$

$$= 15 + 8 + (-4) + (-3)$$

$$= 16\%$$

---

8) 만약, 어떤 투자자가 현재시점에 A주식을 1주당 20,000원에 매입하고, 미래 1년 후의 가격을 30,000원으로 오를 것이라 예측하고 있다면, 주식 A의 기대수익률은 [(30,000−20000)/20000 = 0.5]가 된다.

(2) 주식B의 기대수익률

$$E(R_B) = \sum_{i=1}^{4} R_i P_i$$

$$= R_1 P_1 + R_2 P_2 + R_3 P_3 + R_4 P_4$$

$$= 25(.3) + 20(.2) + 10(.4) + 5(.1)$$

$$= 7.5 + 4 + 4 + 0.5$$

$$= 16\%$$

위의 계산을 보면, 주식A와 주식B의 기대수익률이 16%로 동일하다는 것을 알 수 있다. 그러나 주식A와 주식B의 투자가치는 실제로 똑같지 않다.

왜냐하면, 미래의 불확실한 상황에서 실제수익률은 기대수익률과 차이가 생길 수 있으므로 투자자들은 기대수익률과 함께 미래수익의 변동가능성도 고려해야 할 것이다.

2) 투자자산의 위험(변동가능성)

재무이론에서의 위험은 미래수익의 변동가능성(variability of possible future returns)으로 정의하고 있으며, 수익의 변동가능성은 확률분포로 나타낼 수 있다. 수익의 변동가능성이 크면, 즉 위험이 크면 수익의 확률분포가 넓게 퍼져 있을 것이며, 위험이 작으면 수익의 확률분포가 좁게 퍼져 있을 것이다. 따라서 위험은 수익의 확률분포로부터 계량적으로 측정할 수 있다.

위험의 크기는 확률분포의 분산(variance: Var) 또는 표준편차(standard deviation:

σ)로 측정된다. 분산과 표준편차는 다음과 같다.

$$\text{Var(R)} = \sum_{i=1}^{n} [R_i - E(R)]^2 \, P_i \qquad \text{....... (1-6)}$$

$$= E[\{R_i - E(R)\}^2] \qquad \text{....... (1-7)}$$

$$\sigma(\text{R}) = \sqrt{Var(R)} \qquad \text{....... (1-8)}$$

$$\sigma(\text{R}) = \sqrt{\sum_{i=1}^{n}[R_i - E(R)]^2 P_i} \qquad \text{....... (1-9)}$$

위의 식 (1-5), (1-9)를 이용하여 주식A와 주식B에 대한 수익률의 확률분포의 표준편차를 구하면 아래의 <표1-2>와 같다.

〈표 1-2〉 주식A, 주식B에 대한 수익률의 확률분포의 표준편차

구분	R_i	$R_i - E(R)$	$[R-E(R)]^2$	R_i	$R_i[R-E(R)]^2$
주식 A	50%	50-16=34%	.1156	.3	.03468
	40%	40-16=24%	.0576	.2	.01152
	-10%	-10-16=-26%	.0676	.4	.02704
	-30%	-30-16=-46%	.2116	.1	.02116
					σ^2 =.0944 σ = .3072
주식 B	25%	25-16=9%	.0081	.3	.00243
	20%	20-16=4%	.0016	.2	.00032
	10%	10-16=-6%	.0036	.4	.00144
	5%	5-16=-11%	.0121	.1	.00121
					σ^2 =.0054 σ = .0735

위의 표에서 주식A의 표준편차는 30.72%이고, 주식B의 표준편차는 7.35%로 주식B의 표준편차가 주식A의 표준편차보다 작기 때문에, 주식B의 위험이 주식 A의 위험보다 작다는 것을 알 수 있다.

3) 포트폴리오이론과 지배원리

인간이 어떤 목적물로부터 얻는 심리적 만족감 또는 정신적 만족감의 크기를 효용(utility)이라고 한다. 투자로부터 얻을 수 있는 수익이 크면 클수록 투자자들의 효용은 커질 것이다. 투자자의 위험에 따른 유형은 각기 다르겠지만, 기대수익률과 위험을 고려하면 다음과 같다.

(1) 포트폴리오의 개념

투자자들이 개별증권에 분산투자하여 포트폴리오를 구성함으로써 기대수익률을 감소시키지 않으면서 투자위험을 줄이는 효과를 포트폴리오효과(portfolio effect) 또는 분산효과(diversification effect)라 한다.

포트폴리오는 하나의 자산에만 투자하지 않고 둘 이상의 자산에 분산투자할 경우의 투자대상을 지칭하는 개념이다. 넓은 의미에서의 포트폴리오는 자산의 조합을 말하나, 좁은 의미에서는 증권시장에서 거래되는 주식, 회사채 등 금융자산(financial assets)의 조합을 뜻한다.

(2) 지배원리

지배원리란 위험수준이 같은 투자대상 중에서는 기대수익률이 가장 높은 투자대상에 투자하고, 기대수익률이 같은 투자대상 중에서는 위험이 가장 작은 투자대상을 찾으려는 투자자의 투자원칙을 의미한다.

지배원리를 적용하면, 투자자는 그의 효용을 극대화시키는 개별자산을 선택할 것이며, 합리적인 투자자의 행동은 투자위험이 커질수록 이에 대한 보상으로 더욱 높은 기대수익률을 요구하는 투자형태를 보일 것이다.

6. 금리와 환율을 이용한 재테크전략

1) 금리의 이해

(1) 금리의 뜻

금리(金利)는 빌려준 돈이나 예금 따위에 붙는 이자율을 말하는 것으로, 한마디로 돈의 가치라고 할 수 있다. 남의 돈을 빌려 쓰면 그에 대한 대가를 지불해야 한다. 돈을 빌려준 대여자의 입장에서는 대여금에 대한 보상을 요구할 것이다. 따라서 금리는 자금의 수요와 공급의 원리에 의해 결정된다고 볼 수 있다.

(2) 금리와 물가와의 관계

일반적으로 물가가 오르면 금리도 올라간다. 그 이유는 물가가 계속 오르면 싼 가격에 사서 비싼 가격에 팔려고 하므로 상품사재기 현상이 일어나기 쉬우며, 이때 돈이 필요하므로 은행에서 예금을 인출할 것이다. 은행에서는 고객을 유치하려고 금리를 올릴 것이므로 물가와 금리는 같은 방향으로 움직인다고 할 수 있다.

만약 물가가 계속 상승할 가능성이 있으면, 한국은행이 개입해서 콜금리[9]를 인상한다. 이러한 금리인상으로 말미암아 시중은행들은 줄줄이 양도성예금증

---

9) 금융기간 간에 이루어지는 초단기(30일 이내) 대차(貸借)에 적용되는 금리로서, 회사채 유통수익률이나 CD 유통수익률 등과 함께 시중의 자금사정을 반영하는 지표로 이용된다.

서(CD) 금리를 비롯한 각종 예금금리 및 대출 금리 등을 올릴 것이며, 시중 자금을 흡수하고 경기과열 현상은 사라질 것이다. 그러나 경기가 너무 위축될 가능성이 있으면 반대로 콜금리를 인하하여 경제를 활성화시키는 정책이 필요할 것이다.

(3) 금리와 재테크전략

① 금리상승과 재테크

금리가 상승하기 시작하면 기업은 이자부담이 높아져서 투자가 위축되기 쉽다. 이로 말미암아 수익성 감소와 함께 기업가치가 떨어질 것이며, 주가는 하락될 것이다. 이럴 때는 신중한 투자전략이 필요한데, 예를 들면, 부동산이나 주식 등에 투자하기보다는 이자율이 높은 예금을 찾아 저축을 하거나 대출금이 있는 경우는 대출금의 조기상환 등으로 이자부담을 줄여나가야 한다.

② 금리하락과 재테크

금리가 하락하면 기업의 이자비용이 낮아져서 투자확대로 이어질 수 있으며, 기업의 수익성이 증가할 것이다. 이로 인한 당기순이익의 발생은 자본의 증가로 이어져서 기업가치가 올라가고, 주가가 상승하게 될 것이다. 이 시기에 투자자로서는 보다 많은 시세차익과 배당수익을 올릴 수 있는 기회가 될 수 있다. 금리하락기에는 금리상승기와는 반대로 저금리로 대출을 받아 부동산을 사는 사람이 실제로 많아지게 된다. 예금금리가 낮아서 돈의 흐름이 부동산이나 주식투자에 몰리게 되는데, 그 이유는 저금리의 금융상품에 투자하기보다는 더 높은 수익을 올리려고 실물자산에 투자하려는 경향이 있기 때문이다.

2) 환율의 이해

(1) 환율의 뜻

환율(foreign exchange rate)은 어떤 나라 통화의 한 단위에 대한 다른 나라 통화의 가격을 말하는 것으로, 서로 다른 통화 간의 교환비율을 말한다.

국제거래에는 서로 다른 통화들이 개입되어 있어서 서로 다른 통화 간의 교환비율인 환율이 결정되어야 한다. 만약, 환율이 일정수준에서 고정되어 있다면 자국통화건 외국통화건 간에 차이가 없다. 그러나 실제로는 환율이 매일 변동하기 때문에 외국통화로 표시되는 모든 거래는 환율변동에 따른 가치의 변동이 있게 되고, 특히, 외화자산, 외화부채 등은 기업의 영업성과에도 크게 영향을 미치게 된다.

(2) 환율과 금리와의 관계

환율과 금리는 반비례의 관계에 있다. 국내시장에서 금리가 상승하면 상대적으로 외국자금이 고수익을 찾아 자금이 유입되고 외국자금이 늘어남에 따라 환율이 하락된다. 반대로 금리가 하락하면 외국자금은 더 높은 수익을 찾아 외국으로 자금이 유출되고 환율은 상승(원화가치의 하락)하게 된다.

(3) 금리와 환율과 주가와의 관계

돈의 흐름을 알려주는 주요 지표로는 금리, 환율, 주가의 관계이다. 이들의 변동 상황을 분석하고 예측하는 것은 돈의 흐름이 앞으로 어떻게 움직이는가를 알 수 있기 때문이다. 금리 변동 시 주가와의 관계를 보면, 금리가 하락하면 기업은 적은 이자비용으로 타인자금을 빌려올 수 있으므로, 기업의 수익성과 기업가치가 높아질 것이므로 주가가 상승할 것이다. 그러나 금리가 상승하면 주식에 투자하기보다는 저축을 하여 보다 많은 이자수익을 바랄 것이다.

환율과 주가와의 관계를 보면, 환율이 하락하면(원화가치의 상승) 고수익을 찾아 자금이 유입되고 주가는 올라갈 것이다. 그러나 환율이 상승(원화가치의 하락)하면, 외국 자본은 더 높은 수익을 찾아 외국으로 자금이 유출되고 주가는 하락하게 된다. 주가가 하락폭이 클 때는 투자자의 입장에서 오히려 투자의 기회로 볼 수 있다.

(4) 환율과 재테크전략

① 환율상승과 재테크

환율상승은 외국화폐에 대한 통화의 교환비율이 올라가는 것을 의미하며, 이것은 달러에 대한 원화의 가치가 하락한 것을 말한다.

환율상승 시 원화가치가 떨어지면 수출이 증가하는 반면에 수입가격이 상승하므로 불리해진다.

환율변화의 가장 큰 원인은 미국의 달러 변화에 있는데, 달러 강세(약세)에 있으면 일본, 중국, 한국 등 아시아 국가에 큰 영향을 미치고 있으며, 엔화, 위안화, 원화 등의 평가절하(절상)를 하게 된다.

따라서 환율이 상승한 경우에는 외화자산이 많은 경우 환율상승분만큼의 추가 수익을 얻게 된다. 그러나 원화 가치 하락으로 인한 수출이 증가하는 한편 수입가격이 상승하여 물가가 오르게 되며, 외환부채의 상환부담이 늘어나게 된다.

② 환율하락과 재테크

환율하락은 외국화폐에 대한 통화의 교환비율이 떨어지는 것을 말하며, 예를 들면, 1$당 1,000원이던 원화의 교환비율이 900원으로 변하면 원화 대 달러 환율이 100원 떨어졌다고 한다. 이것은 달러에 대한 원화의 가치가 상승한 것을 말하는 것으로 환율하락은 원화의 평가절상이라고 할 수 있다.

환율하락으로 원화가치가 높아지면 국제시장에서 우리의 영향이 커지게 된다. 수입가격의 하락으로 물가가 안정되며, 외환부채의 상환부담도 줄어들게 된다. 그 반면에 원화절상으로 인한 수출이 둔화될 수 있다.

인터넷의 발달로 인하여 국제간의 거래가 더욱 활발해진 현대생활에서는 환율의 변동에 각별히 유의하여 투자를 해야 할 것이다.

특히, 미국 달러화 가치가 추락하면 세계 경제는 요동을 치게 된다. 투기자본들이 달러($) 대신 상품시장에 몰려들면서 국제유가와 원자재가격이 뛰어오르고 물가상승(인플레이션) 압력이 커지기 때문이다.

달러가치의 하락으로 인하여 세계 각국의 중앙은행들은 외환보유고를 달러 대신 유로화 비중을 늘리려고 할 것이며, 미국은 금리를 점점 더 낮추려고 할 것이다. 그 결과 달러에 몰려 있던 자금이 대체투자 수단인 원유, 금, 곡물 등 상품에 몰리게 될 것이고, 이에 대한 선물가격은 상승할 것이다.

최근 달러화의 약세로 국제유가와 원자재가격, 곡물가격이 뛰면서 세계경제에는 물가상승의 영향이 점점 커지고 있다.

제2장 기업 가치평가의 이론적 모형

제1절 기업 가치평가의 기본개념

기업가치 평가이론은 투자대상에 대한 가치평가를 어떻게 분석해야 하는가를 제시하고 있다. 또한 기업가치 평가이론은 경영자의 경영전략과 투자결정에 유효한 판단기준이 된다. 본 장에서는 기업가치에 관한 이론적 모형을 간략히 설명하고자 한다.

〈그림 2-1〉 기업가치와 소유주지분가치[10]

대차대조표 (장부가치)		가치평가	대차내조표 (시장가치)	
영업투하자본 (총자본)	순재무부채	┄┄	기업가치(영업투 하자본의 시장가치)	순재무부채의 시장가치
	자기자본			주주지분가치 (자기자본 시장가치)

* 기업의 순부채는 재무부채(financial obligation)에서 재무자산(financial assets)[11]을 차감한 것이다.

기업의 가치는 자기자본의 가치(소유주 지분)와 타인자본의 가치(부채)의 합
이다. 기업가치를 평가하는 목적은 '소유주지분'인 주주지분의 가치를 평가하려
는 데 있으므로 기업가치의 평가와 주주지분가치의 평가는 같다고 볼 수 있다.

<그림 2-1>에서 보는 바와 같이 대차대조표의 장부가치는 기업에 투자한
금액을 회계적으로 측정한 것이고, 시장가치는 영업투하자본을 시장가치로 측
정한 것이다.

영업투하자본의 시장가치(기업의 총 가치)에서 순 재무부채의 시장가치를
차감함으로써 주주지분가치(자기자본 시장가치)가 평가된다. 기업가치와 주주
지분가치를 평가하기 위한 이론적 모형은 다음과 같다.

제2절 현금흐름의 가치평가모형

1. 배당할인모형(dividend discount model: DDM)

유가증권이나 실물자산 등의 모든 자산은 그로부터 기대되는 미래 현금흐
름을 이 현금흐름의 위험을 반영하는 할인율로 할인한 현재가치로 표현된다.
따라서 기업의 주주지분의 가치는 주식보유에서 기대되는 미래현금흐름의 현
재가치로 평가할 수 있다.

배당할인모형(dividend discount model: DDM)은 기업가치를 투자자가 보유
한 주식의 미래 배당(expected future dividends)의 현재가치로 표현한 것이다.

---

10) 이에 대한 내용은 "김권중, 김문철, 재무제표분석과 가치평가, 2004, 다산출판사"
　　에서 참고한 것임.
11) 여기에서 재무자산은 기업이 여유자금으로 투자한 자산을 말하며, 이 투자액은
　　언제든지 기업의 부채를 갚을 수 있기 때문에 차감한 것이다.

$$기업가치 \ = \ 미래배당의\ 현재가치$$

$$P_t \ = \ \sum_{t=1}^{\infty} \frac{DIV_t}{(1+r_e)^t} \quad ....(2-1)$$

DIV_t: t기의 배당

r_e: 자기자본비용(cost of equity)

식 (2-1)에 의해 기업가치가 평가되며, 이를 현재의 유통주식수(number of shares outstanding)로 나누면 주식 1주의 가치가 측정된다.

이때 사용된 할인율은 주식의 위험에 대응하여 투자자가 기대하는 최저필수이익률인 자기자본비용(cost of equity)이다.

배당할인모형(DDM)은 오래전에 정립된 것으로서 이론적으로 타당한 가치평가이론이지만, 가치의 창출(creation)보다는 배분(distribution)에 초점을 두었고, 실제 적용하기가 어렵다는 문제점이 있다.

2. 현금흐름할인모형(discounted cash flow model: DCF)

현금흐름할인모형은 배당의 문제점을 해결하기 위하여 개발한 가치평가모형이다. 현금흐름할인모형에 의하면, 기업의 가치는 영업활동에 투입된 모든 자산에서 창출되는 미래 현금흐름의 현재가치가 된다. 기업에 창출된 현금흐름은 영업활동으로부터 창출된 가치(C_t)에서 영업활동의 투자액(I_t)을 차감한 잉여현금흐름(free cash flow : FCF)이다.[12] 영업활동의 투자액(I_t)은 비

---

12) Penman, S., 2001, financial statement analysis and security valuation, McGraw
-Hill : 210-231.

록 가치를 창출하지만 잉여현금흐름을 감소시킨다. 기업의 활동은 투자활동, 재무활동, 영업활동으로 구분되며, 각 활동에 관한 현금흐름의 관계를 알 수 있다.

현금흐름할인모형(discounted cash flow model : DCF)에 의하면, 기업의 가치는 기업이 창출할 것으로 기대되는 미래 잉여현금흐름(FCF)의 현재가치가 된다. 미래 잉여현금흐름의 현재가치로 평가된 기업의 총 가치에서 순 부채(net debt)의 가치를 차감하면 소유주의 지분가치인 기업가치가 측정된다.

기업가치 = 미래 잉여현금흐름(FCF)의 현재가치

$$P_t \;=\; \sum_{t=1}^{\infty} \frac{C_t - I_t}{(1+WACC)^t} \quad ....(2-2)$$

소유주 지분의 기업가치

$$V_t \;=\; \sum_{t=1}^{\infty} \frac{C_t - I_t}{(1+WACC)^t} - B_t \quad ....(2-3)$$

P_t: 기업의 총 가치

V_t: 소유주 지분의 기업가치

C_t: t기 영업활동의 현금흐름

I_t: t기 영업활동의 투자액

WACC: 가중평균자본비용

B_t: 순 부채액(net debt)

잉여현금흐름(FCF)은 영업활동으로 부터의 현금흐름(C_t)에서 영업활동의 투자액(I_t)을 차감한 후의 잔액($C_t - I_t$)이다.

현금흐름할인모형은 투자액(I_t)이 클수록 잉여현금흐름(FCF)은 작아지게 되고, 더욱이 잉여현금흐름(FCF)이 음수(-)가 될 수 있다는 문제성을 갖고 있다.

현금흐름할인모형의 잉여현금흐름(FCF) 자체는 기업가치의 창출(value added)을 나타내지는 않으나, 영업활동의 투자는 미래 영업활동 현금흐름을 증가시키므로 기업의 가치를 창출하는 원천이다. 이러한 투자의 특성을 무시하고 투자를 단순히 현금유출로만 처리하여 잉여현금흐름(FCF)이 측정되고 있으므로 결국 잉여현금흐름(FCF)은 당해기간에 기업이 창출한 가치를 나타내지 못한다는 한계점을 가지고 있다.

제3절 초과이익의 가치평가모형

1. 초과이익모형(abnormal earnings model: AEM)

앞에서 설명한 배당할인모형(DDM)과 현금흐름할인모형(DCF)은 현금흐름을 이용하여 기업가치를 평가한 것이다. 그러나 현금흐름인 배당은 회계변수들과 일정한 관계에 있는데, 자기자본(순자산) 장부가치는 순이익이 발생하면 증가하고 주주에게 배당을 하면 감소하게 된다.

따라서 초과이익모형(abnormal earnings model: AEM)은 배당할인모형(DDM)을 재구성한 것이라 할 수 있다.

$$\text{기업가치} = \text{자기자본의 장부가치} + \text{미래초과이익의 현재가치}$$

$$P_t = BV_0 + \sum_{t=1}^{\infty} \frac{X_t - r_e \cdot BV_{t-1}}{(1 + r_e)^t} \qquad ....(2-4)$$

$$P_t = BV_0 + \sum_{t=1}^{\infty} \frac{(ROE_t - r_e) \cdot BV_{t-1}}{(1 + r_e)^t} \qquad ....(2-5)$$

P_t: 기업가치

BV_0: 현재시점의 자기자본 장부가치

X_t: t기의 회계이익

r_e: 자기자본비용(cost of equity)

$X_t - r_e \cdot BV_{t-1}$: t기의 초과이익

$ROE_t = X_t \,/\, BV_{t-1}$: t기의 자기자본이익률

초과이익모형(AEM)에 의하면 기업의 가치는 자기자본 장부가치와 미래초과이익의 현재가치를 합한 것으로 평가된다.

초과이익모형(AEM)은 1990년대 중반 Ohlson에 의해 소개되었으며,[13] 초과이익모형(AEM)의 초과이익은 현금흐름할인모형의 잉여현금흐름(FCF)과는 달리, 당해기간에 기업이 창출한 가치(value added)를 나타내는 성과측정치이다. 또한 초과이익모형(AEM)에서는 기업가치를 평가할 때 자기자본 장부가치가 회계변수로서 포함되므로 미래 초과이익만 예측하면 기업가치를 평가할 수

---

13) Ohlson, J., 1995, earning, book value and dividends in equity valuation, contemporary accounting research (spring): 661−687.

있다.

이에 비해 배당할인모형(DDM)과 현금흐름할인모형(DCF)의 경우에는 미래 예측치만 의존하여 가치추정을 해야 한다. 따라서 실제 상황에 모형을 적용하려면 초과이익모형(AEM)이 기업가치 평가에 더 효율적일 것이다.

2. 경제적 부가가치(economic value added model: EVA)모형

경제적 부가가치(EVA)모형은 기업가치를 평가하는 데 있어서 현금흐름할인모형(DCF)을 재구성한 것이다. 그러나 현금흐름할인모형의 잉여현금흐름(FCF)과는 달리 경제적 부가가치(EVA)는 당해 기간에 기업이 창출한 가치(value added)를 나타내며, EVA 모형에서 기업의 총 가치와 소유주의 지분가치는 다음과 같이 표현된다.

기업가치 = 영업투하자본 장부가치 + 미래 EVA의 현재가치

$$P_t = \text{IC}_0 + \sum_{t=1}^{\infty} \frac{NOPAT_t - WACC \cdot IC_{t-1}}{(1 + WACC)^t} \qquad \text{........}(2-6)$$

$$P_t = \text{IC}_0 + \sum_{t=1}^{\infty} \frac{ROIC_t - WACC \cdot IC_{t-1}}{(1 + WACC)^t} \qquad \text{........}(2-7)$$

소유주 지분의 기업가치

$$V_t = [\text{영업투하자본 장부가치 + 미래 EVA의 현재가치}] - B_t \qquad \text{.......}(2-8)$$

P_t: 기업의 총 가치

V_t: 소유주 지분의 기업가치

IC_0: 영업투하자본 장부가치

$NOPAT_t$: t기의 세후 순 영업이익

WACC: 가중평균자본비용

$NOPAT_t - WACC \cdot IC_{t-1}$: t기의 EVA

$ROIC_t = NOPAT_t / IC_{t-1}$: t기의 영업투자자본이익률

EVA 모형에 의하면 기업의 총 가치는 현재시점의 영업투하자본 IC_0와 미래 EVA의 현재가치를 합한 것으로 평가된다. 여기서 기업의 총 가치에서 순 부채(net debt)의 시장가치를 차감하면 소유주 지분의 기업가치가 측정되게 된다.

EVA 모형은 현금흐름할인모형을 재구성한 것이므로 이론적으로 EVA 모형에 의한 가치평가는 DCF 모형에 의한 가치평가와 같다고 할 수 있다.

제3장 파생상품이론과 재테크

파생상품의 대표적 이론으로는 옵션(option), 선물(futures), 스왑(swap) 등이 있다. 옵션(option)의 가치는 기초 자산의 가치에 의해 결정된다. 옵션이 거래되기 시작한 것은 비교적 최근의 일이지만, 옵션과 유사한 증권은 오래전부터 존재해 왔다. 선물거래(futures transaction)는 거래대상물의 가격변동에 따른 위험을 회피하기 위한 수단으로 이용되어 왔다. 스왑거래(swap transaction)는 쌍방이 유리한 조건으로 금리 및 통화 등의 교환계약을 맺는 것을 말한다. 본 장에서는 옵션거래, 선물거래, 스왑거래에 관하여 자세히 살펴본다.

제1절 옵션거래(option transaction)

최근에 옵션에 관한 관심이 활발해지고 있으며, 거래량도 크게 증가하고 있다. 옵션시장의 존재는 투자자로 하여금 주식과 주식에 대한 옵션을 결합하게 함으로써 헷지상태(hedging position) 즉 무위험상태를 가능하게 해주었으며, 최근에 옵션에 관한 연구가 활발하게 이루어지고 있다.

1. 옵션(option)[14]의 정의

옵션(option)은 소유자에게 옵션의 만기일에 또는 만기일 전에 약정한 가격
(즉, 행사가격)으로 약정한 양의 기초자산(예를 들면, 보통주)을 사거나 또는
팔 수 있는 권리를 부여한다. 옵션의 소유자는 옵션의 만기일에 권리를 행사
하지 않으면 소멸하게 된다. 주식의 경우 옵션의 가치를 결정하는 요인들에는
기초자산(증권)의 현재주가, 행사가격, 무위험이자율, 만기일까지의 기간 및 주
가변동의 표준편차 등이 있다. 행사가격이 오르면 옵션의 가치는 감소하나,
다른 요인들이 증가하면 옵션의 가치는 증가한다.

옵션의 종류는 분류기준에 따라 콜옵션(call option)과 풋옵션(put option)
그리고 유로피안옵션(European option)과 아메리칸옵션(American option) 등
으로 구분할 수 있다.

2. 콜옵션(call option)

콜옵션은 정해진 기간 동안에 미리 약정된 가격으로 특정한 기초자산을 살
수 있는 권리를 말한다.

콜옵션의 가치는 기초자산의 주가가 행사가격보다 높을 경우에는 기초자산
의 주가에서 행사가격을 뺀 금액이며, 기초자산의 주가가 행사가격보다 낮을
경우에는 0이 된다. 만일, 기초자산의 가격이 행사가격을 초과하면, 콜옵션의
이득은 기초자산의 가격과 행사가격과의 차액이다.

---

14) "정한규, 이해영, 윤평구, 김철중 공저, 1992, 재무관리연습, 도서출판 탐진"에서
　　참고한 것임.

행사일에 콜옵션의 가치를 수식으로 나타내면 다음과 같다.

$$V_c = \text{Max}(V_s - E, 0) \qquad \text{.......}(3-1)$$

V_c = 콜옵션의 가치

V_s = 기초자산의 가격

E = 행사가격

예를 들면, 투자자 갑이 200×년 12월 31일까지 A주식 1주를 을로부터 10,000원에 살 수 있는 콜옵션을 을로부터 매입하였다면, 이 콜옵션의 행사가격은 10,000원이고 만기일은 200×년 12월 31일이며, 기초자산은 A주식이 된다. 이 경우에 투자자 갑은 콜옵션의 소유자이고, 을은 콜옵션의 매도자가 된다.

위의 경우에 만일, 주가가 7,000원이라면 옵션의 가치는 0이 되며, 주가가 13,000원인 경우 콜옵션의 가치는 3,000원이 된다.

3. 풋옵션(put option)

풋옵션은 매입자에게 옵션의 만기일까지 어느 시점에서든지 약정한 가격에 기초자산을 팔 수 있는 권리를 부여한다.

풋옵션의 가치는 기초자산의 주가가 행사가격보다 낮을 경우에는 행사가격에서 기초증권의 주가를 뺀 금액이며, 기초자산의 주가가 행사가격보다 높을 경우에는 0이 된다. 만일 기초자산의 가격이 행사가격보다 낮으면, 풋옵션의 이득은 행사가격과 기초자산의 가격과의 차액이다.

행사일에 풋옵션의 가치를 수식으로 나타내면 다음과 같다.

$$V_p = \text{Max}(E - V_s,\ 0) \qquad \text{.......}(3-2)$$

V_p = 풋옵션의 가치

V_s = 기초자산의 가격

E = 행사가격

예를 들면, 투자자 병이 200×년 6월 30일까지 A주식 1주를 정에게 10,000원에 팔 수 있는 풋옵션을 정으로부터 매입하였다면, 이 풋옵션의 행사가격은 10,000원이고 만기일은 200×년 6월 30일이며, 기초자산은 A주식이 된다. 이 경우 병은 풋옵션의 소유자이고, 정은 풋옵션의 매도자가 된다.

만일, 주가가 7,000원이라면 풋옵션의 가치는 3,000원이 되며, 주가가 13,000원인 경우 풋옵션의 가치는 0이 된다.

4. 유로피안옵션과 아메리칸옵션

옵션을 그 권리를 행사할 수 있는 시기에 따라 분류하면 유로피안옵션(European option)과 아메리칸옵션(American option)으로 나눌 수 있다.

유로피안옵션은 만기일에 한하여 권리를 행사할 수 있는 반면, 아메리칸옵션은 만기일이 되기 전에 언제라도 소유자의 의사에 따라 권리를 행사할 수 있다.

유로피안옵션은 권리행사일자가 정해져 있기 때문에 옵션가격결정이 보다 용이하다. 만기일 전에 권리를 행사할 수 있다는 가능성으로 인해 아메리칸옵션의 가치는 다른 모든 조건이 동일한 유로피안옵션의 가치보다 크다.

5. 옵션가치결정요인

옵션의 가치는 기초자산과 자본시장에 관련되어 있는 여러 변수에 의해 결정된다.

1) 기초자산과 관련되어 있는 변수들

(1) 기초자산의 현재가치

옵션의 가치는 기초자산의 가치에 의하여 결정된다. 따라서 기초자산의 가치가 변하면 이 기초자산에 대한 옵션의 가치 또한 변한다. 콜옵션은 소유자에게 약정한 가격에 기초자산을 살 수 있는 권리를 부여하므로, 기초자산의 가치가 상승함에 따라 콜옵션의 가치도 증가한다. 반면에, 기초자산의 가치가 상승함에 따라 풋옵션의 가치는 감소한다.

(2) 기초자산가치의 변동성

옵션매입자는 약정한 가격에 기초자산을 사거나 또는 팔 수 있는 권리를 획득한다. 기초자산가치의 변동성이 커지면 옵션의 가치는 증가한다. 이 논리는 콜옵션과 풋옵션에 모두 적용된다. 옵션매입자는 옵션을 소유하기 위해 지불한 금액 이상을 결코 손해를 보지 않으며, 기초자산의 가격이 큰 폭으로 변하면 큰 이익을 얻을 수 있는 가능성이 있다는 점에서 옵션은 다른 증권과 구별된다.

(3) 기초자산의 배당지급

옵션의 잔존기간 동안 기초자산이 현금배당을 지급하면 기초자산의 가치는 하락한다. 따라서 기대배당금의 크기가 커짐에 따라 콜옵션의 가치는 감소하고 풋옵션의 가치는 증가한다.

2) 옵션의 특성에 관련되어 있는 변수들

(1) 옵션의 행사가격

옵션을 설명하는 중요한 변수 중의 하나는 행사가격이다. 콜옵션의 경우, 소유자는 약정한 가격에 기초자산을 매입할 권리를 가지므로 행사가격이 커짐에 따라 콜옵션의 가치는 감소한다. 풋옵션의 경우, 소유자는 약정한 가격에 기초자산을 매도할 권리를 가지므로 행사가격이 커짐에 따라 풋옵션의 가치는 증가한다.

(2) 옵션의 만기

만기일까지의 기간이 길어짐에 따라 콜옵션과 풋옵션의 가치는 증가한다. 만기가 길수록 기초자산의 가치가 변할 수 있는 기간이 길어지므로 이는 옵션의 가치를 증가시킨다. 또 소유자가 약정한 가격에 기초자산을 매입할 권리를 갖는 콜옵션의 경우, 만기가 길어짐에 따라 지불할 행사가격의 현재가치가 감소하므로 콜옵션의 가치는 상승한다. 반면에 풋옵션의 경우, 만기가 길어짐에 따라 기초자산을 인도하고 받는 행사가격의 현재가치는 감소한다.

3) 자본시장과 관련되어 있는 변수

(1) 만기 동안의 무위험이자율

옵션매입자는 옵션을 매입하는 시점에서 옵션의 가격을 지불하므로 기회비용을 고려해야 한다. 이 기회비용은 이자율의 수준과 만기일까지의 기간에 의하여 결정된다. 옵션가치에 대한 평가는 무위험이자율로 행사가격의 현재가치를 계산하게 되는데, 이유는 콜 옵션의 경우 만기일 전 또는 권리행사시점까지 행사가격을 지불할 필요가 없거나 또는 풋 옵션의 경우 행사가격을 받지 못하기 때문이다.

(2) 이자율과 옵션의 관계

이자율과 옵션의 관계는 이자율이 상승함에 따라 콜 옵션의 가치는 증가하고 풋 옵션의 가치는 감소한다.

6. 옵션(option)과 재테크전략

옵션을 이용하는 재테크 하는 방법에는 주식과 옵션을 함께 투자하는 방법과 옵션과 옵션을 결합하여 투자하는 방법이 있다. 이를 헤지포지션(hedged position),[15] 스프레드포지션(spread position) 등으로 부른다. 즉 주식과 옵션의 결합을 헤지포지션(hedged position)이라 하고, 옵션과 옵션의 결합을 스프레드포지션(spread position)이라 한다. 이를 자세히 살펴보면 다음과 같다.

1) 옵션을 이용한 헷징전략

옵션을 이용한 헷징전략은 주식과 옵션을 결합하여 투자함으로써 주식에서 발생할 수 있는 손실(이익)을 옵션의 이익(손실)으로 보전하는 전략을 말한다. 이때 주식에서 발생하는 손실(이익)의 크기와 옵션에서 발생하는 이익(손실)의 크기가 동일한 경우를 완전헷징이라 하고 그렇지 않은 경우를 부분헷징이라 한다.

---

15) 헤지상태(hedged position)란 주식을 매입하고 그 주식에 대한 콜옵션을 적정한 비율로 매각함으로써, 투자자의 부가 미래의 주가에 관계없이 일정하게 되는 상태를 말한다.

2) 스프레드전략

스프레드(spread)는 2개 이상의 같은 종류의 옵션(즉, 2개 이상의 콜옵션 또는 2개 이상의 풋옵션)에 포지션(position)을 취하는 것이다. 즉 스프레드란 동일 주식을 기초자산으로 하지만 행사가격이 서로 다른 2개의 콜옵션(풋옵션)을 결합하거나 또는 만기가 서로 다른 2개 이상의 콜옵션(풋옵션)을 결합하는 것을 말한다.

주식을 1주 매입하고 동시에 콜옵션과 풋옵션 1개를 각각 매도, 매입하게 되면 투자자는 위험을 부담하지 않고 일정한 부를 얻을 수 있다. 이를 풋－콜 패리티(put－call parity)[16]라 한다.

예를 들면, 콜옵션과 풋옵션의 행사가격이 모두 27,500원이며, 두 옵션은 유로피안옵션옵션으로 만기일 전에 행사될 수 없다고 가정한다. 그리고 만기일은 1년 후이며, 현재의 주가는 22,000원으로서 만기일에 주가가 29,000원으로 상승하거나 또는 17,000원으로 하락할 수도 있다고 하자. 주식매입, 콜옵션매도(발행), 풋옵션 매입 시 결합가치를 구해 보면 다음과 같다.

〈표 3－1〉 주식매입, 콜옵션매도, 풋옵션매입을 결합한 가치

거래내용	만기일의 결합가치	
	주가가 29,000원으로 상승할 경우	주가가 17,000원으로 하락할 경우
주식매입 콜옵션매도 풋옵션매입	29,000원 $-1,500(29,000-27,500)$ 0	17,000원 0 $10,500(27,500-17,000)$
결　과	27,500원	27,500원

---

16) 풋옵션가격과 콜옵션가격 간의 균형관계 즉 풋옵션과 콜옵션을 결합하여 위험을 완전히 헤지(hedge)한 상태에서의 균형상태를 의미한다. 여기에서 풋－콜 패리티(put－call parity)의 포트폴리오구성은 주식1주 매입, 주식에 대한 콜옵션 1개를 매도, 콜옵션과 동일한 만기와 행사가격을 갖는 풋옵션 1개를 매입한다고 가정한다.

이 표의 두 가지 경우를 보면, 주가가 하락하는 경우에는 콜옵션은 행사되지 않고, 주가가 상승하는 경우에는 풋옵션은 행사되지 않음을 알 수 있다. 또한 주가가 상승할 경우 콜 옵션(call option)을 매도했을 때 손해를 본 경우와 주가가 하락할 경우 풋 옵션(put option)을 매입했을 때 이익을 볼 경우 등을 합쳐서 결합한 가치는 27,500원으로 일정하다. 이와 같은 상황을 풋-콜 패리티(put-call parity)라고 한다.

제2절 선물거래(futures transaction)

선물거래는 우리의 생활에서 흔히 "밭떼기거래", "아파트분양권거래"라는 의미와 흡사하다. 선물거래가 우리나라에 자리 잡은 것은 얼마 되지 않지만 가계와 기업이 앞으로 새로운 부의 재창출을 위해서 관심을 가져야 하겠다.

1. 선물거래의 의의

선물거래는 거래당사자가 특정 대상물을 미리 정한 가격으로 미래의 일정시점 또는 일정 기간 동안에 매매(賣買)할 것을 약정하는 거래를 말한다. 선물거래와 반대개념인 현물거래(spot transaction)는 매매계약의 체결과 동시에 매매대상물의 인도와 대금지급이 이루어지는 데 반하여, 선물거래는 현재시점에서 매매계약만이 이루어지고 매매대상물의 인도와 대금지급은 일정 기간 후인 미래에 이루어진다. 주로 농산물, 원유 등이 선물거래로 이루어지고 있으며, 최근에는 금융상품에까지 확대되어 다양한 금융선물거래가 이루어지고 있다.

2. 선물거래의 종류

선물거래는 거래대상물에 따라 상품선물거래와 금융선물거래로 구분할 수 있다.

1) 상품선물거래

상품선물거래는 주로 농산물, 원자재 등 실물상품을 거래대상물로 하는 거래이다. 상품선물거래는 1848년 미국의 시카고상품거래소(CBOT)가 설립되면서 밀, 옥수수, 콩 등 곡물을 대상으로 한 선물거래에서부터 시작되었으나, 그 후 가격변동위험을 회피하고자 하는 실수요자(헤저)들의 욕구가 증대됨에 따라 농축산물과 금, 은 동 등과 석유류 제품까지 거래대상을 확대시켜 왔다.

2) 금융선물거래

금융선물거래는 금융상품을 거래대상물로 하는 선물거래이다. 금융선물거래는 1972년 시카고상업거래소(Chicago Merchantile Exchange: CME) 산하에 국제 통화시장(International Monetary Market: IMM)이 설립되어 통화선물거래가 이루어지면서부터 금융선물거래가 시작되었다. 도입배경으로는 고정환율제도에서 변동환율제도로 변경됨에 따라 환율변동이 크게 심화되었다. 따라서 외환거래자들에게는 미래 환율변동의 불확실성에 따른 환위험을 방지하는 것이 중대한 문제로 부각되기 시작하였으며, 이러한 헤징욕구가 통화선물거래를 도입하게 된 직접적인 원인이 되었으며, 최근에는 금융선물거래가 전체 선물거래량의 대부분을 차지하고 있다. 금융선물거래는 금리선물거래(interest rate futures transaction), 통화선물거래(currency futures transaction), 주가지수선물거래(stock index futures transaction)로 분류하여 거래되고 있다.

제3절 스왑거래(swap transaction)

1. 스왑거래의 의의

스왑거래란 장래 특정일 또는 특정기간 동안 일정상품 또는 금융자산(부채)을 상대방의 상품이나 금융자산(부채)과 교환하는 거래를 말한다.

스왑거래는 장래의 자산·부채거래이며 일정장소가 있는 거래소에서의 거래가 아닌 일종의 선도거래(forward transaction)[17]에 속한다.

교환대상이 상품인 경우를 상품스왑(commodity swaps)이라 하고, 금융자산 또는 부채인 경우를 금융스왑(financial swaps)이라 한다.

2. 스왑거래의 특성

1) 계약내용이 당사자 합의에 의해서 결정되며, 장외시장에서 개별적인 형태로 이루어지는 점에서 선도거래와 유사하다.
2) 선도거래는 결제일이 한 시점인데 반해 스왑(swap)은 정해진 기간 동안 약정일마다 현금흐름을 교환하는 거래라는 점에서 다르다.

---

17) 선도거래란 장외시장에서 거래 쌍방 간에 편리한 시간에 개별적 접촉에 의하여 이루어지며, 거래조건이 표준화되어 있지 않으므로 거래당사자끼리 합의에 따라 거래조건이 결정된다. 현물의 인수와 인도는 대부분 만기일에 이루어지며, 일일결제제도가 이용되고 있지 않다.

3. 스왑거래의 종류

1) 상품스왑(commodity swaps)

상품스왑의 대표적 거래상품으로는 곡류, 원유 등이 있고 금융스왑 대상으로는 외환·채권 등이 있다.

2) 금융스왑(financial swaps)

금융스왑은 외환스왑과 금리·통화스왑으로 나눌 수 있다.

(1) 외환스왑

현물환(spot exchange)을 매도하는 동시에 선물환(forward exchange)을 매입하거나 반대로 현물환을 매입하는 동시에 선물환을 매도하는 것과 같은 외환의 매매거래이다.

(2) 금리·통화스왑

채무 또는 자산의 교환거래를 말한다. 금리·통화스왑은 동일통화표시의 채권·채무를 상호 교환하는 금리스왑(interest rate swap)과 표시통화가 다른 채권·채무를 교환하는 통화스왑(currency swap)으로 분류된다.

금리·통화스왑의 예를 들면 다음과 같다.

유로시장(Euro-currency market)에서 영국 파운드 표시 채권을 발행한 “갑” 기업이 미 달러표시 채권을 발행한 “을” 기업과 채무교환 스왑을 하였다. 이때 스왑결과 “갑”, “을” 기업이 애초에 발행된 채권 소유자에 대하여 지고 있는 채무는 아무런 변동이 없고 “갑” 기업은 “을” 기업에 대하여 파운드(£)

원리금 흐름을 받을 권리와 미화(U$)원리금 흐름을 지급할 의무를 동시에 지게 되며, 반대로 "을" 기업은 "갑" 기업으로부터 미화(U$)원리금 흐름을 받을 권리와 영화(£)원리금 흐름을 지급할 의무를 동시에 지게 된다.

4. 파생상품과 관련된 재테크의 투자격언

1) 여유자금으로 투자하라

처음부터 무리한 투자를 하지 말고, 생활비 정도의 자금 혹은 없어도 살아가는 데 무리가 없을 만큼의 자금을 투자하는 것이 좋다. 간혹 보면, 아파트담보대출 등을 하여 집중 투자했다가 전 재산을 날려 평생 고생하는 사람들도 있다.
최대한의 재산을 투자했다가 큰 손실을 보게 되더라도 삶 전체가 휘청거리지 않을 만큼만 하자.

2) 손절매를 하더라도 포기할 때 과감히 포기하자

주가 하락기에 내일이라도 오를 것 같아 미련이 남아 손절매를 좀처럼 못하는 경우가 많다. 포기를 하면 손해보지만, 장기적인 안목에서 적절한 손절매는 오히려 더 큰 손해를 줄일 수 있다. 간혹 투자에 실패하면 만회할 때까지 도박하는 심정으로 계속하는 경우가 있는데, 돌이킬 수 없는 더 큰 낭패를 가져오기 전에 과감히 포기할 줄 알아야 한다.

3) 선물, 옵션 등 파생상품에 관한 전문상담사를 찾아라

선물, 옵션투자에 관해 투자원리나 흐름을 확실하게 파악하고, 미래 예측을 정확하게 판단할 수 있는 투자전문가를 찾아야 한다. 어설픈 투자상담자는 오히려 투자를 망친다. 해당 분야에 능통한 투자전문가를 구하는 것이 중요하다.

또한 투자결정 시 최저가에 매수하여 최고가에 매도하려는 욕심을 버려야한다.

4) 매수시점과 매도시점을 잘 잡아야 한다

언제 사서 어느 시점에 팔아야 가장 큰 수익을 올리는가는 아무도 모른다. 최적의 매수시점과 매도시점은 순식간에 지나쳐 버리게 되므로 투자기회를 잘 포착하여야 성공할 수 있다. 그러나 팔고 나서 점점 오르더라도 지나간 것에 아쉬워하지 말고 마음의 여유를 갖고 좋은 공부를 했다고 생각하자.

5) 투자에 신중을 기하고, 자신에게 알맞은 투자법을 개발하자

단기 변동에 급하게 대처하지 말고, 신중한 투자의사결정을 해야 한다. 가격이 단기 급 등락할 경우 당장 큰 손해를 볼 것 같은 착각에 빠지기 쉬운데, 그럴수록 자신에게 알맞은 투자전략을 세워서 실천해 나가는 것이 좋다.

제 2 부

재테크를 위한 자본시장의 이해

　　재테크를 잘하기 위해서는 먼저 자본시장을 이해하여야 한다. 기업을 경영하려면 자금이 필요하다. 대규모의 자금을 조달하기 위해서는 주식을 발행하든지, 은행에서 대출을 받거나 아니면 회사채를 발행할 수 있다. 그런데 대출이나 회사채를 발행한 경우 일정 기간 동안에 이자를 지불해야 하고 만기가 되면 원금을 상환해야 하기 때문에 회사의 입장에서 볼 때 부담이 된다. 그래서 거액의 자금을 원활하게 조달할 수 있도록 주식을 발행하게 된다. 주식은 회사의 지분을 뜻하는 것으로, 기업의 입장에서 볼 때 주주에게 주식을 나눠주고 상환하지 않아도 되는 자기자본이 생기는 것이다.

　　투자자의 경우 투자원금을 돌려받기 위해 투자한 것이 아니라, 시세차익과 배당 등의 수익을 얻기 위해 투자하기 때문에, 기업의 측면에서 보면 원금상환과 이자부담을 줄일 수 있어 안정적인 자금을 보유하여 기업의 성장을 꾀할 수 있게 된다.

　　주식 발행이 원활하게 이루어지기 위하여 기업들은 유가증권시장(KOSPI지수)이나 코스닥시장(KOSDAQ지수)에 상장시킨다. 제2부에서는 유가증권시장, 코스닥시장을 중심으로 설명한다.

제4장 증권시장과 재테크의 기본개념

제1절 증권시장의 이해

주식 발행이 원활하게 이루어지기 위하여 기업들은 유가증권시장(KOSPI지수)이나 코스닥시장(KOSDAQ지수)에 상장시킨다.

투자자는 자신의 주식을 좀 더 안정적으로 보유할 수 있고, 자유롭게 처분할 수 있기를 바라는데, 이를 충족시키는 시장이 유가증권시장이나 코스닥시장이다. 주식시장은 증권시장에 포함되는 것으로, 증권시장에는 주식시장과 채권시장으로 분류할 수 있다.

1. 증권시장의 의의

증권시장(security market)은 대규모 자본이 필요한 증권의 발행주체가 증권을 발행하여 투자자들로부터 자본을 조달하고, 또한 이미 발행된 증권이 투자자들 간에 매매되는 시장이다. 즉 증권시장은 사채나 주식과 같은 유가증권이 발행되고 거래되는 시장으로서 발행시장과 유통시장으로 구분할 수 있다.

발행시장(issuing market)은 제1차적 시장으로(primary market)이라고도 한다. 기업, 공공단체, 정부기관 등이 주식, 사채, 국채를 발행하고, 투자자로부터 장기거액의 자금을 조달하는 시장이다. 발행시장에서는 신규 증권을 발행하여 자본을 조달하는 모집과 이미 발행되어 유통되는 매매가 이루어진다. 증권을 발행하는 방법에는 중개기관을 거치지 않고 직접 일반투자자로부터 증권을 모집 또는 매출하는 직접발행(direct issuing)과 중개기관에게 증권발행에 관한 모든 것을 맡기는 간접발행(indirect issunig)이 있다.

유통시장(circulating market)은 제2차적 시장(secondary market)이라고도 하며, 발행시장에서 기발행되어 투자자가 소유하고 있는 증권이 다른 투자자 간에 매매 유통되는 시장이다. 유통시장은 증권의 활발한 거래를 통하여 발행시장에서의 증권 발행이 용이하도록 도와주는 역할을 한다.

2. 증권시장의 기능

증권시장은 발행시장과 유통시장으로 나눌 수 있는데, 각각의 기능을 살펴보면 다음과 같다.

1) 증권발행시장의 기능

(1) 자본조달의 기능

증권의 발행주체는 증권을 발행하고 이를 발행시장을 통하여 일반 투자자들에 매출함으로써 대규모 자금을 조달할 수 있다. 또한 조달된 자금은 유통시장에서 거래되는 것과는 관계없이 기업, 공공단체, 정부 등의 발행주체가 사용할 수 있는 자본이다.

(2) 저축 및 투자수단을 제공하는 기능

각종 증권에 투자하면 투자자들은 배당과 이자의 형태로 수익을 얻을 수 있으며, 시세차익도 얻을 수 있으므로, 투자자들에게 매우 중요한 저축 및 투자의 재테크 수단으로 이용될 수 있다.

(3) 기업재무구조의 건전성 기능

주식을 발행하여 조달한 자본은 만기가 없이 사용할 수 있는 자기자본이 되므로 기업의 재무구조를 건전하게 하고, 대외신용도를 높일 수 있다. 그리고 사채를 발행한 경우는 장기의 타인자본이므로 기업은 사채발행 시 안정적인 장기거액의 자금을 이용할 수 있다.

2) 증권유통시장의 기능(증권거래소의 기능)

(1) 자본전환기능

증권유통시장에서는 증권의 매매를 통하여 증권자본과 화폐자본 간의 전환이 이루어진다. 이 같은 전환기능으로 증권의 시장성과 환금성이 증대되고 증권의 담보력이 제고되며 증권투자의 일반대중화가 가능해진다.

(2) 증권발행시장의 조성기능

발행시장에서 발행되는 증권을 매입한 투자자가 언제든지 유통시장에서 매각하여 현금화할 수 있어야 발행시장이 활성화될 수 있다.

(3) 증권의 공정한 가격형성기능

유통시장에서는 많은 수요자와 공급자 간의 가격경쟁을 통하여 증권가격이 형성된다. 따라서 유통시장에서 형성된 증권가격은 기업가치가 제대로 반영된 공정가격이라야 하겠다.

(4) 보험기능

투자자들이 가격변동으로 인한 손실위험을 보전하거나 미리 방지할 수 있는 기능을 보험기능이라 하며, 이러한 기능은 증권의 반대매매를 통하여 가능하다. 반대매매란 증권의 실물거래와 동시에 이에 반대되는 거래를 체결하는 매매형태이다. 즉 어떤 증권의 가격이 하락할 것을 예상하여 동일증권에 대하여 공매(short sale) 조치를 취하는 것이 반대매매이다. 공매란 투자자가 현재 보유하고 있지 않은 증권을 증권사로부터 빌려서 현재가격으로 팔고, 일정 기간 후에 형성된 가격으로 다시 매입하여 증권사에 상환하는 매매형태이다. 이러한 공매를 통하여 투자자는 미래의 증권가격변동에 의한 손실을 상쇄시킬 수 있다.

제2절 주식거래시장

1. 주식의 거래

얼마 전 뉴스에서 코스피(KOSPI)와 코스닥(KOSDAQ)의 시가총액이 1,000조 원 시대가 돌파되었다는 소식을 들었다.

우리가 신문에 난 경제에 관한 기사를 보면 '유가증권시장'이라는 글을 많이 볼 수 있다. 원래 증권거래소는 서울 여의도에 한 곳이었다. 과거에는 투자자들이 특정 증권사에 주식매매를 부탁하면 증권사가 증권거래소에 거래전표로 거래를 체결해 주었다. 그래서 증권거래소는 주식매매가 실제로 이루어지는 하나의 시장이었다. 연말이 되면 TV에서 거래소 시장의 전표가 꽃가루처럼 뿌려지는 것을 종종 목격했으리라 본다.

그러나 1990년대 들어서는 투자자가 자신이 거래하는 증권사를 통해 주문을 내면 거래소의 컴퓨터에서 자동적으로 거래를 체결해 준다. 증권거래소에는 주식을 거래하는 전표가 없어지고 모두 전산화 되어 실제로 주식은 증권예탁결제원에 보관되어 있는 것이 보통이다.

서울의 주식시장이 '유가증권시장'으로 바뀌어서 기존의 증권거래소와 부산에 있던 선물거래소, 그리고 증권업협회가 주관하던 코스닥(KOSDAQ)시장을 모두 통합하여 '증권선물거래소'로 재탄생하게 된 것이다. 2004년부터는 코스닥의 주식도 증권거래소의 주식도 모두 '증권선물거래소'에서 거래된다. 이 거래소는 본사를 부산에 두고 있다. 양대 시장을 구별하기 위해 '코스닥시장'은 그대로 두고 과거의 증권거래소 시장을 '유가증권시장'이라고 부르기로 한 것이다. 사실 '유가증권시장'이라 말하는 것은 정확지 않다. 주식이든 채권이든 모두 '유가증권'에 속하기 때문이다.

투자자 입장에서 주식을 거래할 때는 예전과 큰 차이가 없다. 처음으로 주식을 거래하고자 하면 아무 증권사의 객장에 찾아가 계좌를 먼저 만들어야 한다. 그 후 언제든지 상담직원에게 전화를 걸어 주식을 사고팔거나, 혹은 증권사의 지점을 직접 방문하여 매매를 하면 된다.

최근에는 컴퓨터를 사용하여 '홈트레이딩' 소프트웨어에 의해 직접 집에서 주식거래를 할 수 있게 되었다. 언제든지 주식투자가 가능하게 된 것이다.

2. 한국증권거래소의 유래

증권거래소는 유가증권의 공정한 가격 형성과 유가증권의 유통거래를 꾀할 목적으로 조직되었다. 즉 주식이나 채권 등의 유가증권을 매매(賣買)할 수 있도록 조직화된 시장이다. 거래는 다양한 형태로 이루어지는데 지속적인 경매의 방법으로 이루어지기도 하며, 특정 형태의 증권을 딜러(dealer)로부터 사거나 파는 중개인이 존재한다. 또한 특정증권에 대한 전문가가 증가하는 실정이다. 증권거래소의 공통된 업무는 증권의 상장, 거래, 청산이지만 구체적인 업무수행 형태는 나라마다 다르다. 증권거래소법에 의하면 모든 증권거래소는 증권거래위원회(Securities and Exchange Commission: SEC)에 등록하고 특정 법규를 준수해야 한다. 일반적으로 증권거래소는 자체적으로 정책과 법규를 채택하나, 증권 거래위원회가 공익을 위해 수정이 필요하다고 판단할 경우에는 증권거래위원회의 중재를 받는다.

우리나라는 1956년 2월 대한 증권거래소가 처음 설립되었으나 1962년 4월 주식회사로 개편되었다. 그 후 증권파동하에서 거래소의 공신력이 극도로 저하되자 1963년 한국증권거래소로 개편되어 공영제 형태로 유지되다가, 1987년 회원제로 전환되어 유지되었고, 2005년 1월 한국증권선물거래소법에 따라 한국증권거래소와 코스닥(KOSDAQ)시장, 한국선물거래소, 코스닥위원회가 합병된 한국증권선물거래소에 통합되었다.

한국증권선물거래소의 주요업무[18]는 유가증권시장 개설, 유가증권 매매거래, 유가증권의 상장, 상장법인의 공시, 이상매매의 심리 및 회원의 감리, 유가증권의 경매, 시장매매거래와 관련된 분쟁의 조율 및 조정, 시장개설과 관련된 부대업무, 부동산 임대 및 정보판매, 기타 필요한 수익사업 등이다.

---

18) 자세한 내용은 한국증권선물거래소의 홈페이지(http://www. krx. co. kr)를 참고하기 바람.

한국증권선물거래소는 "한국증권선물거래소법에 따라 거래비용절감과 이용자 편의제고를 위하여 기존의 현, 선물 거래소와 증권업협회 내 코스닥위원회가 합병된 것으로 지역거래의 이미지에서 벗어나 세계 금융시장의 중요한 한 축을 담당할 수 있는 기반을 구축하였다. 하루가 다르게 급속히 변화하는 세계의 금융환경에 적절히 대응하기 위해 합병 설립된 한국증권선물거래소는 현, 선물거래소 간의 합병이라는 점과 그 거래규모 등에 비추어 볼 때 세계 금융시장의 관심의 대상이 되고 있다. 한국증권선물거래소의 현물부문은 유가증권시장과 코스닥시장이 합치면서 통합거래소로 출범한 첫해의 상장회사수가 1,571개 사[19]로 증가했고, 거래대금이 813조 원으로 세계 10위권에 랭크되어 있으며, 선물, 옵션부문은 총 19개 품목이 거래되고 선물거래량은 세계 9위, 옵션거래량은 KOSPI200 옵션의 활발한 거래에 힘입어 세계 1위를 고수하였다.

3. 한국증권거래소의 상장

증권거래소는 엄격한 심사를 통해 일정요건을 갖춘 기업이 발행한 증권에 한해 증권시장에서 매매할 수 있는 자격을 준다. 이것을 "상장"이라고 하며, 상장증권을 발행한 회사를 상장회사라고 한다.

유가증권시장본부는 상장하려는 기업에 대하여 심사를 하는데, 유가증권의 공정한 가격을 형성하고 투자자를 보호하기 위하여 상장조건을 엄격히 제한하고 있다. 일반적으로 유가증권이란 민법 또는 상법상에 보장된 재산권 또는 재산적 이익을 받을 자격을 말하는 것으로서, 증권거래법에서 규정하는 유가증권은 국채, 지방채, 특별한 법률에 의하여 설립된 법인이 발행한 출자증권, 사채, 주식 또는 신주인수권, 외국 또는 외국법인이 발행한 증권 또는 증서 등이 있다. 그러나 보통 증권시장에서 사용되는 증권이라는 말은 상장되어 있

---

19) 한국증권선물거래소로 통합한 첫해인 2004년 12월 기준

는 주식 및 채권을 말한다.

우리나라에서 1956년 유가증권시장본부가 처음 개설되었을 당시에는 상장회사가 12개 사에 불과하였으며, 매매거래도 국채매매가 주류를 이루고 있었으나, 경제개발 5개년 계획과 함께 효율적인 자금 조달을 위한 정부의 자본시장 육성정책과 기업공개정책에 힘입어 증권시장은 짧은 기간 동안에 비약적인 발전을 하였다.

2000년대 들어 증권시장은 경기변동에 따라 등락을 거듭하면서 꾸준히 상승하였고, 특히 2005년 이후 금리하락, 기업실적 호조, 주식형 펀드의 자금유입 등으로 폭발적인 상승세를 이어갔는데, 아래의 <표 4-1>에서 보는 바와 같다.

〈표 4-1〉 주요 증시지표 추이*20)

(단위: p, 조 원, 백만 주, 십억 원, 사)

구 분	01년	02년	03년	04년	05년	06년	전년대비 (%)
KRX100	1,345.32	1,282.07	1,699.26	1,837.92	2,954.89	2,954.89	+5.1
KOSPI	693.7	627.55	810.71	895.92	1,434.46	1,434.46	+4.0
시가총액	255.8	258.7	355.4	412.6	704.6	704.6	+7.6
거래량**	473	857	542	373	279	279	−40.4
거래대금**	1,993	3,041	2,217	2,232	3,435	3,435	+8.8
상장회사수	689	683	684	683	731	731	+4.1
고객예탁금	9,558	8,141	9,544	8,131	8,449	8,449	−29.0
주식형 펀드	6,919	10,483	9,401	8,552	46,546	46,546	+77.8

 * 2006년 연간 증권시장 동향
** 거래량 및 거래대금은 일평균 기준임.

---

20) "증권선물거래소, 증권선물, 2007. 2. 제24호"에서 재인용함.

4. 증권거래소의 주요업무

(1) 상장심사
(2) 매매체결 및 매매결과의 처리
(3) 기업 내용 공시
(4) 주가감시 및 감리
(5) 분쟁조정 업무

5. 신규상장흐름도 및 기업내용공시

1) 상장흐름도

(1) 상장 준비 완료−(2) 예비상장 심사 청구서 제출−(3) 예비상장 심사−(4) 상장위원회 심의−(5) 예비상장심사 승인 및 통지−(6) 유가증권 신고서 제출−(7) 수요예측 및 공모가격 결정−(8) 청약 및 납입−(9) 신규상장 신청서 제출−(10) 상장 승인 및 통지−(11) 상장 및 매매거래 개시

2) 기업내용공시

증권거래소는 투자자를 보호하기 위해 상장기업의 경영상태, 보도내용 등 증권가격에 영향을 미칠 수 있는 내용들이 있을 경우 그 기업으로 하여금 이를 공시토록 한다.

6. 장외시장과 증권거래소의 비교

1) 장외시장의 뜻

장외시장이란 광의로는 거래소 시장 이외의 모든 거래시장을 의미하지만, 협의로는 증권거래소, 코스닥, 제3시장과 같이 조직화된 시장 이외의 거래시장을 말한다.

2) 장외시장과 거래소시장의 차이

(1) 거래소시장

① 경쟁매매 방식이다. 즉 다수의 매도자와 매수자가 경쟁을 통해 거래조건을 결정한다.
② 매매거래를 위한 일정한 장소와 시설 등이 필요하다.
③ 특정한 시점에서의 특정종목의 가격은 하나만 존재한다.
④ 거래대상은 주로 상장증권이다.

(2) 장외시장

① 상대매매 방식이다. 즉 매수나 매도측이 적합한 상대방을 구하여 직접 협상을 통해 가격, 수량, 결제시기 등을 결정한다.
② 전국 어디서든 거래가 가능하다 — 증권회사 자체가 하나의 독립적인 시장을 형성한다.
③ 동일 종목이 동일 시각에 거래되는 경우에도 둘 이상의 복수가격의 형성이 가능하다.
④ 거래대상이 다양하다 — 비상장증권은 물론 일정한 조건 아래에서 상장증

권도 거래가 가능하다.

7. 증권선물거래소의 역할

1) 유가증권시장본부

유가증권의 상장, 매매거래의 체결 및 시세공표에 관련된 업무와 유가증권시장과 관련한 제도의 개선 및 신상품개발업무를 담당한다.

2) 코스닥시장본부

고부가가치 산업인 벤처기업 및 유망 중소기업의 직접자금조달 기능을 담당하고 있으며, 담당업무는 유가증권시장본부와 유사한 기능을 수행한다.

3) 선물시장본부

현물시장에서 발생하는 가격변동 위험을 효과적으로 제거하는 기능을 담당하고 있으며 금리선물, 통화선물, 주식관련선물, 일반상품선물과 다양한 옵션상품이 거래된다.

(알아 둡시다)

<h2 align="center">세계 속의 증권거래소</h2>

1) 런던증권거래소

약칭은 LSE로 유가증권거래를 위해 런던에 설립한 시장이다. 영국에서 증권거래가 시작된 것은 17세기 후반부터이며, 동인도회사의 주식 또는 국채를 거래하였다. 1773년 커피점을 중심으로 주식 중개업자가 비공식으로 영업을 한 것을 효시로 증권거래소를 형성하였다. 1801년 이들 중개업자가 모금해서 거래소 건물을 완성함으로써 현재의 런던증권거래소가 정식으로 탄생하였다.

다음해에 거래규칙을 만들었고 그 후 몇 차례 개정을 거쳐, 1973년에는 지방의 몇 군데 증권거래소들을 합병하였다. 조직형태는 회원제 자치단체방식이고 법인격은 없다. 회원은 개인에 한하고 고객의 매매위탁을 중개하는 중개업자와 특정 주식에 관해 자기계정에 따른 매매를 전문으로 하는 jobber로 나누어져 있으며, 양자의 겸업은 금지한다. 매매거래 방식에는 현금거래, 정기거래, 옵션거래 등이 있는데, 가장 일반적인 것은 2주마다 결제하는 정기거래이다. 주식거래와 정보제공 분야 지원 등의 일을 하며, 영국 런던에 있다.

2) 뉴욕증권거래소

세계 최대 규모의 증권거래소이다. 1792년 증권매매에 종사하는 24명의 브로커가 월가(wall street)에 모여서 연방정부채 매매 위탁수수료율을 협의한 것이 시발점이 되어 1817년에 정식으로 뉴욕증권거래위원회로 발족하였고 1863년 현재의 이름으로 승인받았다.

1812년의 미영전쟁과 1861년 남북전쟁 이후 상업활동이 왕성해짐에 따라 증권시장도 확대되었지만 투기가 지나쳐 1929년에는 금융공황을 겪게 되었고, 이로 인해 세계 대공황이 시작되었다. 그 이후로 증권과 은행을 분리하고, 연방정부의 조사를 받으며, 증권거래위원회의 규제를 받게 되었다. 제2차 세계대전 후 1960년대의 미국경제 성장을 배경으로 주식 붐을 일으키고, 1975년 수수료율 자유화로 증권계의 재편성을 거쳐 세계 증권시장의 흐름을 주도하고 있다. 미국뿐만 아니라 많은 외국기업이 이 증권거래소에 상장하여 거액의 기업자금을 조달한다.

회원제 법인으로 운영되며 법인이 이 증권시장에 상장되려면 세금공제 이전의 총수입이 250만 달러 이상, 발행주식 총수 100만 주 이상이어야 하며, 일반주주에게 투표권을 주고 정기적으로 재정보고서를 발간해야 한다.

회원은 수탁매매를 하는 커미션 브로커, 특정주식을 거래하는 스페셜리스트, 입회장 내에서 자기계산에 의한 거래를 전문으로 하는 레지스터드 트레이더 등으로 구성된다. 커미션 브로커가 가장 중심적인 활동을 하며, 전국에 지점을 두고 각지의 고객으로부터 매매주문을 받아서 이것을 거래소에서 처리한다.

3) 도쿄증권거래소

일본 주가형성의 핵심 역할을 하며, 메이지유신이전에는 귀족계급이나 무사계급에게 봉건적인 녹을 지급했으나, 그 이후 신정부가 공채를 발행하여 이를 거래하는 시장이 필요했으므로 1878년 자본금 20만 엔으로 도쿄주식거래소를 개설했다.
초기에는 주로 공채와 금, 은화를 거래했으나, 일본경제가 성장하고 근대화됨에 따라 1920년대부터 주식거래가 주종을 이루었다. 1943년에는 일본증권거래소에서 흡수하였고 제2차 세계대전 후 거래가 중지되었다가 증권거래법 제정과 함께 1949년 미 점령군에 의해 현재의 이름으로 다시 문을 열었다.
회원조직으로 회원가입 자격은 재무상의 면허를 소지한 증권회사로 한정되어 있으며 회원 중에서 선출된 이사들이 운영한다. 최고 의사결정기관은 회원총회이다. 전국 9개소 중에서 최대 규모이며, 세계적으로도 뉴욕증권거래소 다음가는 규모이다.
또한 1969년 이래 도쿄주가지수를 발표하고 있는데, 이는 도쿄증권거래소의 제1부 시장에 상장된 전 주식 종목을 표본으로 채택하여 시가총액 가중 방법에 의해 계산되는 지수로서 증권시장의 동향을 정확하게 반영하는 일본의 대표적 주식지표로서 널리 통용되고 있다.

4) 한국증권거래소

1956년 금융단, 보험단, 증권단이 공동출자하여 회원제 단체인 대한증권거래소로 발족한 뒤 1962년 증권거래법의 제정에 따라 주식회사로 개편되었다. 1963년 증권거래법이 개정됨에 따라 정부 출자기관인 한국증권거래소로 재개편되었다가 1987년도 개정 증권거래법이 공포되어 1988년 회원제 한국증권거래소로 바뀌었다. 1991년 회원권을 외국인에 개방함에 이어 1992년에는 외국인 주식투자를 허용하였다.
주요업무는 유가증권시장 개설, 유가증권 경매, 유가증권시장 개설에 따르는 부대업무, 기타 재정경제부 장관의 인가를 받은 사항 등이다. 증권거래소에 상근하는 임원은 재정경제부 장관의 승인을 받은 경우를 제외하고는 다른 직업에 종사하지 못하며, 증권회사의 주주와 임직원은 증권거래소의 임원(비상근감사 제외)이 될 수 없다.
1979년 국제증권거래소 연맹(FIBV)에 가입하였고, 1994년 10월 제34차 국제증권거래소 연맹총회를 개최하였다. 1998년 5월 외국인 주식투자 한도를 없앴고, 1998년 3월에는 국채전문 유통시장을 열었다.
2007년 현재 회원사(증권회사)는 50여 개 사 이상이다.

제3절 금융시장의 이해

금융시장(financial market)이란 자금의 공급자와 수요자를 연결시켜 주는 시장을 말한다. 금융시장은 크게 화폐시장(money market)과 자본시장(capital market)으로 나눌 수 있는데, 화폐시장[21]은 주로 단기적인 자금의 거래를 담당하는 것이라면, 자본시장은 장기적인 자금의 거래를 담당하고 있다고 볼 수 있다.

증권시장(securites market)은 좁은 의미에서의 자본시장이라고 하며, 이는 유가증권이 발행되거나 또는 기존에 발행된 유가증권이 유통되는 시장을 의미한다.

증권시장은 발행시장과 유통시장으로 구분할 수 있다. 발행시장이란 자금을 필요로 하는 기업, 정부, 지방자치단체가 발행한 주식 또는 채권 등이 투자자에게 판매되는 시장으로 1차적 시장이라고도 한다. 발행시장은 증권거래소와 같은 구체적인 장소가 존재하지 않고 또 매매시간도 존재하지 않아 추상적인 시장이라고도 하는데, 투자자, 기업, 정부, 지방자치단체, 증권회사 등이 상호 관계가 있다.

유통시장은 발행시장을 통해 이미 발행된 증권이 투자자 사이에 유통되는 시장으로 증권과 현금이 교환된다는 특징이 있다. 유통시장은 다시 유가증권시장, 코스닥시장, 제3시장, 장외시장으로 나눌 수 있다.

일반적으로 주식과 증권을 혼동하는 경우가 많은데, 간단히 말하면 주식은 증권의 일종이다. 증권이란 유가증권을 줄인 말로써 채권자나 주주가 재산권을 행사할 수 있는 증서를 말하며, 증권에는 주식뿐만 아니라 수표나 어음, 채권, 보험증서 등이 있다.

---

21) 화폐시장은 단기대부시장, 할인시장, 콜시장 등으로 나눌 수 있다.

1. 주식시장

금융시장은 단기금융시장(money market)과 장기금융시장(capital market)으로 구분할 수 있다.

　　금융시장: 1) 장기금융시장(증권시장) - 주식시장, 채권시장
　　　　　　　2) 단기금융시장(화폐시장)

주식시장은 장기금융시장의 주요 시장으로서, 장기자금의 유통거래가 주식을 매개로 하여 직접금융방식에 의하여 이루어지는 시장이며, 발행시장(primary market)과 유통시장(secondary market)으로 구분할 수 있다.

발행시장은 새로 발행되는 주식이 기업으로부터 최초의 투자자에게 매도되는 시장으로서, 자금수요자인 기업이 주식을 새로 발행하여 자금공급자인 투자자에게 제공함으로써 자금을 조달하는 일련의 과정을 말한다.

유통시장은 일정한 장소에서 일정한 시설을 갖춘 구체적이고 조직적이며 계속적인 시장으로서, 전문중개업자인 증권회사와 전문거래기관인 증권거래소를 통하여 일정한 원칙에 따라 불특정다수인의 주식매매가 성립되는 구체적인 장소를 말한다. 주식시장은 현재 유가증권시장(구 거래소시장)과 코스닥시장이 분리되어 거래되고 있으며, 그 차이를 살펴보면 다음과 같다.

<표 4-2> 유가증권시장과 코스닥의 차이

구 분	유가증권시장	코스닥시장
목 적	증권거래소에 상장된 주식을 대상으로 거래	증권업협회에 등록된 주식을 대상으로 거래
상장대상	자본금 50억 원 이상 그리고 자기자본 100억 원 이상인 대기업	자본금 10억 원 이상의 일반기업, 중소기업, 벤처기업
매매 종목	증권거래소 상장종목	증권업협회 등록종목
매매시간	동시호가 08:00-09:00 단일장 09:00-15:00 시간외 종가매매 07:30-08:30(장개시전) 15:10-15:30(장종료후)	동시호가 08:00-09:00 단일장 09:00-15:00 시간외 종가매매 07:30-08:30(장개시전) 15:10-15:30(장종료후)
매매방법	동시호가매매 및 접속매매	동시호가매매 및 접속매매
결재방식	체결일 포함 3일째 되는 날(D+2일) 증권사 간 계좌이체	체결일 포함 3일째 되는 날(D+2일) 증권사 간 계좌이체
가격 제한폭	15%	15%
최소매매 수량단위	10주	1주

2. 채권시장

채권유통시장은 조직적인 시장인 유가증권시장의 채권시장과 비조직적인 시장인 채권 장외시장으로 구분된다.

1) 채권시장의 매매

가. 장내시장(시장거래)의 매매-증권거래소 시장을 통하여 거래된다.
나. 장외시장(점두거래)의 매매-증권회사의 창구를 통하여 거래된다.

2) 증권거래소 채권시장

(1) 장내시장의 종류

가. 일반채권시장

불특정다수의 일반투자자가 참여할 수 있는 시장으로서 경쟁매매시장(auction market)에 해당된다. 현재 주식 관련 사채와 일반국민이 의무적으로 매입하는 첨가소화국공채(도시철도채권, 각 시도발행 지역개발공채, 국민주택 1종)가 주로 거래되고 있기 때문에 소액투자자 보호시장이라 할 수 있다.

나. 국채딜러 간 경쟁매매시장(Inter-dealer Market: IDM)

국채자기매매업을 허가받은 기관인 국채딜러만 참가할 수 있는 시장으로서 국채딜러들의 매도 및 매수주문이 집중되어 거래되는 경쟁매매시장(auction market)이다.

(2) 장내시장의 매매거래

증권거래소에 상장된 채권에 한하여 당일결제거래가 이루어진다. 채권의 상장여부는 증권시장지의 채권판, 증권거래소의 상장부, 체크단말기, 각 증권사의 전산망 등으로 확인할 수 있다. 상장된 채권이란 국채, 지방채, 특수채, 회사채 등 국내에서 발행되는 모든 채권을 말하며, 국채딜러 간에 거래가 이루어지는 국고 채권은 국채딜러 간 경쟁매매시장에서 별도거래가 이루어진다.

장내매매가능시간은 평일의 09:00-15:00까지이며 거래형태에 구분 없이 매매시간이 동일하다. 장내매매의 가격제한폭은 없으며 매매수수료는 아래의 <표 4-3>과 같다.

〈표 4-3〉 장내매매 수수료

구 분	수수료
소액국공채장내매매	5,000원 미만: 0.6%
전환사채장내매매	1년 미만: 0.10% 1년 이상~2년 미만: 0.20% 2년 이상: 0.30%
일반채권장내매매	전환사채장내매매와 동일
장외매매	없 음

2) 채권 장외시장

(1) 채권 장외시장의 종류

가. 대고객 상대매매시장

거래 장소, 거래 유가증권, 조건의 비표준화 등 거래소시장에서 거래가 곤란한 채권에 유통성을 부여하나, 실제 매매정보가 시장참여자들에게 실시간으로 공시되지 않아 시장가격의 분할로 거래의 비효율성이 높다.

나. Inter-Dealer Broker(IDB) 시장

회사채, 금융채, 특수채 중심으로 매수, 매도 양 방향 상대거래에 응함으로써 중개거래를 수행하는 시장으로 증권회사가 부분적으로 IDB(국제 딜러 간 중개매매) 역할을 수행하고 있다. 최근 IDB Market의 경쟁매매시장(auction market)으로의 변모, 익명성이 보장됨으로써 포지션(position)노출 없이 대량매매를 할 수 있는 딜러 간 경쟁매매시장으로서 경쟁(auction)매매가 일반화되면서 브로커의 개입 없이 전산스크린에 의한 완전자동매매시스템에 의한 거래형태로 전환되고 있다.

(2) 장외시장의 매매거래

장외시장에서 매매하는 채권은 상장채권이든 비상장채권이든 관계가 없다.

가. 장외시장에서 상장채권을 매매하는 경우

장외시장에서의 상장채권을 매매하는 경우에는 매매당사자의 특수한 사정에 의하여 당일로 현금이나 현물이 필요한 경우이거나 장내거래수량 단위 이하로 단수채권이 있을 경우이며, 매매당사자의 합의에 의하여 매매되는 경우도 있다.

나. 장외시장에서 비상장채권을 매매하는 경우

증권거래소에 상장되어 있지 않으므로 모두 장외거래로만 매매가 가능하다.

(가) 매매시간

시간이 정해져 있지 않고 매매 쌍방 간의 합의에 의하여 언제든지 증권회사 영업시간 내에 매매하는 것이 원칙이다.

(나) 매매수량단위

매매수량 단위에 제약을 받지 않는다. 10만 원 이하의 단수거래인 경우에는 장외거래로밖에 매매를 할 수 없으며, 매매금액의 제한도 없다.

(다) 호가단위

채권시장의 관행대로 1원 단위의 매매가 일반적이지만, 장내거래에서와 같이 수익률로 호가하는 등의 제약은 없다.

(라) 가격 폭 제한 및 장외거래 수수료는 없다.

(마) 결제방법

매매약정과 동시에 당일 결제되며, 매매 후에는 즉시 출금이 가능하다.

〈표 4-4〉 채권종류별 발행규모 추이*

(단위: 조 원)

구 분		2000년	2001년	2002년	2003년	2004년	2005년	2006년
국채(%)**		25.6	31.4	34.7	59.5	75.8	88.1	76.6
		9.6%	10.9%	13.5%	20.8%	21.6%	22.0%	20.1%
지방채(%)		1.7	1.8	2.0	2.2	2,2	2.2	2.8
		0.6%	0.6%	0.8%	0.7%	0.6%	0.5%	0.7%
특수채	통안채 (%)	99.8	78.0	69.8	91.7	134.7	165.1	149.6
		37.4%	27.0%	27.1%	32.0%	38.3%	41.2%	39.3%
	금융채 (%)	80.5	99.9	81.5	68.2	73.9	84.1	99.6
				31.7%	23.8%	21.0%	21.0%	26.2%
	비금융 (%)	30.1%	34.6%	14.5	14.1	21.1	22.1	20.1
				5.6%	4.9%	6.0%	5.5%	5.3%
회사채(%)		59.3	77.6	54.9	50.3	43.6	39.0	32.0
		22.2%	26.9%	21.3%	17.6%	12.4%	9.7%	8.4%
외국채 등(%)		–	–	–	0.3	0.2	0.2	–
		–	–	–	0.1%	0.1%	0.1%	–
계		267.0	288.8	257.5	286.3	351.5	400.8	380.7

* 증권선물거래소 채권시장 상장기준(단, 외화표시채권은 제외)
** %는 각 기간별 채권상장 총액대비 종류별 상장금액 비중임.

<표 4-5> 채권 종류별 거래량 추이

(단위: 조 원)

구 분		2002년	2003년	2004년	2005년	2006년
국채(%)**		407.2	702.8	1,116.0	1,136.0	978.3
		36.2%	48.7%	62.3%	62.1%	60.1%
지방채(%)		5.3	5.6	8.7	6.8	7.2
		0.5%	0.4%	0.5%	0.4%	0.4%
특수채	통안채 (%)	378.9	440.4	416.5	468.3	415.1
		33.7%	30.5%	23.2%	25.6%	25.5%
	금융채 (%)	155.2	150.0	133.2	120.5	150.8
		13.8%	10.4%	7.4%	6.6%	9.3%
	비금융 (5%)	65.1	62.0	47.8	38.4	31.7
		5.8%	4.3%	2.7%	2.1%	1.9%
회사채(%)		112.3	81.8	69.7	58.3	46.5
		10.0%	5.7%	3.9%	3.2%	2.9%
계		1,124.1	1,442.6	1,791.8	1,828.1	1,628.8

주) %: 전체 채권 유통규모에서 각 채권종류별 거래량이 차지하는 비중임.

<표 4-6> 채권종류별 금리 추이

(단위: %)

구 분	2000년	200년	2002년	2003년	2004년	2005년	2006년	전년대비
국고채3년	6.70	5.91	5.11	4.82	3.28	5.08	4.92	-0.16%p
국고채5년	6.91	6.73	5.34	5.06	3.39	5.36	5.00	-0.36%p
국고채10년	7.21	7.02	5.61	5.38	3.81	5.62	5.06	-0.56%p
국고채20년	-	-	-	-	-	-	5.19	-0.60%p
통안채365일	6.83	5.34	4.99	4.66	3.31	4.67	4.95	+0.28%p
통안채2년	6.87	5.90	5.12	4.86	3.32	5.04	5.04	-0.05%p
회사채3년(AA-)	8.13	7.04	5.68	5.58	3.72	5.52	5.29	-0.23%p
회사채3년(BBB-)	11.82	11.20	9.08	9.89	8.13	9.24	8.08	-1.16%p

주) 1. 연말 최종호가수익률 기준.
　　2. 국고채 20년: 2006년 1월 최초 발행함.
　　3. 회사채 3년(AA-): 2000년 10월 이전은 A+ 등급기준.

3. 선물시장

선물시장이란 수량, 규격, 품질 등이 표준화되어 있는 상품 또는 금융자산을 현재시점(계약 시)에 정한 가격(선물가격)으로 미래의 일정시점에 인수, 인도할 것을 약속하는 거래(선물거래)가 조직화된 거래소에서 이루어지는 시장을 말한다.

1) 선물시장의 상장

선물시장의 상장이란 선물시장본부가 선물거래의 품목이 거래될 수 있도록 하는 행위를 말한다. 즉 거래소가 개설한 선물시장에서 선물거래 또는 옵션거래의 품목이 거래될 수 있도록 하는 행위라고 정의할 수 있다.

이 품목은 거래대상별로 구분되는 선물거래 또는 옵션거래를 말하며, 현재 거래 대상으로는 일반상품의 금, 금융상품의 통화와 채권, 주가지수가 지정되어 있다.

2) 상장품목

(1) 주가지수상품 – KOSPI200선물, KOSPI200옵션, 스타지수선물

(2) 개별주식상품 – 개별주식옵션

(3) 채권, 금리상품 – 3년 국채선물, 3년 국채선물옵션, 5년 국채선물, CD금리선물, 통안증권금리선물

(4) 통화상품 – 미국달러선물, 미국달러옵션, 엔선물, 유로선물

(5) 일반상품 – 금(gold)선물

　한국증권거래소는 1996년 5월 국내에서 처음으로 200개 상장주식을 구성
종목으로 하는 한국주가지수200을 대상지수로 하는 KOSPI200 선물시장을 개
설함으로써 우리나라에도 본격적인 파생상품시장의 시대가 열리게 되었다. 이
어 2001년 9월에는 KOSPI200 선물의 서로 다른 결제인 스프레드(spread: 월
종목 간의 가격차이)를 거래대상으로 하는 KOSPI200 선물스프레드 시장이
개설되었다. 선물시장은 1996년 시장개설 이후 연도별 거래량이 연평균 100%
이상 급등하였다. KOSPI200 선물은 2006년 말 누적 총 거래량 기준, 세계
주요 주가지수선물 상품 가운데 4위를 기록하였다.

〈표 4-7〉 세계 주요 주가지수선물의 거래량(2006년 1~6월)

(단위: 백만 원)

순위	거래소	상 품	2006년 상반기	2005 거래량	2005 순위	2005년 상반기	증감률 (%)
1	CME	E-MINI S&P500Index	129,451	207,096	1	100,630	28.6
2	EUREX	DJ EURO STOXX 50	108,364	139,983	2	66,629	62.6
3	CME	E-MINI NASDAQ 100	41,012	72,453	3	39,883	2,8
4	KRX	KOSPI 200	25,386	43,849	4	20,689	22.7
5	EUREX	DAX	21,614	32,723	5	15,406	40.3

자료) FIA(Futures Industry Associaltion) Report

〈표 4-8〉 KOSPI200 선물시장의 연도별 거래량 현황

(단위: 계약, 억 원)

구 분		2001년도	2002년도	2003년도	2004년도	2005년도	2006년도	전년대비
거래량	총	31,502,184	42,868,164	62,204,783	55,608,856	43,848,706	46,606,008	+6.3%
	일평균	128,058	175,689	251,841	223,329	176,099	188,688	+7.1%
거래대금	총	11,286,137	19,994,112	26,779,898	29,785,205	30,462,033	40,718,890	+33.7%
	일평균	45,879	81,943	108,421	119,619	122,337	164,854	+34.8%

〈표 4-9〉 스프레드(spread) 거래량 및 비중추이

(단위: 계약)

구 분		2001년도	2002년도	2003년도	2004년도	2005년도	2006년도
거래량	총	61,159	202,974	324,360	391,806	414,011	496,897
	일평균	755	832	1,313	1,574	1,663	2,012
비 중		0.9%	0.9%	1.0%	1.4%	1.9%	2.1%

※ 스프레드 거래비중 = (스프레드 거래량 × 2/선물전체거래량) × 100

4. 옵션시장

옵션시장이란 옵션거래가 조직화된 거래소에서 이루어지는 시장을 말한다. 옵션거래란 특정대상물을 사전에 정한 가격으로 일정한 기간 내에 사거나 팔 수 있는 권리 즉 옵션을 매매대상으로 하는 거래로서 매도자에게 옵션(권리) 을 제공하고, 매수자는 매도자에게 그 대가를 지급하는 것을 말한다.

KOSPI200 옵션시장은 KOSPI200 선물시장을 개설한 지 약 1년 후인 1997 년 7월에 개설되었다. KOSPI200 옵션시장은 비약적인 발전을 거듭하여 2002 년도에는 약 19억 계약이 거래되었으며, 그 이후 상승세를 이어가다가 2006 년도에는 다소 약화되기는 하였지만, 단일 상품거래량 기준으로 1999년부터 2006년까지 연속 세계 1위를 차지함으로써 세계가 주목하는 파생상품으로 성 장하였다.

〈표 4-10〉 KOSPI200 옵션시장의 거래규모 추이

(단위: 천 계약, 억 원)

구 분		2001년도	2002년도	2003년도	2004년도	2005년도	2006년도	전년대비
거래량	총	823,290	1,889,824	2,837,725	2,521,557	2,535,202	2,414,524	−4.8%
	일평균	3,347	7,745	11,489	10,127	10,182	9,775	−4.0%
거래 대금	총	473,442	1,252,278	1,596,865	1,446,893	1,408,254	1,445,337	+2.6%
	일평균	1,925	5,132	6,465	5,811	5,656	5,852	+3.5%

아래의 <표 4-11>에 나타난 바와 같이 세계시장에서의 KOSPI200 주가지수옵션은 2006년에도 주가지수 옵션시장을 비롯한 파생상품(선물, 옵션 및 선물옵션) 중에서 여타 상품에 비해 압도적인 차이를 보이면서 전년에 이어 1위를 고수하였다.

〈표 4-11〉 세계 5대 주가지수옵션 상품의 거래량 비교

(단위: 백만 계약, %)

순위	거래소	상 품	2006년 상반기	2005년 거래량	순위	2005년 상반기	증감률
1	KRX	KOSPI200 Options	1,208,704	2,535,202	1	1,069,419	13.0
2	EUREX	DJ EURO STOXX 50	73,454	90,808	2	42,655	72.2
3	CBOE	ETF	65,122	76,879	4	33,491	94.4
4	TA/WAN	TAIEX OPTIONS	54,606	80,097	3	33,228	64.3
5	CBOE	S&P500 INDEX	50,509	71,803	5	32,022	57.7

자료) FIA(Futures Industry Associaltion) Report

제5장 유가증권시장과 재테크

주식의 발행은 기업의 총자산과 기타 부분을 감안하여 적정 주식의 발행수를 정하고 이를 넘어서 발행할 수는 없다. 주식 발행이 원활하게 이루어지기 위하여 기업들은 유가증권시장(KOSPI지수)이나 코스닥시장(KOSDAQ지수)에 상장시킨다.

투자자는 자신의 주식을 좀 더 안정적으로 보유할 수 있고, 자유롭게 처분할 수 있기를 바라는데, 이를 충족시키는 시장이 유가증권시장이나 코스닥시장이다.

본 장에서는 기업이 투자자로부터 대규모의 자금을 조달하는 유가증권시장에 대하여 자세히 살펴본다.

제1절 주식시장과 재테크

우리나라의 증권시장에서 거래하는 주식투자자는 경제활동인구의 약 20%에 달한다고 한다. 이것은 주식투자에 관한 관심과 함께 재산형성과정에서도 많은 영향을 미치고 있다고 할 수 있다. 따라서 유가증권에 관한 폭넓은 이해와 중요성을 파악할 필요가 있겠다.

1. 한국증권거래소(Korea Stock Exchange: KSE)의 의의

증권거래소는 장소, 시간, 품목을 미리 정해 놓고, 일정한 자격을 갖춘 회원 또는 거래원이 일정한 규칙 아래 유가증권을 매매(賣買)하는 시장 조직이며, 유가증권의 거래를 원활하게 하고, 동시에 가격이 공정하게 형성되도록 관리하기 위해 설립된 기관이다.

주요업무는 유가증권시장 개설, 유가증권 매매거래, 유가증권의 상장, 상장법인의 공시, 이상매매의 심리 및 회원의 감리, 유가증권의 경매, 시장매매거래와 관련된 분쟁의 조율 및 조정, 시장 개설과 관련된 부대 업무, 부동산 임대 및 정보 판매, 기타 필요한 수익사업 등이다.

증권시장은 발행시장과 유통시장으로 구분되는데, 증권거래소는 전형적인 유통시장이다. 서울 영등포구 여의도동에 한국증권거래소가 있는데, 주식매매의 대부분과 채권매매의 과반수 이상이 이곳에서 집중적으로 거래된다.

증권거래소에는 거래원으로 등록된 증권회사만이 출입할 수 있으며, 매매되는 증권은 상장증권 심사기준에 따라 특별한 심사를 거쳐 상장된 것이어야 한다.

거래를 시작할 때는 매수, 매도 주문을 모두 모아서 하나의 시세를 결정하지만(단일가격매매), 그 후부터 그때마다 들어오는 주문 중 서로 값이 맞은 것을 매매시켜 나간다. 도중에 매매량이 폭주할 때는 평상시의 접속매매를 중단하고 주문을 한꺼번에 처리하여 주는 대량매매도 있다. 하루 중의 처음 시세를 시가, 마지막 시세를 종가라고 하며, 종가를 그날의 대표적인 시세로 본다.

일반투자자는 증권거래소에 직접 참여할 수 없는 대신, 거래소에서 일어나는 매매상황과 그날그날의 중요한 정보 조치상황은 증권회사에 의해 전달되고 신문 등에 의해서도 전달되므로 매우 공개적인 시장이라 할 수 있다.

2. 한국증권선물거래소(KRX)의 출범

증권선물거래소는 현물거래소와 선물거래소 등이 합병되어 출범한 통합거래소를 말한다. 즉 유가증권의 공정한 가격 형성과 안정, 유가증권의 원활을 꾀할 목적으로 조직되었으며, 2005년 1월 한국증권선물거래소법에 따라 증권거래소시장과 선물거래소시장, 코스닥시장이 통합된 한국증권선물거래소가 출범하였다. 3대 시장이 하나가 되는 통합거래소의 출범은 국제적인 시대흐름으로 날로 치열해지고 있는 세계자본시장에서 살아남기 위한 필연적인 선택이었으며, 동북아 최고의 자본시장(Golbal KRX)이 되기 위한 비전을 제시하고 있다.

1) 한국증권선물거래소의 연혁

2004. 1. 29. 한국증권선물거래소법 제정
　　 2. 10. 한국증권선물거래소 설립 위원회 설치
　　 7. 15. 합병대상기관 간 합병 계약체결
　　 7. 26. 합병승인 회원, 주주총회 개최
　　 8. 31. 한국증권선물거래소 합병 기일
2005. 1. 19. 창립총회 개최
　　 1. 21. 재정경제부 장관 승인
　　 1. 27. 한국증권선물거래소 출범

2) 증권선물거래소 조직도

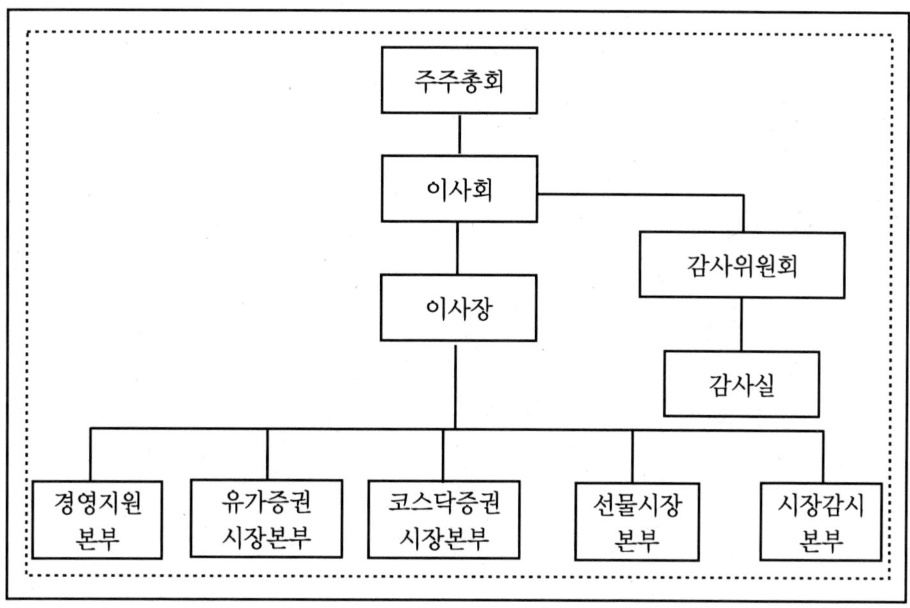

3. 유가 증권의 뜻

일반적으로 민법 또는 상법상에 보장된 재산권 또는 재산적 이익을 받을
자격을 나타낼 자격을 유가증권이라고 하는데, 증권거래법에서 규정하는 유가
증권에는 다음과 같은 것들이 있다.

1) 유가증권의 종류

(1) 국채증권
(2) 지방채증권
(3) 특별한 법률에 의하여 설립된 법인이 발행한 출자증권

(4) 사채권

(5) 주권 또는 신주인수권을 표시하는 증서

(6) 외국 또는 외국법인이 발행한 증권 또는 증서

2) 유가증권의 상장

상장이란 신주공모나 이미 발행된 주식을 증권거래소를 통해 주식이 거래되게 하는 것을 말한다. 유가증권시장본부는 증권시장에 참여하는 투자자를 보호하고 상장된 유가증권의 원활한 거래가 이루어지도록 유가증권을 상장하려는 기업에 대하여 심사를 한다. 따라서 유가증권시장본부는 상장요건을 정하여 이 요건을 충족한 기업들이 발행한 유가증권을 매매거래 될 수 있는 대상물로 인정하고 있다.

주권의 상장은 신규상장, 재상장, 신주상장, 변경상장으로 나눌 수 있다.

(1) 신규 상장

기업이 발행한 주권을 증권시장을 통하여 처음으로 상장시키는 것을 말한다.

신규상장은 상장 예비심사 청구 후 공모를 하였는지 여부에 따라, 공모상장과 직(유통)상장으로 구분되며, 직상장의 경우는 코스닥 상장법인이 공모 없이 시장이전을 하는 경우에만 인정된다.

(2) 재상장

상장법인의 분할 또는 분할합병에 의하여 설립된 법인이나, 상장법인 간의 합병에 의하여 설립된 법인이 발행한 주권을 상장시키는 것을 말한다.

(3) 신주 상장

상장법인이 증자, 합병, 전환사채 또는 신주인수권부사채를 소유한 자의 권리행사 등의 이유로 새로 발행한 주권을 상장시키는 것을 말한다.

(4) 변경 상장

상호의 변경, 액면금액의 변경 등 주권의 기재내용이 변경되는 경우에 새로운 주권을 교체 또는 발행하여 상장시키는 것을 말한다.

3) 거래소 시장의 상장요건

거래소 상장요건은 기업공개 대상기업의 주식이 거래소시장에서 원활히 유통될 수 있기 위한 최소한의 요소를 제시한 것이라고 할 수 있다. 상장요건은 다양한 사항이 포함되어 있지만 크게 나누어 기업의 규모, 재무내용, 유통성, 건전성 및 공익과 투자자보호에 관한 요건을 충족할 것을 요구하고 있다. 기업의 규모와 산업의 특성에 따라 <선택1> 요건과 <선택2> 요건의 2가지가 있으며, 상장을 원하는 기업은 그중 하나를 선택하여 상장신청을 할 수 있다. <선택 1> 요건은 중대형 우량법인, <선택 2> 요건은 성장성 있는 소형법인에 적합하도록 되어 있다.

현행 규정상의 상장요건을 간략히 설명하면 다음 <표 5-1>과 같으며, 여기에서는 규모요건과 재무요건 대한 상장요건을 중심적으로 살펴보기로 하겠다.

〈표 5-1〉 규모와 재무적 상장요건

항 목	요 건
주식 수	상장예정주식총수가 100만 주 이상
자본금	상장신청일 현재 50억 원 이상
자기자본	상장신청일 현재 100억 원 이상
매출액	최근 연도 300억 이상이고, 최근 3년 평균 200억 이상
경과연수	3년 이상
자본잠식	없을 것
부채비율	동업종평균 또는 전체상장법인 평균 중 높은 비율의 2배 미만 단, 금융업은 건전성기준 적용
이익 등	최근 연도 영업이익, 경상이익, 당기순이익이 발생되었을 것
	다음 중에서 하나를 충족할 것 자기자본이익률이 최근연도 5% 이상이고, 최근 3년도 합계 10% 이상 이익액이 최근 연도 25억 원 이상이고 최근 3년도 합계 50억 원 이상 자기자본 1,000억 원 이상일 때 최근 연도 자기자본이익률이 3% 이상 이거나 이익액이 50억 원 이상이고, 영업활동 현금흐름이 양(+)일 것
감사의견	최근연도에 적정의견, 직전 2년도에는 적정 또는 한정(감사범위 제한으로 인한 한정의견은 제외)의견 일 것

4. 증권거래소 상장에 따른 혜택

1) 기업에 대한 혜택

상장법인은 일반 공모증자의 용이, 의결권 없는 주식의 발행한도의 특례,[22] 주식배당의 특례,[23] 신종사채 발행의 용이, 사채발행의 한도 확대, 주주총회

---

22) 상법상 의결권 없는 주식은 발행총수의 25%까지 발행할 수 있으나, 상장법인이 외국에서 주식을 발행하거나 외국에서 발행한 해외전환사채, 해외 신주인수권부 사채, 기타 주식과 관련된 증권 또는 증서의 권리행사로 발행하는 의결권 없는 주식은 발행한도의 계산에 산입되지 않는다.

소집절차의 간소화 등의 혜택이 있다.

(1) 직접 자금의 조달과 조달방법의 다양화

상장법인이 되면 기업은 유상증자와 사채발행 등 다양한 방법을 통해 일반 대중으로부터 필요한 자금을 대규모로 조달할 수 있다. 즉 정관에 정하는 바에 따라 이사회의 결의로써 주주 이외의 자를 대상으로 신주를 모집할 수 있고 전환사채(처음에는 사채로 발행되었으나 일정 기간 경과 후 사채권자가 전환을 청구하여 보통주로 전환될 수 있는 권리를 부여한 사채: CB)와 신주인수권부사채(사채권자에게 발행 후 소정의 기간이 경과한 후 일정한 가격으로 발행회사의 일정수의 신주를 인수할 수 있는 권리가 부여된 사채: BW) 이외에도 교환사채와 이익참가부사채 등 신종사채를 발행할 수 있는 등 다양한 방법으로 필요 자금을 조달할 수 있다.

① 유상증자와 신주발행

유상증자란 넓은 의미로서 신주를 발행하여 자본을 증가시키는 것을 의미하며 회사의 성립 후에 정관에 정한 회사가 발행할 주식총수의 범위 내에서 새로이 주식을 발행하는 모든 경우를 말한다.

② 무상증자

무상증자란 준비금의 자본전입 또는 재평가적립금의 자본전입에 의한 신주발행을 말한다.

---

23) 상법상 주식배당은 이익배당의 1/2를 초과하지 못하나, 상장법인의 경우는 이익배당총액에 상당하는 금액까지 주식배당을 할 수 있다.

(2) 주식 및 사채 발행한도 확대

의결권 없는 주식은 발행 주식 총 수의 25%까지 발행할 수 있고 사채는 순자산액의 4배를 초과할 수 없으나, 상장법인은 외국에서 발행한 주식 및 해외전환사채 등 주식관련 증권이나 증서의 권리행사로 발행되는 의결권이 없는 주식을 주식발행한도에 산입하지 않을 수 있고, 전환사채와 신주인수권부 사채 중 주식으로 전환 또는 신주인수권의 행사가 가능한 부분에 해당하는 금액을 사채발행한도에 산입하지 않을 수 있기 때문에 이에 해당되는 부분만큼 주식 또는 사채를 발행할 수 있다. 주식의 발행은 공모와 사모에 의한 방법이 있다.

① 공 모

공모는 회사와는 관련이 없는 불특정 다수인을 대상으로 모집하는 것을 말한다.

② 사 모

사모란 발행주체가 소수의 특정인만을 상대로 하여 유가증권을 발행하는 방법을 말하며, 유가증권 발행총액의 전액 소화가 가능한 경우에 해당한다.

(3) 주주총회 소집절차의 간소화

주주총회의 소집통지는 각 주주에게 서면으로 하여야 하지만 상장법인은 의결권 있는 발행 주식 총 수 1% 이하를 소유한 주주에게 주주총회일 2주 전에 2개 이상 일간신문에 2회 이상 공고함으로써 소집통지를 대신하고 있다.

2) 주주에 대한 혜택

(1) 주주의 배당소득에 대한 분리관세

상장법인의 소액주주가 받은 배당소득은 분리과세 된다(세율 15%).

(2) 주식양도소득에 대한 비과세

상장주식의 경우 일반투자자(지분율 3% 이상 또는 시가총액 100억 원 이상 대주주 및 특수 관계자는 제외함)의 주식 양도에 따른 양도소득세는 면제된다.

(3) 증권거래세의 탄력세율 적용

비상장기업의 주식양도는 0.5%의 증권거래세율이 적용되지만 유가증권시장 본부를 통해 양도되는 주식은 0.15%의 증권거래세가 적용된다.

(4) 상속·증여재산에 대한 시가평가

상장기업의 주식 등을 상속 및 증여하는 경우 그 주식 등의 평가는 평가일 전후 2개월간(총 4개월)의 종가 평균액으로 한다.

3) 기타 상장의 효과

유가증권을 상장시키고자 할 때에는 발행회사는 상장신청서를 제출하고 유가증권시장본부로부터 상장심사를 받아야 한다. 따라서 유가증권시장본부는 상장요건을 정하여 요건을 충족한 기업들이 발행한 유가증권을 매매할 수 있도록 대상물로 인정하고 있는데 유가증권 상장의 효과는 기업의 인지도 제고, 기업의 원활한 구조조정 등이 있다.

(1) 기업의 인지도 제고

상장법인은 국내외 투자자를 비롯한 많은 사람들의 관심의 대상이 되며, 기업의 재무내용이나 경영상황이 신문, TV, 증권 관계기관의 각종 자료 등을 통하여 국내외에 전달됨으로써 기업의 인지도를 제고하는 효과를 얻을 수 있다.

증권거래소는 주요 선진국의 증권관계기관으로부터 해외지정증권시장 등으로 인정받고 있으며, 외국인투자자 및 바이어들은 국제적으로 인정된 거래소에 상장된 기업에 관심을 갖고 있다. 따라서 상장된 기업들은 해외진출 및 해외합작투자를 모색할 경우에 상장기업으로의 인지도를 활용할 수 있고, 우수 인력확보에도 용이할 수 있다.

(2) 기업의 원활한 구조조정 추진

상장법인은 상장규정에서 정하고 있는 다양한 방법으로 구조조정을 추진할 수 있다. 즉 기업분할, 합병, 지주회사 등 기업의 구조조정과 관련된 상장제도를 적극적으로 활용하여 환경을 조성함으로써 기업목적에 맞는 방법으로 구조조정을 원활하게 추진할 수 있다.

5. 매매거래

증권거래소는 회원제로 운영되므로 고객이 주문을 내면 회원인 증권회사가 증권거래소를 통해 유가증권을 매매한다. 매매거래는 정규시장과 시간외 시장으로 나뉜다. 정규시장은 전후장 구분없이 오전 9시～오후 3시까지 이루어지고, 시간외 시장은 오전 7시 반～8시 반, 오후 3시10분～6시까지 가능하다(시간외 시장은 시간외 종가 매매와 시간외 단일가 매매로 구분된다).[24]

---

24) 시간외 시장은 정규시장이 시작되기 전과 끝난 후 투자자에게 추가적인 매매기회

토요일과 일요일, 그리고 각종 공휴일에는 장이 열리지 않는다.

1) 주문의 종류

조건부 지정가 주문, 최우선 지정가 주문, 지정가 주문, 시장가 주문, 최유리지정가 주문이 있다.
  (1) IOC(Immediate or Cancel) - 매매체결 뒤 미체결 잔량만 주문을 취소한다.
  (2) FOK(Fill or Kill) - 매매주문이 전량 체결되지 않으면 전량 주문이 취소된다.

2) 주식매매체결과정

(1) 매매거래 계좌 개설

증권거래를 원하는 투자자는 증권회사 본, 지점에 주민등록증을 제시하여 실명확인 후 계좌를 개설하면 주문을 낼 수 있다.

(2) 주문제출 및 전달

증권을 사거나 팔고자 하는 투자자는 계좌를 개설한 증권사의 본, 지점에 직접 가거나 전화, 인터넷을 통하여 원하는 종목의 가격과 수량을 정하여 주문을 낼 수 있다. 이렇게 제출된 주문은 증권사와 증권거래소를 연결하는 컴퓨터를 통하여 즉시 증권시장으로 전달된다.

를 주기 위한 시장이다. 그러므로 주식 및 ETF(exchange traded fund: 상장지수펀드) 매매가 가능하다.

(3) 매매체결 및 체결결과 통보

컴퓨터에 의해 증권시장으로 전달된 투자자의 주문은 매매체결 컴퓨터에 의하여 자동적으로 매매가 이루어진다. 이때 매매체결은 일정한 원칙에 의하여 이루어지는데 그 원칙은 첫째, 가격우선, 둘째, 시간우선의 원칙 등이 적용된다. 이렇게 체결된 주문은 즉시 주문을 낸 증권회사의 본, 지점에 전달되고 본, 지점은 주문을 낸 투자자에게 그 결과를 통지한다.

(4) 결제 및 명의 개서

투자자는 매매가 체결되는 3일째 되는 날 증권회사 본, 지점에서 매도의 경우에는 매도대금을, 매수의 경우에는 증권을 받을 수 있다. 그러나 증권의 경우에는 개인별로 보관하면 분실이나 도난의 염려가 있으므로 증권예탁원의 금고에 보관하다가 필요하면 찾아서 보관할 수 있다. 또 증권을 매수한 투자자는 주주명부라는 장부에 본인의 이름을 기재하면 주주로서의 권리를 행사할 수 있다.

3) 주식매매체결

(1) 매매체결방식

가. 단일가매매 – 매매거래 전에 비거래시간이 있거나 시장상황에 대한 구체적 정보를 가지지 못하는 경우 등에 수요와 공급을 집중시켜 가격을 결정하는 매매체결 방식으로 주로 시가 또는 종가 등을 결정하는 데 이용된다.

나. 접속매매 – 단일가에 의한 매매체결이 이루어진 이후의 매매거래시간 중에 적용되는 가격결정방법이다.

(2) 매매수량단위

정규시장의 매매수량단위는 기본적으로 10주이다. 그러나 기준가격이 10만 원 이상인 주식의 경우에는 10주 미만으로도 매매가 가능하다. 시장 외 시장에서는 10주 미만의 단주거래가 가능하다.

(3) 호가 가격 단위

호가를 할 수 있는 최소단위의 가격, 가격대별로 6단계로 세분화한다.

(4) 시장정보

투자자가 판단의 자료로 쓸 수 있도록 증권거래소는 주가, 거래량, 호가정보 등 다양한 시장정보를 전산시스템을 통해 실시간 또는 일정시간 경과 후 제공하고 있다.

그 밖에 투자자는 회원이나 정보사업자를 통하여 시장정보를 쉽게 이용할 수 있으며, 해외투자자는 국제 정보사업자를 통하여 시장정보를 얻을 수 있다.

4) 매매절차

투자자가 거래소에서 거래를 하고 싶으면 증권회사에 계좌를 개설하여야 한다. 그리고 외국인 투자자의 경우는 계좌 개설 전에 본인의 인적사항 등을 금융감독원에 등록하고 등록증을 발급받아야 한다.

투자자는 주문을 하고자 할 때 직접 증권회사를 방문하거나 전화, 컴퓨터 등을 통하여 할 수 있다. 증권회사는 투자자가 주문접수를 할 때 위탁증거금의 납부를 요구할 수 있다. 그리고 투자자가 제출한 모든 주문은 증권회사(각 영업점을 포함)와 증권거래소를 연결하는 컴퓨터를 통하여 즉시 거래소의 매매체결 시스템에 직접 전달된다.

증권거래소에서의 매매체결은 일정한 원칙에 의하여 이루어지는데 그 원칙은 첫째, 가격이 유리한 주문, 둘째, 가격이 같은 경우에 접수시간이 빠른 주문, 셋째, 가격과 시간이 같은 경우에는 수량이 많은 주문이 우선적으로 매매된다.

증권회사는 매매체결이 이루어지는 경우에 그 체결내역을 투자자에게 알려야 하며, 결제 시에는 매매체결에 대한 대가인 위탁수수료를 투자자에게서 받는다.

주문가격과 체결가격에 관한 정보는 증권시장과 증권회사 영업점에 설치되어 있는 증권시세게시판, 증권조회단말기, 컴퓨터 통신망 등을 통하여 투자가에게 알려진다.

5) 관리대상종목

영업활동 정지, 부도의 발생 등으로 상장폐지 기준에 해당되지만 일정 기간 상장 폐지가 유예된 종목들을 말한다. 그러나 회사의 영업활동이 정지되었거나 부도의 발생 외에 분산요건의 미달, 회사 주요사업의 양도 등으로 관리대상종목에 편입되는 경우도 있다.

〈표 5-2〉 상장폐지기준

형식적 요건 미달	사업보고서 또는 반기보고서 미제출 감사의견 부적정 또는 의견거절이 3년 계속	유예기간 2년
실질적요건 미달	영업활동의 정지 부도의 발생 또는 은행과의 거래정지 자본전액 잠식이 3년 계속될 때 2년 연속 소액주주지분이 10/100 미만일 때	유예기간 3년
기 타	회사정리절차의 개시 회사의 해산 상습적으로 공시의무를 위반하였을 때	

6) 감리종목의 지정

　상장된 종목 가운데 주가가 단기적으로 이상 급등을 하여 비상식적으로 오를 경우에 주가의 이상 급등을 막아 선의의 투자자를 보호하고자 하는 취지에서 감리종목이 지정된다. 이러한 감리종목의 지정은 일단은 단기간에 급등을 하여 주가가 지나치게 많이 오를 경우에 하는데 구체적으로는 다음과 같다.

(1) 감리종목의 지정사유

　해당 종목이 최근 5일간 75% 이상 오르고 동일 업종 대비 최근 7일간 4배 이상 오른 경우에는 투자자들의 주의를 환기시키는 의미에서 감리종목으로 지정한다.

(2) 감리종목의 지정효과

① 매수증거금이 100%가 필요하게 되므로 외상으로 매수를 할 수 없다.
② 신용대출을 통한 매수가 불가능해진다.
③ 증권저축 구좌로 매수할 수 없게 된다.

(3) 감리종목의 해제

① 감리종목으로 지정된 종목도 일단 주가가 어느 정도 하락하면 감리종목의 지정이 해제된다.
② 감리종목 지정이 해제가 되면 제약도 풀리게 된다.
③ 개정된 감리종목의 해제사유에는 감리종목으로 지정된 후 이틀이 경과하면 자동적으로 감리가 해제되도록 되어 있다.

7) 권리락과 배당락

(1) 권리락

기업이 증자를 발표할 때 구체적인 증자의 방법과 증자의 기준일도 함께 공시를 하게 된다. 증자 기준일이란 기존의 주주가 신주를 받을 수 있는 권리의 기준이 되는 날로서 이 기준일까지 주주로서 주주명부에 기재되어야만 증자에 관한 권리(신주인수권)를 받을 수 있다.

우리나라의 매매제도는 체결된 날로부터 3일째 되는 날 이루어진다. 따라서 증자의 권리를 받기 위해서는 적어도 기준일 2일 전에는 주식을 사야 한다. 만일 그날까지 주식을 팔아버린다면 증자에 관한 권리를 받을 수 없게 된다.

예를 들어 설명하면 다음과 같다.

어떤 기업이 10월 20일을 "기준일(신주배정기준일)"로 공시하여 증자를 한다면 기준일의 2일 전인 10월 18일까지는 주식을 매수해야만 증자의 권리를 가질 수 있다.

여기에서 2일 전이란 매매가 이루어지는 날의 2일 전을 말한다. 그리고 "권리락"이라는 것은 10월 19일을 말하며, 증자를 받을 수 있는 최종일인 10월 18일을 "권리부"라고 한다. "권리락"일에는 "권리부"일의 최종종가보다 일정한 가격을 뺀 기준가에서 시세가 시작된다.

(2) 배당락

배당이란 기업의 1기간 동안의 영업이익을 결산 후에 주주의 보유주식수에 비례하여 분배하여 주는 것을 뜻한다. 따라서 배당은 기업의 매년 영업이익이 변동하듯이 배당금도 다르고, 재투자 및 영업활동 부진 등의 이유로 배당을 하지 않을 수 있다. 투자자가 배당금을 지급받기 위해서는 결산기 말 현재 주주명부에 기재되어야 한다. 물론 그 이후에 매수한 주주는 배당을 받을 수 없다. 권리락 주가와 마찬가지로 배당락 일에는 배당금을 받을 수 없기 때문에 결산기 말 주가에서 배당금만큼을 뺀 주가로 기준시가를 형성하게 된다. 그러나 가격제한폭의 확대로 전년도 현금배당 기업의 경우에는 배당락이 이루어지지 않으며, 주식배당의 경우에는 배당락이 이루어진다.

6. 증권거래소의 매매 대상물

증권거래소에서 매매되는 증권은 유가증권의 줄인 말이다. 유가증권은 재산의 소유관계를 표시한 증서로서, 그 증서에 기재된 권리를 행사하거나 처분 또는 양도할 때는 그 증서를 반드시 주고받아야 한다. 유가증권은 화폐증권(화폐, 어음, 수표 등), 상품증권(화물상환증, 선화증권 등) 및 자본증권(주식, 채권) 등으로 구분되며, 증권시장에서 말하는 유가증권은 자본증권을 의미한다.

1) 주 식

기업이 영업활동을 하기 위해서는 많은 자금이 필요한데, 자금의 조달은 은행에서 대출을 받거나 채권을 발행하여 조달할 수 있다. 그러나 은행대출이나 채권발행과 같은 채무는 영업실적과는 무관하게 정기적인 이자부담과 민기 시 원금을 상환해야 하는 부담을 갖게 된다. 따라서 기업은 원금과 이자의 부담이 없는 영업실적이 좋은 때만 배당을 지급함으로써 장기간 자금을 사용할 수 있는 주식을 발행하게 된다. 주식은 주식회사가 자금을 조달할 때 투자자에게 자금을 낸 대가로 발행해 주는 증서이다. 주식을 소유한 사람을 주주라고 하는데, 주주는 회사에 대하여 회사의 자본금 중 자신이 투자한 금액만큼의 주인이라고 할 수 있다. 즉 기업에 투자한 만큼의 소유주인 셈이다. 주식의 종류는 보통주와 우선주가 있다.

(1) 보통주: 의결권 및 잔여재산분배청구권 등을 갖는 일반적인 주식을 칭한다.

(2) 우선주: 우선주는 보통주보다 이익배당이 많거나 잔여재산분배청구권 등이 우선하는 주식을 말한다.[25] 그러나 우선주의 소유주는 회사에 대한 의결권이 없다.

2) 채 권

채권은 대규모 자금조달을 목적으로 발행하며, 국가, 지방자치단체, 회사 등 자금을 빌리는 쪽에서 발행하는 증서를 말한다. 발행주체가 국가이면 국채, 지방자치단체나 공공단체이면 공채, 회사이면 회사채라 한다. 채권에는 액면금액, 이자율, 기간 등의 내용이 기재되며, 원금상환기일 이전에 주식과 마찬가지로 투자자 간의 매매를 통하여 원금을 회수할 수 있다.

3) 주가지수선물과 주가지수옵션

(1) 주가지수 선물거래

선물거래란 장래의 일정시점에 수량, 규격, 품질 등이 표준화되어 있는 특정상품이나 증권을 계약 체결 시 정한 가격인 선물가격으로 인수, 인도할 것을 약속하는 거래를 말한다. 특히 증권시장에서는 주식에 대하여 선물거래를 하는 주식선물거래와 주가지수에 대하여 선물거래를 하는 주가지수선물거래 등이 대표적이다. 우리나라는 1996년 5월 주가지수선물거래를 도입했다. 주가

---

25) 흔히 우선주는 배당률이 높은 대신 의결권이 제한되어 있으므로 주식발행으로 인해 기존 주주의 경영권을 침해하지 않고 자금조달을 할 수 있다. 그러나 투자자 입장에서 보면 기업의 인수 합병(M&A) 시 의결권 없는 우선주는 매력이 덜하기 때문에 보통주와의 주가 차이가 나타나게 된다.

지수선물거래란 무형의 주가지수를 인도하거나 인수하는 것이 아니고 선물계약 시의 주가지수와 일정 기간(보통 3개월 이내) 후의 주가지수와의 차이에 일정금액을 곱한 차액을 인수, 인도하기로 하는 선물계약의 일종이다.

(2) 주가지수 옵션거래

옵션은 상품이나 유가증권 등의 기본자산을 미리 정한 가격으로 일정 기간 동안 살 수 있는 권리(콜옵션) 또는 팔 수 있는 권리(풋옵션)를 의미한다.
증권거래소는 주가지수선물거래를 시작한 데 이어 1년 후인 1997년 7월 주가지수옵션 거래를 시작하였다.

4) 주식옵션

주식옵션은 무형의 주가지수를 기본자산으로 하는 주가지수선물, 주가지수옵션과는 달리 실제주식을 사거나 팔 수 있는 권리를 매매하는 거래이다. 증권거래소는 2002년 1월부터 삼성전자, SKT, 국민은행, KT, 한국전력, POSCO, 현대차와 같은 대형우량주에 대하여 주식옵션거래를 시작하였다.

7. 동시호가

일반적으로 증시는 불특정 다수의 시장 참가자들에 의해서 이루어지며 가격 또한 이들에 의하여 형성된다. 이렇듯 불특정 다수의 참가자들이 각기 다른 가격으로 참여하기 때문에 주식의 매매에는 다음과 같이 일정한 규칙이 있다.

1) 가격우선의 원칙

사고자 하는 쪽은 높은 가격에, 팔고자 하는 쪽은 낮은 가격에 우선권이 주어져 순서대로 매매체결이 이루어지도록 하는 방법이다.

2) 수량우선의 원칙

같은 시간에 같은 가격으로 매수 또는 매도 주문이 접수된 경우에는 수량우선의 원칙이 적용되어, 많은 수량의 주문이 먼저 체결될 수 있도록 우선권을 주는 방법이다.

3) 시간우선의 원칙

같은 가격의 주문이 나올 경우, 먼저 주문이 접수된 투자자에 우선권을 주는 방법이다.

주식매매의 시간의 원칙이 무시되고 가격과 수량의 원칙만이 적용되는 것을 동시호가라고 부른다. 일정한 시간대를 정하여 이때 접수된 수량들을 같은 시간에 낸 주문으로 인정하여 가격우선, 수량우선 원칙에 입각하여 체결시키는 것이다.

제2절 주가에 영향을 미치는 요인과 재테크

주가에 영향을 미치는 요인으로는 경기흐름, 금리, 물가지수, 환율, 설비투자 등이 있으며 이를 재테크와 연관시켜서 설명하면 다음과 같다.

1) 금리와 주가

일반적으로 금리와 주가는 반대성향을 가지고 있다고 볼 수 있다. 즉 금리가 오르면 주가는 내리고 금리가 내리면 주가는 올라가는 모습을 알 수 있다.

또한 금리가 내리면 기업들은 자금조달 비용이 감소하게 되고 그에 따라 경쟁력이 강화되는 결과로 수익성이 개선된다. 따라서 금리가 하락하면 기업의 가치가 상승하게 되고 주가도 상승하게 된다.

투자자입장에서는 가장 활발하게 투자활동을 하게 되며, 시세차익을 가장 많이 올릴 수 있는 기회가 되기도 한다.

2) 설비투자와 주가

설비투자가 증가한다는 것은 경기순환과 관련되어 경기회복의 청신호로 받아들여지고 있다. 따라서 설비투자 사이클도 경기순환주기와 거의 비슷한 양상으로 움직인다. 그러나 실질적인 내용에 있어서는 설비투자는 경기 변동의 선행 지표로서의 성격을 갖고 있다.

기업입장에서 볼 때 영업활동 성과 및 미래수익성 증가를 위하여 기업확장 시 재투자로 인한 설비투자를 한다. 설비투자의 증가는 향후 수익성을 크게 향상시키는 요인이 되지만, 무리한 확장으로 인한 부작용도 고려해야 한다. 그러나 설비투자의 증가는 주가의 상승요인이 된다.

3) 물가와 주가

물가가 계속 오를 것 같으면 아무래도 위험성이 있는 주식보다는 실물자산이 훨씬 더 선호된다. 왜냐하면 물가가 상승한다는 것은 돈의 가치가 떨어진다는 것이므로 돈의 가치가 떨어지면 부동산과 같은 실물자산의 수요가 증가하게 된다.

기업의 입장에서는 물가가 상승하게 됨에 따라 금리도 상승하게 되어 높은 자본비용을 부담하게 되고 이에 따라 수익성은 악화되어 주가는 하락하게 된다.

4) 환율과 주가

환율이 인상하게 되면 기업들의 경쟁력이 강화되는데 그 이유는 환율이 상승하면 기업의 수출이 증가를 가져와 기업의 경쟁력을 강화하게 된다. 따라서 환율의 상승은 주가의 상승을 가져온다고 하겠다. 반대로 환율의 하락은 주가의 하락요인이 되기도 한다.

5) 부동산과 주가

주식이 금융자산의 대표라면 부동산은 실물자산의 대표라고 할 수 있다. 주식과 부동산은 단기적으로는 대체관계이지만 장기적으로 볼 때 동반관계에 있다. 물가가 급등하면 금융자산 투자하기보다는 실물자산에 투자하는 것이 좋다. 물가가 안정되면 금융자산에 투자하여 얻는 수익이 실물자산의 수익보다 많다. 또 경제성장률이 물가상승률보다 높으면 금융자산의 투자가 늘어난다. 이와 반대로 경제성장률보다 물가상승률이 높으면 부동산 가격의 상승속도가 주식보다 훨씬 빠르다. 그리고 부동산이 주식보다 인플레이션을 보상하는 정도가 크게 높은 것으로 나타난다.

6) 국제수지와 주가

국제수지는 한 나라와 다른 나라 간에 일어난 경제적 거래를 종합한 결과이며, 크게 경상수지와 자본수지로 구성된다. 경상수지는 재화나 서비스를 사고 판 결과이다. 자본수지는 외화자금의 대차거래이다. 경상수지가 흑자이면 국민소득이 증대된다. 해외부문에서의 통화 공급이 이루어지면 고용도 확대된다. 이러한 상황들은 주가에 호재가 되며, 또한 외채가 줄어들기도 한다. 우리나라처럼 무역의존도가 높은 나라에서는 주가와의 상관관계가 매우 높다고 본다.

7) 재테크 시 투자대상 선택의 원칙

(1) 수익성의 원칙 – 투자대상이 얼마나 많은 이익을 가져다 줄 수 있는가를 따져보아야 한다. 투자는 보다 나은 미래의 소득을 얻기 위한 것이기 때문이다.
(2) 안전성의 원칙 – 투자원금을 손해 보지 않도록 해야 한다. 투자로 인해 미래에 얻게 될 소득이 불확실하다면 이는 결코 좋은 투자대상이 되지 못한다.
(3) 유동성의 원칙 – 필요한 때 언제든지 쉽게 현금화할 수 있는 투자대상을 선택해야 한다.

8) 주식시세의 판단기준

주식시세의 판단기준으로는 먼저 종목이나 주가의 전반적인 흐름을 관찰하여야 한다.

(1) 매수, 매도 증권사의 집중적인 관찰

며칠간의 매수나 매도 증권사의 상황을 파악하면, 매수의 경우 집중적인 매도 물량이 나오기 전까지 또는 특정 세력이 개입되기 전까지는 급격한 하락을 피할 수 있으며, 매도의 경우 어느 정도의 물량을 소화해 버리거나 매도를 멈추고 전환할 때 등락의 변동 가능성이 있어 앞으로의 추세에 주의를 해야 한다.

(2) 주가 흐름의 주체

현재의 장세나 주가가 어떠한 매수, 매도의 주체로 의해 끌려가는지를 파악하고 그 주체의 힘이 강한지를 따진다면 추가적인 방향을 설명하기가 쉽다.

(3) 업종별현황 및 국내외의 시장 상황

업종별 단기간의 상황을 보는 것이 아니라 중장기적인 상황을 파악하여 현재 조정을 거쳐 다시 상승할지 아니면 하락할지를 판단하고 일시적인 반등이나 조정가능성이 있을지를 예측한다.

또한 호재와 악재를 구분하여 어느 쪽에 비중을 둘지를 고려해야 하며, 현재의 국내 주식은 거의 외국인에 의한 영향이 크므로 전일 미국 증시의 사항을 잘 판단하여 오늘의 주가 움직임을 연동시켜 판단한다.

(4) 단기 전략의 포시션(position)을 확인

선물이나 옵션의 단기 매매 성향을 살펴 오늘의 주식시세와 미래의 시세를 파악한다.

그 외 장세에 관한 차트나 현재가에 나타나는 거래량과 매매성향을 파악하고 그리고 각종 자료를 통하여 종목별 주가에 관한 추후 향방을 파악할 수 있다.

제3절 한국종합주가지수
(Korea Composit Stock Price Index: KOSPI)

1. 한국종합주가지수(KOSPI)의 의의

주가지수[26]는 증권시장에서 거래되고 있는 주식가격의 변동을 통계적으로 나타내는 지표를 말한다. 이것은 증권시장뿐만 아니라 국가의 경제지표로서

---

26) 주가지수는 크게 다우식 주가지수와 시가총액식 주가지수로 분류할 수 있다.

중요한 역할을 하고 있다.

우리나라의 종합주가지수(KOSPI)는 증권거래소가 1964년 1월 4일을 기준시점으로 다우존스(dow jones)식 주가평균을 지수화한 수정주가평균지수(adjusted stock price average index)를 산출하여 발표하기 시작하였다.

다우존스식[27] 주가지수는 주가지수를 구성하는 상장종목 중 일부 우량주만을 선정하여 산출하는 방식이다. 그 후 시장규모가 점차 확대됨에 따라 1972년 1월 4일부터는 지수의 채용종목을 늘리고 기준시점을 변경한 한국종합주가지수(Korea Composite Stock Price Index: KCSPI)를 발표하였고 매년 지수의 채용종목수를 변경하여 왔다. 그러나 증권시장의 지속적 발전과 함께 증권분석의 새롭고 다양한 이론이 등장하면서 다우존스식 주가지수가 가지고 있는 문제점이 계속 노출되었다. 이에 따라 거래소는 시장 전체의 전반적인 주가동향을 보다 정확히 나타내기 위하여 1983년 1월 4일부터 시가총액식[28] 주가지수인 한국종합주가지수(Korea Composite Stock Price Index: KOSPI)로 전환하여 산출, 발표하고 있다. 시가총액식 주가지수(한국종합주가지수: KOSPI)는 일정시점의 시가총액과 현재시점의 시가총액을 대비, 현재의 주가수준을 판단하는 방식이다. 즉 지난 1980년 1월 4일 기준 상장종목 전체의 시가총액을 100으로 보고 현재 상장종목들의 시가총액이 어느 수준에 놓여 있는지를 보여주는 시스템이다.

---

27) 다우식 주가지수는 1984년 7월 미국의 다우존스사가 산출한 최초의 주가지수에서 유래를 찾을 수 있다. 산출방식이 단순하여 투자자가 이해하기 쉽고, 신속 정확하게 산출할 수 있다는 장점이 있다. 세계에서 가장 오래된 역사를 갖고 있으며 투자자에게 친숙한 공신력이 있는 지수이다.

28) 시가총액식 주가지수는 1900년대 중반 증권시장이 질적, 양적으로 크게 성장하여 시장 전체를 보여줄 수 있는 주가지수의 필요성이 증대되고 동시에 단순주가평균 방식인 다우지수의 한계성이 제기되면서 시작되었다. 시가총액식 주가지수는 1923년 미국의 Standard and Poor's(S&P)사에 의해 발표된 상장종목의 규모(시가총액)를 고려한 S&P500 지수에서 그 유래를 찾을 수 있다.

예) 상장주식 총괄표 2007년 7월 기준(단위: 천주, 백만 원)

- 회사수: 735개 사(종목수: 893종목)
- 상장주식수: 25,461,299
- 시가총액: 961,205,968
- 거래량: 10,323,637
- 거래대금: 160,218,024
- 코스피: 1,933(종가)
  (시가: 1,771 , 고가: 2,105 ,   저가: 1,738   )

1) 주가지수의 변천과정

(1) 다우존스식 주가지수

세계에서 가장 오래된 다우존스 주가평균은 1884년 미국의 다우존스사에서 발표하였다. 다우존스 주가지수의 특징은 소수의 대표종목과 산출방식의 간편성에 있다. 그러나 종목교체 시는 상당기간의 시장평가를 통하여 까다롭게 이루어진다는 점이다. 미국의 경우를 보면, 발표초기에는 11종목으로 출발하여 1916년에 20종목으로 확대되었으며, 1928년 이후로는 지금과 같이 30종목으로 되었다. 미국의 증권시장의 상장기업이 10,000개가 넘는 것은 고려한다면 극히 적은 종목이다. 다우주가평균은 1주당 주가로 계산되는 단순평균방식이다. 발표초기 다우존스 주가평균은 20$내외로 당시 미국증권시장의 1주당 가격과 비슷한 수준이었다. 요즘 주가평균이 10,000$을 상회함에 따라 1주의 평균가격의 의미는 거의 퇴색되어 지수와 동일한 의미로 이용되고 있다.

우리나라의 경우를 보면, 1956년 개장 초기 주식시장에 상장된 종목이 그리 많지 않았고, 시장규모가 작았기 때문에 이렇다 할 증권투자지표가 존재하지 않았다. 1962년 증권시장 육성을 통한 투자자의 관심이 증가되었고, 종합적인 주가의 움직임인 주가지표의 필요성이 대두되자, 1964년에 다우주가평균과 흡사한 수정주가평균지수(adusted stock price average index)를 발표하였다. 당시 상장종목은 15종목에 불과하였고, 그중 12종목을 대상으로 1963년 채용종목 주가평균을 기준으로 하여 1964년 1월 4일부터 수정주가평균지수를 발표하게 되었다.

<표 5-3> 다우존스식에 의한 수정주가 평균지수

구 분	내 용
산출방식	다우식
채용종목	12종목
기준시점	1963. 5. 9.~1963. 12 .24의 채용종목주가평균
기준지수	100
발표시점	1964. 1. 4

그 후 매년 증권시장의 규모가 증가하여 12종목으로는 시황을 제대로 반영하기 어렵게 되자 1972년 한국종합주가지수(Korea Composite Stock Price Index: KCSPI)라는 새로운 지수를 발표하게 되었다. 수정주가평균지수가 지수의 형태로 산출되는 초보적인 수준의 주가평균식 주가지수였다면, 한국종합주가지수(KCSPI)는 다우주가평균을 모델로 하는 전형적인 주가평균식 주가지수라고 하겠다. 이것은 거래가 많은 우량주 35종목으로 구성되어 있다. 그러나 1970년대 들어 자본시장육성 정책에 힘입어 증권시장의 비약적인 발전으로 시장규모가 급속히 증가하자 주가지수를 전면 개편하게 되었다.

<표 5-4> 한국종합주가지수(다우식 1)

구 분	내 용
산출방식	다우식
채용종목	35종목
기준시점	1972. 1. 4.
기준지수	100
발표시점	1972. 1. 4.

<표 5-5> 한국종합주가지수(다우식 2)

구 분	내 용
산출방식	다우식
채용종목	153종목
기준시점	1975. 1 .4.
기준지수	100
발표시점	1979. 1. 4.

개편된 한국종합주가지수(KCSPI)는 채용종목을 153종목으로 크게 확대하였으며, 매년 증권시장 상황에 따라 구성종목수를 탄력적으로 운영하였다.

(2) 시가총액식 주가지수

1920년대 들어서면서 다우존스 주가지수는 증권시장의 전체적인 동향과 단순평균방식의 주가산출방식의 대한 문제점으로 제기되었다. 따라서 S&P는 채용종목수를 늘리고 상장주식수를 가중치로 한 시가총액식 주가지수인 S&P500지수를 발표하였다. 이것은 다우존스 주가평균이 지닌 주식가격의 가중으로 인한 문제점인 예를 들면, 주가가 높은 소형주가 주가가 낮은 대형주보다 주가지수에 미치는 영향이 크다는 점과 소수우량종목만으로 주가평균을 산출하여 시

장전체흐름을 대변하지 못한다는 문제점을 보완하였다. 그러나 일부 시가총액
이 대형주의 주가흐름만을 대변한다는 점과 산출과정의 복잡성 등으로 투자자
의 지수신뢰성이 떨어진다는 단점이 있다.

(3) 시가총액식 코스피지수

다우식 주가지수의 문제점으로 인하여 선진국에서 채택하고 있는 시가총액
식 주가지수를 우리나라 실정에 맞추어 코스피(Korea Stock Price Index)지수
를 개발하였다. 시가총액식 주가지수가 대형주의 주가에 따라 큰 영향을 미친
다는 문제점이 제기되었으나, 실제로 대형주의 편중현상은 그리 크지 않는 것
으로 나타났다. 그러나 대기업의 시가총액 비중에 대한 코스피지수의 편중현
상의 우려로 말미암아 최근에는 유동주식수 기준으로 바뀌어 가고 있다.

(4) 유동주식수 기준의 주가지수

1990년대 들어 인덱스펀드가 등장하면서 주가지수와 연계된 투자기법이 일
반화됨에 따라 주식형 금융자산의 증가는 주식시장에 미치는 영향이 매우 커져
가고 있다. 그러나 기관투자자 등의 장기 안정적인 투자자금은 우량종목의 시
장유동성을 크게 떨어뜨리고 있다. 이것은 대형 우량종목이 지수영향도가 매우
크지만 유동주식수 감소로 거래규모는 줄어드는 문제점이 있다. 따라서 유동주
식수기준(free-float market value weighted) 주가지수는 2001년부터 등장하였
다. 최근에 개발한 유동주식수기준 주가지수는 KRX100지수, KOSTAR지수,[29]
섹터지수[30] 등이 있다.

---

29) 코스닥50지수의 선물대상지수의 대체지수로 개발한 것으로 코스닥시장에서 가장
   건전한 기업을 대상으로 구성종목을 선정하였으며, 종목수도 30종목으로 줄어 지
   수의 상품성을 고려하였다.
30) 섹터지수는 경기변동을 고려한 투자상품으로 투자자의 선호도를 고려하여 소수종

2. KOSPI지수 산출방법

한국종합주가지수(KOSPI)는 1980년 1월 4일의 시가총액을 분모로 하고, 분자로 산출시점의 시가총액을 분자로 하여 지수화한 것으로 산식은 다음과 같다.

KOSPI지수 = (비교시점의 시가총액/ 기준시점의 시가총액) × 100

한편, 지수를 산출할 때 연속성을 유지하기 위하여 유가증권시장 상장 종목 중 유·무상증자, 주식배당, 합병 등에 의해 주가에 락(배당락, 권리락 등)이 발생하거나 상장 주식수에 변동이 있는 경우에는 기준시가총액과 비교시가총액을 수정한다.

1) KOSPI200의 개념

KOSPI200은 주가지수선물 및 주가지수옵션의 거래대상으로 개발된 주가지수를 말한다.

KOSPI200이란 대표적인 주식 200개 종목으로 산출하는 시가총액식 주가지수를 말하며, 이것은 1990년 1월 3일을 100p로 하여, 1994년 6월 15일부터 산출, 발표하였다.

200개 종목은 선물 및 옵션거래에 적합하도록 유가증권 시장에 상장된 전체종목 중에서 시장 대표성, 유동성, 업종 대표성을 고려하여 선정하는데, 전체종목을 어업·광업·제조업·전기가스업·건설업·유통서비스업·통신업·금융서비스업·오락문화서비스 등 9개 업 군으로 분류하여 시가총액과 거래

목으로 구분하여 산출한 지수로서 이 지수가 인덱스펀드로 이용 시 소규모 투자로 분산투자가 가능한 상품이다. 현재 발표하고 있는 섹터지수는 자동차, 전자, 반도체, 은행, 정보통신 등 5개 지수로 한국증권시장의 대표산업이라고 할 수 있다.

량 비중이 높은 종목들을 우선 선정한다. 연 1회 선물·옵션주가지수 운영위
원회에서 정기심의를 거쳐 종목을 새로 구성하여 7월 1일부터 적용한다. 상장
이 폐지되거나 관리종목으로 지정 또는 인수합병 등이 발생하면 대상에서 제
외되고 미리 정해진 순서에 따라 새 종목이 자동으로 진입된다. 상장종목수의
20%밖에 되지 않으나 전 종목 시가총액의 70%를 차지하여 종합주가지수의
움직임과 일치한다. 선물·옵션거래대상이 되는 상품으로 취급되어 투자신탁
회사가 이를 사용할 때에는 사용료를 낸다. 한편 코스닥시장에서는 대표적인
50개 종목을 KOSDAQ50으로 선정하여 운영하고 있다[스타선물시장, 옵션시
장, 채권시장, ETF(상장지수펀드)시장, 워런트(ELW)시장 등].

2) 종목선정기준

종목선정의 기준은 다음과 같다.
(1) 매년 6월 정기 심의일 직전 연도의 종목별 평균 시가총액 및 연간 거래
    량으로 선정한다.
(2) 시가 총액은 매월 마지막 매매거래일의 12회 평균이며, 거래량은 1년간
    의 누적 거래량으로 한다.
(3) 정기 심의일 현재 관리종목을 제외한 전년도 연초 매매 개시일 현재 상
    장된 종목으로 한다.
(4) 9개의 업종군으로 분류하여 선정한다.

3) KOSPI200지수의 산식

KOSPI200은 상장주식수의 유동주식수와 비유동주식수로 합한 가중 시가총
액 주가지수로 산출되었으나, 2007년 6월 15일부터 유동주식수에서 비유동주
식수의 절반을 합한 가중방식으로 산출하고, 2007년 12월 14일부터는 순수하

게 유동주식수만을 가중한 시가총액 방식으로 주가지수를 산출한다.

KOSPI200지수 = (구성종목의 비교시점 시가총액의 합계 / 구성종목의
기준시점(1990. 1. 3.)시가총액합계) × 100

3. 주식투자 시 고려사항

주식투자를 하기 위하여는 가장 먼저 재무제표를 살펴보는 것이 중요하다. 관심을 갖고 살펴보아야 할 항목은 기업의 현금흐름, 경상이익 및 당기순이익, 주당순이익, 자기자본이익률(ROE), 부채비율, 주가수익비율(PER) 등이다. 예를 들면, 기업의 소유주에 의해 투자된 자기자본으로 얼마나 벌어들였나를 알아보는 자기자본이익률(ROE)은 투자자의 투자의사결정에 많은 영향을 주고 있으며, 기업가치분석에도 많이 이용되고 있다. 부채비율은 기업의 타인자본의 존도를 알아보는 분석이며 재무위험 정도 및 원리금상환능력 등을 파악할 수 있다. 부채비율이 낮을수록 우량기업이라 하겠다.

주식에 실패했다고 하는 사람들을 보면, 대부분 한창 오를 때 주식을 사서 떨어질 때 겁을 먹고 팔아 손해를 보는 경우가 많다. 평소에 관심을 가지고 봐두었던 주식이 어느 정도 떨어졌다고 생각이 될 때 사두게 되면, 곧 그 시세를 회복할 뿐만 아니라 주가 상승기 때는 큰 시세차익을 얻을 수 있다. 주식으로 대박을 터트리려는 허황된 마음을 버리고, 목표한 바의 수익으로 만족한다면 투자자의 기대감은 충족될 것이다. 또한 주식이 일시적으로 오른다고 해서 혹은 주식으로 조금 벌었다고 해서 빚을 내어 주식을 사는 것은 적절치 못하다.

〈알아 둡시다〉

손절매란?

주식을 매입하였는데, 예상과는 달리 주가가 하락하였을 때 어느 정도의 손해를 감수하고서라도 그 주식을 매도하는 것을 말한다.

주식투자 시 매입한 주식이 항상 자신의 생각대로 상승하는 것이 아니기 때문에, 투자자들은 손절매 기준을 정하고 그에 따라 손절매를 하고 있다. 일반적으로 매입가격보다 5% 이상 떨어질 경우 손절매를 하는데, 그 기일은 업종별 종목마다 다르기 때문에 손절매 시점을 정확히 알기는 어렵다. 왜냐하면 하루에서 10% 이상의 널뛰기를 하는 종목이 많기 때문이다. 주식투자를 할 때에는 목표수익률을 세워 적절한 시점에 매도하는 것도 중요하지만, 판단이 틀렸다고 생각될 때 손절매를 적절히 잘하는 것도 중요한 일이다.

4. 주식투자로 인한 경제적 효익과 재테크

주식에 투자함으로써 갖는 경제적 효익은 매매차익과 배당을 들 수 있겠다. 우량기업을 잘 선택하여 장기적으로 투자하면 결산 시마다 배당금을 받을 수 있고 매도할 경우에 많은 시세차익을 올릴 수 있다. 기업의 소유주로서의 누릴 수 있는 권리를 살펴보면 다음과 같다.

1) 배당금 및 시세차익을 얻을 수 있다

투자자가 매수한 주식을 결산까지 보유하게 되면 해당기업이 배당을 실시할 경우에 투자자는 보유주식에 대한 배당률만큼의 배당을 받을 수 있다. 그리고 주식을 저가에 매수하여 고가에 매도함으로써 발생하는 시세차익을 얻을 수 있고, 이러한 시세차익은 비과세 대상이다.

2) 유·무상증자를 할 수 있다

투자자가 보유한 주식종목의 기업이 유상증자를 실시할 경우 투자자는 시가보다 낮은 금액으로 보유주식에 대한 비율만큼 주식을 매수할 수 있는 기회를 갖는다. 또한 무상증자는 유상증자와는 별도로 현금의 납입 없이 증자비율에 따라 주식을 배정받을 수 있는 경제적 효익이 있다.

3) 상속과 증여가 용이하다

주식은 부동산 등과 같은 다른 투자대상보다 상속과 증여가 용이하고 또한 주식거래를 통한 매매차익은 세금이 부과되지 않는다.

4) 보관과 관리가 쉽다

주식투자에서 얻는 배당금, 유·무상증자, 명의개서와 같은 제반업무 등 모든 절차를 증권회사에서 대신해 주므로 편리하다.

5. 거래량과 주가와의 관계

주가가 오를지 내릴지는 정말 아무도 모른다. 만약 주식이 호재가 있어서 계속 상승하는 국면이면 내일도 오르겠지 하는 예상을 많이 하고, 그에 따른 기대감으로 계속 상승국면을 유지할 가능성이 크다. 이처럼 시장에서 관심을 받고 있는 주식을 테마주로 불리면서 사람들은 이에 대한 관심이 증가한다. 보통 주식은 미인과 같다고 한다. 미인이면 아무래도 눈길을 한 번 더 주는 것과 같이, 시장에서 아무리 좋은 우량회사의 주식이라고 해도 사람들의 관심을 끌지 못하면 그 주식의 움직임은 둔해지고, 그에 따라 가격변동이 거의 없으면 사람들이 매수하거나 매도하려고 하지 않는다. 그렇다면 결국 투자매력이 없다는 결론이 된다. 이러한 주식이 관심을 끌고 많은 사람들이 매수하거나 매도하려고 한다면 그만큼 그 주식에 대한 거래량이 증가하게 된다. 주식투자에서 당해 종목의 연중 최고가와 최저가를 분석하여 살피기도 하지만 현재 그 주식에 대한 시장의 반응은 어떤지 지표로 활용하는 것이 바로 거래량이다. 보통 거래량은 주가상승보다 선행한다는데 어느 주식의 거래량이 급격히 증가하면 그 주식은 보통 상승하고, 거래량이 감소하면 관심이 줄었기 때문에 매도 물량이 늘어나면서 급기야는 그 주식은 하락하게 된다. 즉 주가상승을 기대하는 매수세력이 늘어나면 거래량이 증가하게 되고, 증가된 거래량은 또 새로운 매수세력을 자극하여 추가상승을 부축이게 된다. 하지만 주가하락은 거래량 감소를 가져온다. 즉 주가가 하락하는 경우에는 그에 대한 우려와 추가상승에 비관적 위기로 나타나면서 매도세력이 강해진다. 이것이 매수세력보다 증가하게 되므로 결과적으로 매도세력이 늘어나면 추가하락에 대한 우려 때문에 매수세력은 더 줄어들게 된다. 그래서 매도물량만 자꾸 쌓이고 실제로 거래는 되지 않아 결국 거래량이 줄어들게 된다. 거래량이 줄어들면 매수세력은 그 주식에 대한 관심을 다른 주식으로 돌리기 때문에 추가적인 주가하락이 계속되는 것이다.

제6장 재무제표 분석

제1절 재무제표분석의 의의

재무제표분석(financial statement analysis)은 재무제표에서 정보를 추출하여 분석하는 것[31]을 말한다. 기업의 재무제표에는 대차대조표, 손익계산서, 현금흐름표, 자본변동표 등으로 되어 있으며, 재무제표분석을 통해서 기업의 재무상태와 경영성과에 관한 정보, 현금흐름 정보를 알 수 있다.

재무제표 항목 간에는 정보가 서로 관련되어 있기 때문에 재무제표분석을 할 때에는 대부분 재무제표 항목들을 통합하여 분석하게 된다.

대차대조표와 손익계산서를 분석하는 목적은 기업의 재무위험과 수익성을 파악하려는 데 있으며, 현금흐름표 분석의 목적은 기업의 경영활동을 통해서 창출된 현금흐름을 파악하고 적정 현금 보유 여부 등을 자세히 파악하는 데 있다.

---

31) "김권중, 정혜영, 2006, 새로운 회계원리, 산문출판, p. 530"에서 재인용.

1. 재무제표분석과 의사결정

재무제표를 분석하는 경우 투자자의 관점과 채권자의 관점 그리고 경영자의 관점에 따라 분류하여 파악해보고 그에 따른 의사결정을 살펴본다.

1) 투자자 관점

주식투자자는 주식의 가치를 평가하여 이를 현재의 주식가격과 비교함으로써 주식을 매수할 것인지, 매도할 것인지, 혹은 계속 보유할 것인지에 관한 의사결정을 한다. 주식의 가치를 결정하는 주요 요인은 기업의 미래 수익성과 위험이다. 이러한 미래의 수익성을 예측하기 위해서는 재무제표분석을 통해 과거와 현재의 수익성 분석을 하게 된다. 투자자는 주식가치를 평가하기 위해 기업의 미래 수익성과 위험을 평가해야 하며, 이를 위해 재무제표분석이 필요하다.

2) 채권자 관점

채권투자자는 회사채의 가치를 평가하여 이를 현재의 회사채 가격과 비교함으로써 회사채를 매수할 것인지, 매도할 것인지, 혹은 계속 보유할 것인지 의사결정을 하게 된다. 회사채의 경우 이자와 원금이 확정되어 있으므로, 회사채 평가의 핵심은 회사채 발행기업의 미래채무이행능력(원금과 이자의 상환능력)을 평가하는 데 있다. 기업의 채무이행능력은 기업의 현금창출능력에 달려 있고, 기업의 수익성이 높을 때 현금흐름이 많이 창출된다. 따라서 채권투자자는 발행기업의 미래 채무이행능력 또는 신용위험을 평가하기 위하여 재무제표분석을 통해서 현재 재무상태와 경영성과를 파악할 필요가 있다.

3) 경영자 관점

경영자는 기업의 전반적인 경영전략과 더불어 경영계획의 수립 및 제반 의사결정을 하는 데 필요한 내부 재무제표를 분석할 필요가 있다. 경영자의 주된 임무는 기업의 재무상태를 견고히 함과 동시에 수익성 및 미래 현금창출 능력을 높이는 데 있다. 따라서 경영자는 공시된 재무제표 자료는 물론 공시되지 않은 기업 내부 자료도 함께 분석해야 하며, 경쟁기업의 경영실적도 파악할 필요가 있다.

이 외에도 자본시장에서 정보중개인으로 활동하는 재무분석가와 신용평가기관 등도 재무제표를 분석해야 한다. 재무분석가(애널리스트)는 주식가치 평가에 관한 정보를 제공하고, 신용평가기관은 사채와 기업어음의 신용등급 정보를 제공하는 데 이러한 정보를 제공하기 위해서 기업의 재무제표를 분석해야 한다.

2. 재무비율분석(financial ratio analysis)

재무비율은 대차대조표나 손익계산서의 항목을 비교하여 산출한 비율로서 대체로 유동성, 안정성(레버리지), 활동성, 수익성 등의 비율을 중심으로 분석된다. 이것은 과거나 현재의 비율과 산업평균치나 경쟁회사의 비율을 비교하여 재무상태를 평가하는 분석도구로 사용된다. 재무비율분석은 간단하게 기업의 재무상태를 파악할 수 있다는 장점이 있는 반면에, 과거의 자료를 중심으로 분석하고, 일정시점이나 일정 기간을 중심으로 분석하며, 비율상호간의 연결이 없고, 종합적인 결론을 얻을 수 없으며, 절대적인 기준치나 표준치가 없다는 점이 한계로 지적되고 있다.

3. 재무제표 구성항목에 관한 추세분석

한기간의 재무제표 항목간의 구성요소를 분석하는 것으로는 그 한계점이 있다. 일정시점의 재무상태를 나타내는 대차대조표와 일정기간의 경영성과를 나타내는 손익계산서는 과거의 분석지표이며, 그 변동방향이나 추세의 흐름을 파악할 수가 없다. 따라서 연도별 재무제표 구성항목의 변동추이를 파악하기 위하여는 추세분석(trend analysis)이 이용된다. 추세분석이란 몇 년동안의 대차대조표와 손익계산서 등의 재무제표 변화 추세를 분석하고 판단하는 것으로써 더 나아가 기업의 미래흐름을 예측하는 방법이다.

추세분석을 하는 방법은 먼저 기준연도를 설정하고 이후 몇 년 동안의 재무제표 항목을 기준연도의 해당 항목에 대한 비율로 나타내며, 그 변화추이를 보고 미래를 예측한다. 예를 들면, 기준연도 이후의 매출액을 기준연도의 매출액으로 나누어 추세비율을 계산한 후 매출액 증감의 변화추이를 분석하는 것이다.

4. 재무비율 분석 시 유의할 점

재무비율분석은 분석 자료를 손쉽게 얻을 수 있고, 누구나 쉽게 파악할 수 있다는 기본적인 이점이 있지만 다음과 같은 점에 유의할 필요가 있다.

1) 일반적으로 재무비율 그 자체로는 의사결정을 위한 자료로 충분치 못하다.
2) 재무비율은 과거의 재무제표에 관한 분석이다. 즉 과거의 상황, 거래, 사건을 반영한 것이다. 따라서 대부분의 재무비율은 장부가액만을 반영한 것이며, 현재의 실제 가치나 물가변동으로 인한 영향을 반영하지 못한다.
3) 재무비율 계산방법 및 비율의 명칭이 완전하게 표준화되어 있지 못하다.
4) 회계방침의 적용에 있어 기업 간 차이, 기간별 차이가 비율에 영향을 준다.

5) 기업이 다각화되어 있거나, 위험이 서로 다른 경우에는 동종 산업 내에
   속한 기업일지라도 기업 간 비교가 어렵다.

제2절 재무제표의 종류 및 재무분석지표

본 절에서는 재무비율을 유동성 비율, 안정성 비율, 활동성 비율, 수익성 비율, 성장성 비율, 주가관련비율로 분류해서 살펴보기로 한다.

1. 유동성비율(liquidity ratios)

유동성 비율은 유동자산을 유동부채로 나눈 비율로서 단기성 채무를 충당할 수 있는 유동자산이 얼마나 되는가를 나타내는 비율이다.

1) 유동비율(current ratio)

유동비율은 채무자의 지급능력을 판단하는 대표적인 지표로서, 일반적으로 유동비율이 200% 이상이면 기업의 단기채무지급능력이 양호하다고 볼 수 있다. 그러나 유동비율이 200%가 넘는다고 하더라도 유동자산 중 당좌자산이 적고 재고자산의 내용이 부실하다면 유동비율은 기업의 지급능력과는 아무 관련이 없게 된다. 따라서 기업의 제반 여건을 고려하고 보완하는 비율로서 당좌비율, 매출채권비율 등을 동시에 분석하는 것이 좋겠다.

$$유동비율 = 유동자산 / 유동부채$$

2) 당좌비율(quick ratio)

당좌비율은 유동자산에서 재고자산을 차감한 당좌자산을 유동부채로 나누어 측정된 비율이다.

재고자산은 판매과정을 거쳐야 현금화할 수 있으므로 현금화가 보다 쉬운 당좌자산만으로 단기채무지급능력을 평가하는 것이 보다 합리적이라고 할 수 있다. 따라서 당좌비율은 유동비율보다 단기채무 지급능력을 더 정확하게 반영한다고 해서 "산성시험비율(acid fest ratio)"이라고도 하며, 일반적으로 100% 보다 높게 나타나면 양호하다고 볼 수 있다.

$$당좌비율 = (유동자산 - 재고자산) / 유동부채$$

2. 안정성비율(stability ratios)

안정성 비율은 어느 정도로 타인자본에 의존하고 있는가를 측정하는 것으로 일명 레버리지비율(leverage ratio)이라고도 한다. 이 비율은 기업의 장기적인 재무 및 영업구조를 강조하고 있으며, 장·단기채무의 상환능력을 측정하는 분석지표이다. 채권자 입장에서는 장기 채권에 대한 위험 부담도를 평가하는 기준으로 사용하기도 한다. 채무를 상환하기 위해서는 상환할 수 있는 자산, 즉 현금 또는 현금성자산을 항상 보유하고 있어야 한다. 따라서 안전성 분석은 기업 활동에 있어서 자본의 조달, 자본의 운용 그리고 자본조달과 운용과의 결합관계를 분석의 대상으로 한다. 안전성 비율에는 부채비율, 자기자본비율 등이 있다.

1) 자기자본비율(net worth to total assets)

자본구성의 적정성을 측정하는 지표이며, 자기자본은 자본금과 내부유보잉여금으로서 이자비용의 부담이 전혀 없고, 또한 장기 운용 자본으로서 비율이 높을수록 안정성이 좋다고 할 수 있다.

$$\text{자기자본비율} = (\text{총자본} - \text{타인자본}) / \text{총자본}(\text{총자산})$$
$$= \text{자기자본} / \text{총자본}(\text{총자산})$$

2) 부채비율(debt ratio)

부채비율은 부채총액을 자기자본으로 나눈 것으로서 전통적으로 실무에서 흔히 사용되고 있는 지표이다. 타인자본을 많이 사용할수록 ROE(자기자본이익률)가 확대되는 이점이 있지만 기업의 경영성과가 부진하더라도 타인자본(부채)의 원리금은 반드시 지급해야 하기 때문에 부채의존도가 높으면 지급불능위험이 높아진다. 따라서 부채비율은 낮을수록 양호하며 100% 이하이면 양호하다고 본다.

$$\text{부채비율} = \text{총부채} / \text{자기자본}$$

3. 활동성 비율(activity ratios)

기업의 경영을 분석할 때에는 자본 또는 자산운용이 얼마나 효율적으로 이용되고 있는가의 활용도를 나타내는 비율을 활동성 비율이라 한다. 활동성은 매출액과 자본(자산)이 일정 기간에 매출을 통하여 몇 번이나 회전하는가에 의하여 측정된다. 이 회전수를 회전율이라 하며 1회전하는 데 필요한 기간을 회전기간이라 한다. 따라서 회전율에 회전기간을 곱하면 365일이 된다. 활동성 비율에는 매출채권회전율, 총자산(총자본)회전율, 고정자산회전율, 재고자산회전율 등이 있다.

1) 매출채권회전율(accounts receivable turnover ratio)

정상적인 영업활동의 과정에서 매출채권이 현금화되는 속도를 나타내는 지표이며, 향후 소요자금계획이나 신용정책의 결정 등에 사용된다. 이 비율이 높을수록 유동성이 양호한 것으로 판단되고 매출채권의 관리가 효율적인 것으로 볼 수 있다. 이 회전율은 일반적으로 10~12회전 이상을 양호한 것으로 보고 있는데, 그 이유는 매출채권의 결제기간을 평균 1개월 이내로 하는 것이 정상적인 거래라고 보고 있기 때문이다. 즉 경쟁력이 있는 상품은 결제기일이 짧아 매출채권 회전율이 높고 경쟁이 치열할수록 매출채권 회전율이 낮다고 본다.

$$매출채권회전율 \ = \ 매출액 \ / \ 연평균매출채권 \ 잔액$$

2) 재고자산회전율(inventory turnover ratio)

재고자산을 얼마나 효율적으로 잘 관리하고 있는지를 측정하는 지표이다. 재고자산 회전율이 높을수록 재고자산이 효율적으로 관리되고 있다는 것을 나타낸다. 그러나 판매가 부진하여 재고자산이 쌓여 있거나 재고자산이 진부화되면 재고자산회전율이 크게 낮아진다. 재고자산회전율이 낮으면 그만큼 재고보유기간이 길어진다는 것을 의미하며, 따라서 보관유지비용, 이자비용, 보험료, 재고감모비용 등의 부담이 증가하여 결국 유동성과 수익성이 낮아지게 된다.

$$재고자산회전율 = 매출원가 \ / \ 재고자산 \ 평균잔액$$

4. 수익성비율(profitability ratios)

수익성 비율은 기업의 경영성과를 측정하는 동태적 재무비율분석이며, 경영성과를 매출액이나 자본에 대한 수익성으로 평가한다. 기업의 경영활동은 자본을 투입하여 매출을 하고, 매출을 통하여 이익을 실현하는 것으로 수익성분석은 자본과 매출과의 관계, 매출과 이익과의 관계, 자본과 이익과의 관계를 분석한다. 수익성 비율에는 매출액이익률, 자기자본이익률, 총자산(총자본)이익률, 주당순이익 등이 있다.

1) 총자산(총자본)이익률(return on assets: ROA)

기업에 의하여 창출된 경영성과를 조달된 총자본(자기자본+타인자본)과 대비한 비율로서 경영효율성을 측정하는 지표이다. 즉 영업활동(매출액과 그와 관련된 비용관리)을 얼마나 잘했는가를 보여주며, 또한 얼마나 효율적으로 자산(투자자산, 재고자산, 고정자산 등)을 잘 운용했는지를 나타낸다. 만약, 수익은 상승했는데 ROA가 하락했다면, 자산이 수익보다 더 빨리 증가하였다는 것이고, 회사의 자산을 효율적으로 이용하지 못했다는 것을 의미한다. ROA는 자사와 동종 산업의 경쟁사와 비교할 수 있는 분석지표가 된다. 수익의 크기와 현금흐름은 기업 간 다양한 차이가 있을 수 있지만, ROA는 총자산 범위에서 얼마나 수익을 올리고 있는지를 보여준다.

$$ROA = 당기순이익 / 평균총자산(총자본)$$

$$단, 평균총자산 = (기초총자산 + 기말총자산) / 2$$

2) 자기자본이익률(return on equity: ROE)

자기자본이익률이란 당기순이익을 자기자본으로 나눈 비율로, 보통주 소유주에 의해 조달된 자기자본을 사용해 연간 벌어들인 세후 이익이 어느 정도인지를 나타내는 지표이다. 자기자본이익률과 회사채수익률을 비교했을 때 자기자본이익률이 높으면 소주주의 자본을 효율적으로 잘 이용하고 있음을 나타내는 것이다. 투자자입장에서는 기업의 자기자본이익률(ROE)이 시중금리보다 높으면 투자할 만한 가치가 있다고 본다. 흔히 ROE(return on equity)라고 부르며, ROE는 자기자본의 효율성, 배당정책, 주가형성에 크게 영향을 미치는 비율이다. 비율이 높을수록 양호하나 너무 높을 경우 자기자본의 부족에 의한 재무구조의 안정성과 유동성을 해칠 수 있다.

$$ROE = 당기순이익 / 자기자본$$

3) 매출액영업이익률(return on sales)

매출액영업이익률은 손익계산서상의 영업이익을 매출액으로 나누어 측정된다. 매출액영업이익률은 기업의 판매 및 관리활동에서 발생한 비용을 반영하고 있으므로, 이 비율은 판매 및 관리활동의 효율성 정도에 대한 정보를 제공한다.

따라서 판매활동과 직접 관계가 없는 영업외손익을 제외한 영업이익만을 매출액과 대비한 것으로 영업효율성을 나타낸다.

$$매출액영업이익률 = 영업이익(매출총이익 - 판매관리비) / 매출액$$

4) 이자보상비율(interest coverage ratio)

기업이 사채나 차입금 등의 부채를 조달하면 그 사용대가로서 이자를 지급
해야 한다. 부채에 대한 이자지급능력을 알아보기 위하여 이자보상비율을 측
정하여 분석하는데, 이자보상비율은 이자 및 법인세 차감 전의 이익을 이자비
용으로 나누어 측정한다. 이자보상비율은 비율이 높을수록 이자지급능력이 양
호하다는 것을 의미한다.

$$
\begin{aligned}
\text{이자보상비율} &= \text{이자 및 납세 전 이익} \,/\, \text{이자비용} \\
&= (\text{당기순이익} + \text{이자비용} + \text{법인세비용}) \,/\, \text{이자비용} \\
&= \text{영업이익} \,/\, \text{이자비용}
\end{aligned}
$$

5) EBITDA[32] 대 매출액 비율

EBITDA는 이자비용, 세금, 감가상각비용 차감 전 순이익으로 영업활동을
통해 창출된 기업의 실제 이익창출금액을 말한다. 기업의 순이익은 재무구조
와 감가상각 방법에 따라 왜곡될 소지가 있다. 그러나 EBITA는 이러한 순이
익 변동요인을 가능한 제거한 것이기 때문에 수익성 판단의 지표로서 자리를
잡아가고 있다.

$$
\text{EBITA 대 매출액비율} = (\text{EBIT}[33] + \text{감가상각비} + \text{무형자산상각비}) \,/\, \text{매출액}
$$

---

32) EBITDA(earnings before interest, taxes, deprecistion and amorization)은 기업의
　　가치를 평가하는 한 방법으로 이자와 세금, 감가상각비를 차감하기 전의 영업이
　　익이다.

33) EBIT(earnings before interests and taxes)은 "이자 및 법인세차감전순이익"이라고
　　한다. 즉 기업의 영업활동으로 얻은 이익을 보여주는 지표로서, 기업의 경영성과
　　를 평가하는 데 있어서 타인자본을 사용하는 기업이 이자비용 발생으로 타인자본

5. 성장성비율(growth ratios)

기업의 성장성은 당기의 자산규모나 수익성이 전기에 비해 얼마나 증가하였는가를 보여주는 것으로서, 일반적으로 재무제표 각 항목의 연간 변동률로 측정한다. 성장성비율에는 총자산증가율, 자기자본증가율, 매출액증가율, 순이익증가율 등이 있다.

1) 영업이익증가율(growth rate of operate income)

영업이익증가율은 기업의 영업활동이 얼마나 효율적으로 성장했는지를 알아보는 비율이다.

$$영업이익증가율 = 당기\ 영업이익 - (당기\ 영업이익\ /\ 전기\ 영업이익)$$

2) 자기자본증가율(growth rate of stockholder's equity)

자기자본증가율은 당기 자기자본이 이익잉여금의 내부유보액, 유상증자 등으로 증가된 것을 측정하는 지표이다. 자기자본증가율이 타인자본증가율과 비교하여 높을 경우는 재무적 안정성이 높고 내부유보가 충실한 것으로 본다.

$$자기자본증가율 = (당기자기자본\ /\ 전기자기자본) - 1$$

3) 매출액증가율(growth rate of sales)

당기의 매출액이 전기에 비해 얼마나 증가하였는가를 알아보는 비율로서

을 사용하지 않는 기업보다 수익성이 낮게 평가되는 것을 방지하기 위한 것이다.

기업의 외형적인 성장을 측정하는 지표이다.

$$\text{매출액증가율} = (\text{당기매출액} / \text{전기매출액}) - 1$$

4) 매출액 대비 연구개발비 비율

매출액 대비 연구개발비비율은 기업의 매출액에 대하여 연구개발 지출을 얼마나 하였는가를 알아보는 비율이다. 기업의 경쟁이 점점 격화됨에 따라 연구개발비(R&D)의 투자는 미래의 성장과 안정의 필수적 요소로 부각되고 있다. 따라서 비율이 높을수록 좋다고 할 수 있겠으나, 장기적인 대규모 투자에 따른 자금부담을 고려해야 한다.

신생기업의 경우에는 초기의 대규모 연구개발비지출을 비용처리함으로 인하여 일시적인 당기순손실을 나타낼 수도 있다.

$$\text{매출액 대비 연구개발비(R\&D)비율} = R \& D / \text{매출액}$$

6. 주가 및 배당금 관련 비율

주가 및 배당금 관련비율은 주로 투자자의 투자판단의 지표로 사용되며, 기업의 위험과 수익성에 대한 증권시장의 평가를 말한다. 기업의 시장가치를 통하여 기업가치가 과대 혹은 과소평가되어 있는지를 판단함으로써 투자자에게 유용한 정보를 제공해 준다. 주가 및 배당금 관련비율에는 주가수익비율, 주가 장부가액비율, 배당금 대 순이익 비율 등이 있다.

1) 주가수익비율(price earing ratio: PER)

주가수익비율은 기업의 수익성에 비해 주가가 몇 배인가를 나타내는 지표이다. 따라서 주가수익비율은 주당순이익(earning per share: EPS)에 비해 주가가 고평가 혹은 저평가되었는지를 나타낸다. 즉 PER이 높으면 기업이 영업활동으로 벌어들인 순이익에 비해 주가가 높게 평가되었으며, PER이 낮으면 이익에 비해 주가가 낮게 평가되었음을 뜻하므로, 차후에 주가가 상승할 가능성이 높다는 것을 의미한다.

$$PER = 주가 / 주당순이익(1주당 세후순이익)$$

2) 주가순자산비율(price book value ratio : PBR)

주가 순자산비율(PBR)은 현재의 주가를 주당 순자산[34]으로 나눈 것이다. PER이 순이익 측면에서 주가수준을 판단하는 지표라면, PBR은 순자산 장부가액 측면에서 주가수준을 판단하는 지표라고 할 수 있다. 따라서 주가 순자산비율(PBR)이 1미만인 경우에는 시장평가액이 장부가액으로 평가한 청산가치 이하로 주가가 저평가되었다고 할 수 있다.

$$PBR = 주가 / 주당 순자산$$

3) 주가현금흐름비율(PCR)

주가현금흐름비율은 기업의 자본조달 능력을 나타내기 때문에 경기침체로

---

34) 여기서 "순자산"이라 함은 대차대조표의 자산총계에서 부채총계를 차감한 것으로, 이는 회사의 청산 시 소유주에게 배분될 금액이다.

인해 시중 자금난이 심할 경우 유망한 지표가 된다.

$$주가현금흐름비율(PCR) \;=\; 주가 \,/\, 주당현금흐름$$

4) 주가매출액비율(PSR)

주가를 주당 매출액으로 나누어 구하는 것으로, 기업의 성장성에 주안점을 두고 상대적으로 저평가된 주식을 찾는 데 이용되는 투자지표이다. 즉 주가매출액 비율이 상대적으로 낮은 기업일수록 성장잠재력이 큰 기업이라고 할 수 있다. 이것은 매출액순이익률에 주가수익비율을 곱하여 구할 수도 있다.

$$PSR \;=\; 주가 \,/\, 주당 \; 매출액$$
$$=\; 매출액순이익률 \times PER$$

5) 주당순이익(earning per share: EPS)

주당순이익은 기업의 당기순이익을 주식수(총발행주식수)로 나눈 것을 말한다. 그러나 EPS는 순이익에서 우선주배당금을 차감한 금액에 보통주의 연중 평균유통주식수로 나누어 계산하는 것이 정확하다.

주당순이익은 주식을 평가할 때 가장 많이 이용되는 지표로서 발행주식 1주 당순이익이 얼마인가를 보여주는 수치이다. EPS가 클수록 그 기업의 주가는 높게 나타난다. EPS는 실무에서 기업가치 평가에 매우 유용하게 이용되고 있으며, 같은 이익을 냈더라도 기업의 규모 자체가 다르기 때문에 단순히 당기순이익만으로는 비교하는 것이 의미가 없기 때문에 주당순이익을 사용한다.

$$주당순이익(EPS) \;=\; 당기순이익 \,/\, 총발행주식수$$

6) 배당수익률(dividend yield)

배당수익률은 주당배당액을 주당주식시가로 나누어 계산한다. 주식 투자자에게는 시세차익과 함께 배당수익을 안겨주므로 투자결정의 중요한 지표가 된다. 투자자입장에서 배당을 평가할 때는 액면가액이 아닌 시장가액에 대한 배당수익률을 이용해야 한다.

$$배당률 \ = \ 주당배당액 \ / \ 주당주가(시가)$$

7) 배당성향(payout ratio)

기업의 법인세를 공제한 당기순이익 가운데 배당금으로 지급되는 부분을 백분율로 표시하는 것을 말한다. 배당지급률 또는 사외분배율이라고도 한다.

$$배당성향 \ = \ 현금배당 \ / \ 당기순이익$$

제7장 기업의 재무제표분석사례

제1절 유가증권시장의 상장기업 사례분석

본 절에서는 유가증권시장의 기업 중에서 기아자동차 등을 중심으로 하여 기업의 재무분석을 해 보기로 하겠다.

1. 사례분석기업 – 기아자동차의 재무분석

1) 소 개

기아자동차는 97년 부도 이전까지 자동차업종에서 전문화된 한국의 우량기업이었다. 그러나 1997년 IMF 경제위기로 말미암아 막대한 부실과 분식회계로 인하여 부도덕한 기업으로 비난받았고, 드디어는 심각한 위기에 처하여 기업부도라는 가장 큰 경영상의 실패를 가지고 왔다. 이후 1998년 말 현대가 기아자동차를 인수한 뒤 1~2년 만에 재기하면서 위기를 극복하고 성공적인 구조조정을 거쳐서 재탄생하였다. 그 당시 기아자동차는 많은 문제와 이슈들을 남겼다. 기아자동차의 급속한 성장과 실패는 한국의 전형적 대기업이 어떻게 성장했고 위기를 맞았는지, 또한 어떻게 재기할 수 있었는지를 보여주는 사례라고 할 수 있다.

이러한 기아자동차의 성공과 실패의 기업경영변화를 재무적으로 분석해 봄으로써 기업들의 재무상태를 살펴보고, 재무적 자료를 이용하여 재무분석을 하는 방법을 실례를 들어 알아본다.

2) 기아자동차의 사업개요와 경영환경 분석

(1) 회사의 개요

기아자동차주식회사는 1944년에 설립되어 1973년 한국증권거래소에 주식을 상장한 공개법인이며, 경기도 화성군 화성 공장, 광명시 소하동 공장, 광주시 내방동 광주 공장에서 승용차, 승합차, 화물차 및 부분품을 생산하여 판매하고 있다.

이 기업은 수년간의 과다한 설비투자와 동종업종에서의 경쟁심화, 판매부진에 따른 생산원가의 상승 및 자금시장의 경색 등으로 인하여 1998년 4월 15일자로 관할법원으로부터 회사정리절차개시의 결정을 받고 1998년 12월 28일자로 관할법원으로부터 정리계획안의 인가를 받았으나, 법원의 관리위원회와 채권자협의회의 동의를 받아 2000년 2월 16일자 관할 법원의 결정에 따라 회사정리절차가 종결되었다. 현재 회사의 최대주주는 발행주식의 36% 이상을 보유하고 있는 현대자동차주식회사이다.

(2) 자동차 산업의 특성[35]

가. 산업의 특성

자동차산업은 자동차의 제조, 유통, 운행에 연관된 산업을 일컫는다. 이것은

---

35) "배규식, 기아자동차의 구조조정과 노사관계"에서 재인용.

매우 광범위한 산업 기반을 전제로 하기 때문에 자동차산업은 전후방 산업 연관 효과가 다른 산업에 비해 매우 크게 나타난다. 또한 거대한 자본투자와 함께 규모의 경제를 추구하는 것이 자동차산업의 중요한 특징으로 나타난다. 또한 거대한 자본이 투입되는 장치산업이라는 특성 때문에 각국마다 소수업체 위주의 과점체제를 구축하고 있다. 이 밖에 자동차 업체는 종업원이 수만 명에 이르고 하청업체가 수천 개에 달하기 때문에 부실 경영이 장기화되어도 국민 경제적 파장을 고려해 쉽게 퇴출을 강행하지 못하는 특성이 있다.

나. 산업의 성장성

자동차산업의 성장은 정부의 지원과 업계의 끊임없는 연구 개발 노력을 바탕으로 내수 및 수출 시장을 지속적으로 확대해 온 데 기인한다. 지속적인 성장을 거듭해오던 자동차산업은 1997년 하반기에 외환위기의 발생으로, 1998년에는 자동차 판매가 전년도의 절반수준으로 격감했었으나, 1999년과 2000년에 국가신용등급 향상과 경제회복으로 내수가 증가하기 시작했다. 또한 수출이 빠르게 증가하였고, 2000년도 우리나라의 자동차생산은 300만 대를 돌파하였다.

2001년 초에는 경기하강으로 다소 부진하였으나 금리인하와 업체들의 적극적인 마케팅홍보 및 주식시장과 부동산 경기의 상승에 따른 소비자들의 자산소득 증대에 힘입어 2001년 내수는 전년에 비해 소폭 상승하였다.

다. 자동차와 경기변동의 특성

자동차의 수요는 경기변동과 밀접한 관계가 있다. 자동차의 보급이 성장되기 전인 1994년 이전에는 경기변동과 상관없이 수요가 급격히 늘었지만, 1995년부터는 경기변동에 민감한 영향을 받고 있다. 경기 침체기에는 대표적인 내구재인 자동차의 수요는 다른 소비재에 비해 더 크게 감소하는 특성을 나타내고 있다.

라. 자원조달상의 특징

자동차 산업의 자원조달은 철강 등 원재료 및 2만여 개의 부품을 원활하게 조달해야 하는 특성을 지니고 있다.

마. 관련 법령 또는 정부의 규제 등

자동차 산업에 관련된 법령이나 정부규제는 자동차 제조 형식 승인, 안전도 규제, 환경 규제, 오염물질 배출규제, 자동차 관련 조세 등 다양하다. 외환위기 이후 수요회복 차원에서 자동차 구입의 특소세를 30% 인하한 데 이어 2001년 11월에도 한시적으로 차급에 따라 2~4% 포인트의 특별소비세를 추가로 인하하였다. 그 외에도 교통세가 내리는 등 세제개편이 있었으나 아직 자동차 관련 세금은 여전히 과중한 편이다. 자동차 구입 초기의 1년 동안 신차 가격의 40~50%의 세금이 부과된다.

3) 기아자동차의 부도에서 법정관리와 현대 인수까지의 과정

시기적으로 1997년 중반부터 2001년 상반기까지의 4년 동안 기아자동차는 부도와 매각 그리고 재기의 과정을 거치는 동안 기업지배구조를 포함한 다양한 차원의 복합적 구조조정을 겪었다. 이러한 구조조정과 국내외 시장여건의 호전 및 생산성과 품질향상의 결과 경영실적이 크게 좋아졌다. 기아자동차가 1997년 7월 15일 부도가 난 뒤 회계법인이 벌인 1998년 11월 자산실사에서 약 3조 3,794억 원의 자본잠식상태에 있는 것으로 나타났다. 아시아자동차의 부채까지 함께 계산하면 순자산이 약 5조 4,516억 원이나 되었다. 이처럼 엄청난 빚더미에 올라앉아 있던 기아자동차가 불과 2년여 만에 2001년에는 부채비율 158%, 2000년에는 순이익 3,307 억 원을 올리는 성공적 경영을 하게 되었고, 2003년에는 2배 이상인 7,054억 원을 돌파하였다.

〈표 7-1〉 연도별 매출액의 변화추이

구　분	1997	1998	1999	2000	2001	2002	2003
시장점유율	24.8%	21.4%	27.4%	28.5%	29.0%	29.1%	28.1%
매출액(억)	63,815	45,107	79,306	108,060	125,212	121,581	128,399
순이익(억)	− 3,821	− 66,496	1.357	3,307	6,321	6,413	7,054
생산대수(대)	679,514	414,038	751,597	847,865	885,908	894,268	858,697

연도별 매출액 변화추이를 보면 1998년에 비해 2003년에는 3배 이상 증가한 128,399억 원이 되었다.

〈그림 7-1〉 연도별 매출액 변화추이

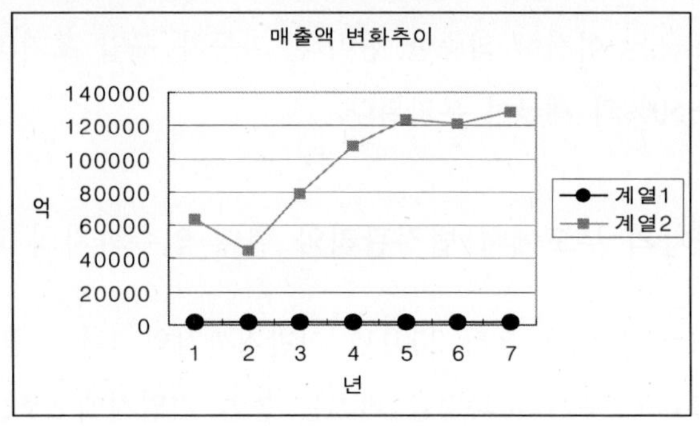

　기아자동차는 1997년 8월 부도가 나기까지 점진적으로 위기로 치닫고 있는 조짐이 여러 군데에서 나타났다. 무엇보다도 기아자동차의 국내시장 점유율이 1990년대 초반에는 31~32% 수준에 머물러 있다가 96~97년에는 급격히 하락하여 27~28%에서 23%로 떨어졌다. 이처럼 기아자동차의 국내시장점유율이 빠르게 하락한 이유는 대우자동차의 무이자할부판매(출혈판매)와 품질향상에 따른 시장점유율 상승 및 1996년부터 대우자동차가 잇달아 출시한 새 모델에 비해 기아자동차의 세피아와 스포티지 등 새 모델의 제한적 성공, 크레

도스의 실패, 내수시장의 침체 등이 겹쳐서 일어났다.

다음으로 아산만 공장과 해외설비확장에 필요한 대규모의 투자에다 판매시 무이자, 저이자 판매의 할부경쟁은 이익감소의 결과를 초래하였다. 이러한 과다출현경쟁은 투자로 생긴 부채의 이자부담과 장기 매출채권의 증가, 유동성 부족 등의 악재를 낳았다.

이와 같은 기아자동차가 점차 위기로 빠져들고 있다는 직·간접적인 징후들이 나타났음에도 불구하고, 그것들이 안고 있는 위험의 심각성이 제대로 파악되진 못했다.

기아자동차의 경영실적은 매년 외부적으로 발표된 재무재표와 달리 오랫동안 분식되어 있었는데, 1991년부터 1997년까지 7년간 기아자동차와 아시아자동차의 분식회계규모는 약 4조 5736억 원에 이르는 것으로 밝혀졌다. 이처럼 기아자동차 경영진은 적자생산 혹은 적자판매를 하면서도 분식회계라는 방법으로 적자를 감추고, 혹은 흑자로 위장을 하며 회사를 운영해 왔다. 뿐만 아니라 기아자동차의 경영실적을 제대로 감독할 수 있는 주주들의 견제와 감시 부재, 사외이사의 부재, 회계의 분식관행, 주거래은행인 제일은행의 감독소홀 등의 감시 장치가 제대로 작동할 수 없는 구조였다.

이처럼 수년간 누적된 부실한 구조는 1997년 7월 15일 주거래은행인 제일은행으로 하여금 기아자동차에 대한 추가대출을 중단하고 부도유예협약의 적용을 발표하게 된다.

이때부터는 기아자동차 내부구성원들의 독자회생 희망과 제3자 인수의 가능성을 두고 논란이 있었으나 IMF 경제위기와 포드의 투자 추진 지연 등으로 독자회생의 가능성이 줄어들고 있었다.

포드가 기아 인수에 지속적인 관심을 보였음에도 과도한 부채탕감 요구와 포드와의 수의계약에 대한 재벌, 관료, 정치권의 반발로 인해 기아자동차의 국제공개경쟁입찰을 통한 매각이 결정되었다. 90%의 감소자산을 한 상태에서

입찰에 들어가 추가로 2조 9천억 원의 원금탕감을 하기로 결정된 뒤 1998년 10월 19일 현대자동차로 낙찰되었다.

2. 기아자동차의 재무분석

<표 7-2> 기아자동차의 대차대조표

기아자동차(주)   (단위: 백만 원)

계정과목	2003. 12. 31현재	2002. 12. 31현재	2001. 12. 31현재	2000. 12. 31현재
자산				
Ⅰ. 유 동 자 산	3,251,294	2,921,333	2,419,877	2,542,022
(1) 당 좌 자 산	2,575,555	2,436,315	1,999,460	1,895,777
(2) 재 고 자 산	675,793	485,018	420,417	646,245
Ⅱ. 고 정 자 산	7,959,838	6,191,315	6,018,589	5,627,259
(1) 투 자 자 산	2,848,664	1,724,737	1,538,269	1,018,450
(2) 유 형 자 산	4,663,360	4,166,854	4,303,437	4,518,991
(3) 무 형 자 산	453,814	299,724	176,883	89,818
(4) 이 연 자 산	－	－	－	－
자 산 총 계	11,211,132	9,112,648	8,438,466	8,169,281
부채				
Ⅰ. 유 동 부 채	3,839,030	2,679,543	2,540,899	2,601,221
Ⅱ. 고 정 부 채	2,029,923	2,339,421	2,504,551	2,506,543
부 채 총 계	5,868,953	5,018,964	5,045,450	5,107,764
자본				
Ⅰ. 자 본 금	1,848,952	1,848,954	1,847,987	2,247,987
Ⅱ. 자 본 잉 여 금	1,700,956	1,699,924	1,699,924	1,920,913
Ⅲ. 이 익 잉 여 금	841,078	316,427	(－)324,952	(－)783,887
Ⅳ. 자 본 조 정	951,493	228,681	170,057	(－)323,496
자 본 총 계	5,342,179	4,093,684	3,393,016	3,061,517
부채와 자본총계	11,211,132	9,112,648	8,438,466	8,169,281

〈표 7-3〉 기아자동차의 손익계산서

기아자동차(주) (단위: 백만 원)

계정과목	2003. 1. 1.~ 2003. 12. 31.	2002. 1. 1.~ 2002. 12. 31.	2001. 1. 1.~ 2001. 12. 31.	2000. 1. 1.~ 2000. 12. 31.
Ⅰ. 매 출 액	12,839,881	12,159,113	12,356,346	10,806,045
Ⅱ. 매 출 원 가	10,084,078	9581392	9,758,758	8,926,092
Ⅲ. 매 출 총 이 익	2,755,803	2,576,721	2,597,588	1,879,953
Ⅳ. 판매비와 관리비	1,943,363	1,918,228	2,075,347	1,526,826
Ⅴ. 영 업 이 익	812,440	658,493	522,241	353,127
Ⅵ. 영 업 외 수 익	456,205	542,725	404,375	669,298
Ⅶ. 영 업 외 비 용	415,046	399,908	502,465	652,712
Ⅷ. 경 상 이 익	853,599	801,310	424,151	369,713
Ⅸ. 특 별 이 익	−	−	197,301	−
Ⅹ. 특 별 손 실	−	−	−	−
Ⅺ. 법인세비용차감전순이익	853,599	801,310	621,452	369,713
Ⅻ. 법 인 세 비 용	148,176	159,931	69,217	39,009
ⅩⅢ. 당기순이익(손실)	705,423	641,379	552,235	330,704
주당경상이익(원)		1,743	916	743
주당 순이익(원)		1.743	1,424	743

1) 유동성비율의 산출

유동성(liquidity)이란 현금화될 수 있는 성질을 말한다. 유동성을 분석함으로서 기업이 단기 채무를 얼마나 잘 갚을 수 있는지를 파악하게 된다.

(1) 유동비율(%) = 유동자산 / 유동부채 × 100

유동비율은 1년 내에 만기가 도래하는 유동부채를 상환하기 위하여 유동자산을 얼마나 보유하고 있는가를 나타낸다. 이 비율은 200%정도를 유지하면 양호하다. 유동비율은 기업의 채무지급능력, 또는 그 신용능력을 판단하기 위하여 쓰이는 것으로 신용 분석적 관점에서는 가장 중요하다. 이 비율이 클수록 그만큼 기업의 재무유동성은 크다고 하겠다. 이 비율은 은행이 기업에 대한 신용수여의 관점에서 중요시하기 때문에 '은행가비율'이라고도 한다. 기업의 경영자로서도 재무유동성의 확보는 매우 중요하기 때문에 이 비율에 관심을 갖고 지급능력을 유지할 필요가 있다. 따라서 기업의 입장에서는 기업자본의 수익성을 저하시키지 않는 한도 내에서 유동비율이 커지도록 배려해야 한다.

$$2003년: 3,251,294 \ / \ 3,839,030 \times 100 = 84.69\%$$
$$2002년: 2,921,333 \ / \ 2,679,543 \times 100 = 109.02\%$$
$$2001년: 2,419,877 \ / \ 2,540,899 \times 100 = 95.24\%$$
$$2000년: 2,542,022 \ / \ 2,601,221 \times 100 = 97.72\%$$

구체적으로 기아자동차의 유동비율의 추이를 보면 채무상환능력이 양호하지 못한 편이며, 특히 2003년에 더 악화된 것으로 나타났다. 또한 동종경쟁기업을 보면 삼성자동차의 지급능력은 양호한 편이나, 산업평균과 비교하면 기아나 현대자동차는 비슷한 수치로서 지급능력이 그리 좋은 편은 아닌 것으로 보인다.

〈그림 7-2〉 기아자동차의
유동비율 추이

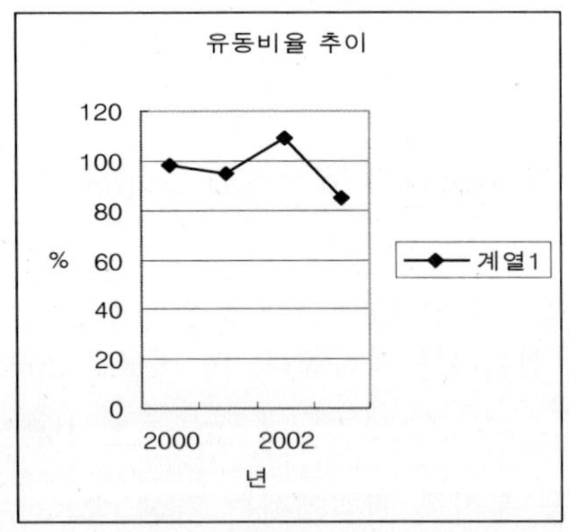

〈그림 7-3〉 동종 산업간 유동비율의 비교

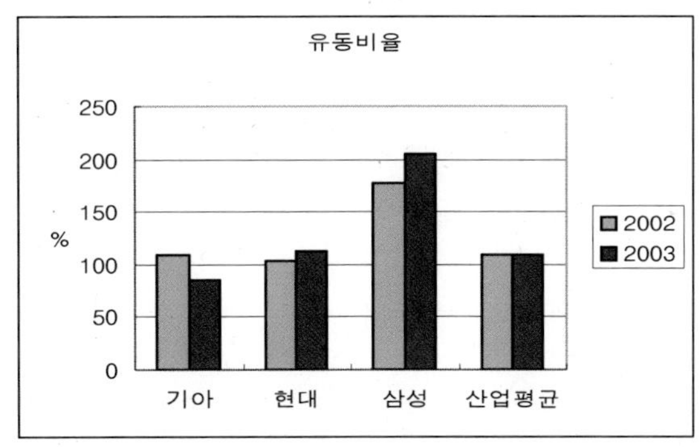

(2) 당좌비율(%) = 당좌자산 / 유동부채 × 100

현금, 예금, 수취어음, 단기보유 유가증권 등 환금성이 높은 자산을 당좌자산이라고 하는데, 당좌비율이란 당좌자산 합계액의 유동부채액에 대한 비율을 말하는 것으로 산성시험비율(acid test ratio)이라고도 한다. 이것은 유동비율과 함께 기업의 단기적 채무지불능력을 측정하는 데 이용된다. 당좌비율은 재무안정성의 자료로 간주되어 왔으며 대략 100% 이상이면 양호하다고 볼 수 있다.

당좌비율을 계산하는 데 있어서 재고자산을 제외하는 이유는 재고자산은 판매과정을 거쳐야 현금화할 수 있으므로 현금, 예금 또는 외상매출금 등과 같은 당좌자산과 비교할 때 유동성이 낮다고 할 수 있기 때문이다. 또한 재고자산은 평가방법에 따라 그 가치가 다르게 나타나는 경우가 있다. 일반적으로 우리나라 기업을 대상으로 유동성을 파악할 때 당좌비율이 유동비율보다 더 적합하다.

2003년: 2,575,555 / 3,839,030 × 100 = 67.09%

2002년: 2,436,315 / 2,679,543 × 100 = 90.92%

2001년: 1,999,460 / 2,540,899 × 100 = 78.69%

2000년: 1,895,777 / 2,601,221 × 100 = 72.88%

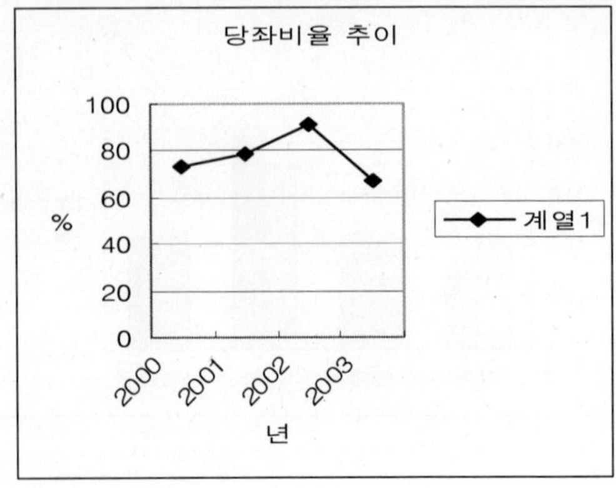

〈그림 7-4〉 기아자동차의 당좌비율 추이

기아자동차의 당좌비율 추이를 보면 2002년에는 90.92%의 비율을 보이고 있다. 이전 년도들에 비해 크게 양호해진 것으로 나타났으나 2003년에 다시 급격하게 감소해 진 것을 알 수 있다. <그림 7-5>에서 동종업종인 경쟁사의 삼성자동차의 경우를 보면, 기아나 현대자동차에 비하여 당좌비율이 현저하게 높은 것으로 나타내고 있어서, 단기채무 지급능력이 대단히 양호한 것으로 보여 진다.

〈그림 7-5〉 동종 산업간 당좌비율의 비교

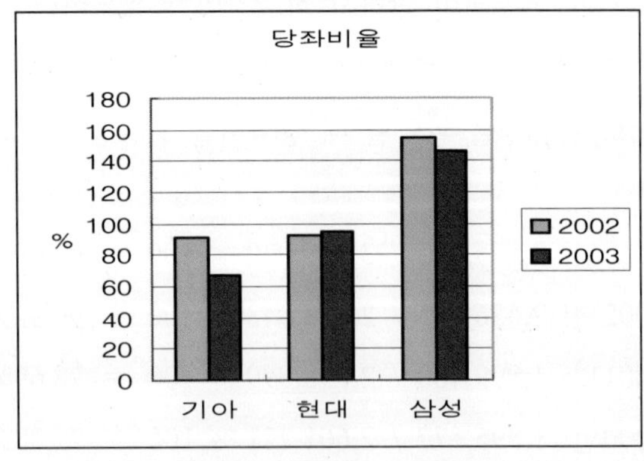

(3) 유동성비율의 분석결과

유동비율과 당좌비율은 2002년까지는 점차 높아졌으나 2003년에 급격히 하락했다. 타 경쟁업체나 산업평균과 비교해도 유동성이 악화된 상태임을 알 수 있다. 이는 대차대조표상의 당기 유동부채의 급격한 증가에 기인한다. 유동비율이 낮다는 것은 단기차입금과 같은 유동부채의 지급능력이 낮다는 것을 의미한다. 따라서 기업은 자금압박으로 인해 위기에 처할 수도 있다.

한편 당좌비율의 하락은 재고자산의 상대적인 급격한 증가에 기인한다. 자금이 재고자산과 같은 고정된 곳에 과잉 투자가 되면, 다른 곳에 투자되어 빠르게 순환되지 못하고 기업의 유동성이 떨어지는 결과를 낳는다.

현재는 재고자산의 효율적 운영을 통해 유동부채를 줄이는 길이 바람직하다고 본다.

2) 안정성비율(레버리지비율)의 산출

레버리지비율이란 기업이 타인자본 의존하고 있는 정도를 나타내는 비율로 일명 부채성 비율이라고도 한다. 유동성비율과 함께 재무위험을 측정하는 지표로 활용되며, 재무구조의 안정성과 장기적인 지급능력을 나타낸다.

(1) 부채비율(%) = 총부채 / 자기자본 × 100

부채비율이란 부채 대 자본의 비율로, 기업의 타인자본인 부채에 대한 의존도를 표시하며, 경영분석에서 기업의 건전성의 정도를 나타내는 지표로 쓰인다. 기업의 부채액은 적어도 자기자본액 이하인 것이 바람직하므로 일반적으로 부채비율은 100% 이하를 표준비율로 보고 있다. 기업의 소유주는 단기적 채무상환의 압박을 받지 않는 한 높은 부채비율을 선호할 수 있다. 부채비율이 높아지면 소유주의 출자원금이 상대적으로 적어서 경영활동이 실패하더라도 소유주들이 부담해야 하는 손실은 적기 때문이다. 부채비율이 어느 정도 되어야 적정한지에 대하여 정해진 것은 없으나 많은 기업들은 목표부채비율을 정해 놓고 그것을 지키려 노력하고 있다.

$$2003년: 5,868,953 \ / \ 5,342,179 \ \times \ 100 \ = \ 109.09\%$$
$$2002년: 5,018,964 \ / \ 4,093,684 \ \times \ 100 \ = \ 122.60\%$$
$$2001년: 5,045,450 \ / \ 3,393,016 \ \times \ 100 \ = \ 148.70\%$$
$$2000년: 5,107,764 \ / \ 3,061,517 \ \times \ 100 \ = \ 166.84\%$$

〈그림 7-6〉 기아자동차의
부채비율 추이

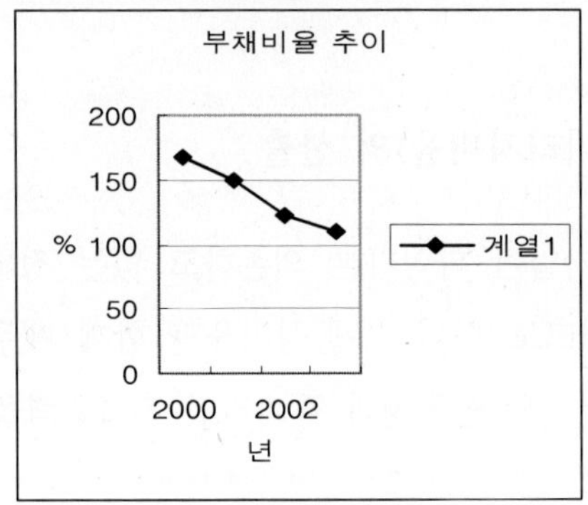

  기아자동차의 경우 <그림 7-6>의 부채비율 추이를 보면 점차 부채가 줄어드는 현상을 보이고 있으며, 특히 2003년의 경우에는 양호한 비율을 나타내고 있어 부채상환능력이 좋아졌다고 할 수 있으며, 기업이 견고하게 변화되는 양상을 나타내고 있다.

〈그림 7-7〉 동종 산업간 부채비율의 비교

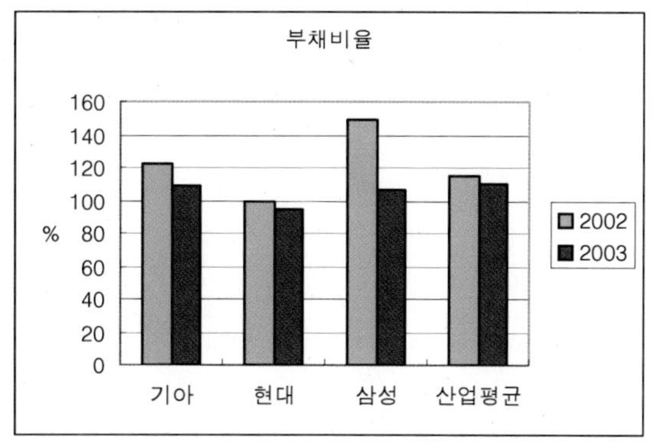

(2) 자기자본비율(%) = 자기자본 / 총자산 × 100

자기자본비율이란 총자본 중에서 자기자본이 차지하고 있는 비율로서 부채비율과 함께 자본구조를 통해 기업의 안전성을 측정하는 비율로 이용된다. 특히 우리나라 은행에서는 주거래은행 대상기업에 대한 대출 심사 시 이를 중요한 기준으로 삼고 있다. 기업은 여러 사정으로 타인자본에 의존하지 않을 수 없는 경우가 많으나, 설비 증대 등으로 고정자산의 비중이 높아지거나 또는 유동자산 중에도 장기적으로 고정되는 것이 많아질 것으로 예상될 때에는, 자기자본 구성비율을 높여 자본구성의 건전성을 유지할 필요가 있다. 일반적으로 이 비율이 높을수록 경영의 안전성이 높다고 할 수 있으나, 우리나라의 기업은 선진국에 비하면 매우 낮은 편이다.

2003년: 5,342,179 / 11,211,132 × 100 = 47.65%

2002년: 4,093,684 / 9,112,648 × 100 = 44.92%

2001년: 3,393,016 / 8,438,466 × 100 = 40.21%

2000년: 3,061,517 / 8,169,281 × 100 = 37.48%

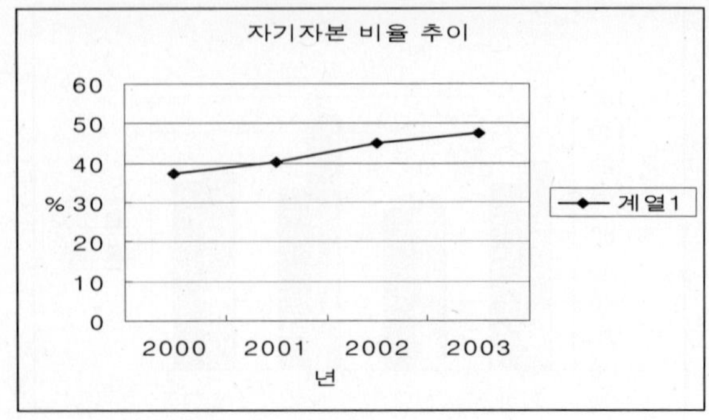

자기자본비율의 추이를 보면, 자기자본비율이 점차 꾸준하게 증가하는 추세를 보이고 있다. 그러나 자기자본비율은 50% 이내로 나타내고 있으며 타경쟁사와 비교해도 별다른 차이를 보이고 있지 않은 것을 볼 수 있다.

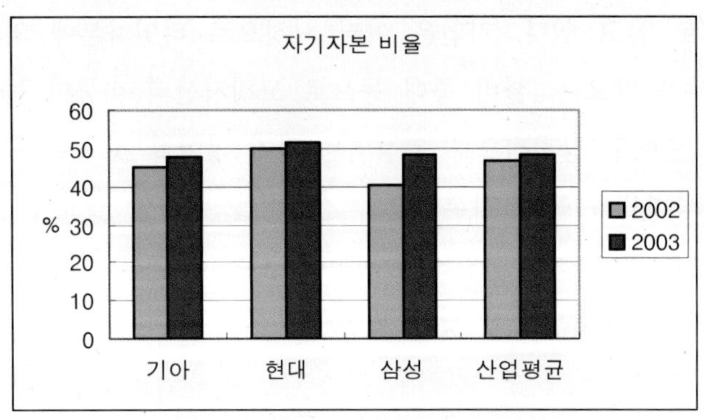

(3) 안정성비율(레버리지 비율)의 분석결과

기아자동차의 부채비율은 꾸준히 감소하여 100% 정도까지 이르렀다. 또한 자기자본비율 또한 점점 증가하여 50% 근처에 이르고 있다. 산업평균이나 타

경쟁업체와 비교해도 양호한 수준을 유지하고 있다.

현재 상황에서 기아자동차는 부채상환능력이 양호하며, 부채를 효율적으로
사용하는 것으로 판단할 수 있다. 현재의 부채수준이 적정하기 때문에 현재의
부채비율 및 자기자본비율을 유지할 수 있다면, 장기적으로 안정적 재무상태
를 유지할 수 있을 것으로 판단된다.

3) 수익성비율의 산출

수익성비율은 일정기간 동안의 기업의 경영성과를 나타내는 지표로서 투하
자본에 대한 이익창출능력을 나타내주며, 과거 경영성과를 바탕으로 미래의
수익창출능력을 예측할 수 있다.

(1) 총자본(총자산)순이익률(%) = 순이익 / 총자산 × 100

총자본순이익률(return on investment: ROI)은 기업에 투자된 총자본이 얼마
나 효율적으로 운용되고 수익창출에 기여하였는가를 측정하기 위한 비율이다.
여기서 총자본이란 타인자본(부채)과 자기자본(자본)의 합계를 말하는 것으로
총자산과 같은 의미로 쓰인다. 보다 적은 자본을 투자해서 보다 많은 순이익
을 내는 회사가 효율적인 경영을 하였다고 볼 수 있다. 따라서 이 비율이 높
을수록 수익성이 양호하다는 것을 의미하며, 자산규모가 다른 기업의 경영성
과를 평가하는 유용한 수단이다.

$$2003년: 705,423 \ / \ 11,211,132 \ \times \ 100 \ = 6.29\%$$
$$2002년: 641,379 \ / \ 9,112,648 \ \times \ 100 \ = \ 7.04\%$$
$$2001년: 552,235 \ / \ 8,438,466 \ \times \ 100 \ = \ 6.54\%$$
$$2000년: 330,704 \ / \ 8,169,281 \ \times \ 100 \ = \ 4.05\%$$

　　기아자동차의 총자산순이익률의 추이를 보면 꾸준한 증가세로 경영의 효율
화를 꾀했다고 볼 수 있다. 그러나 2003년부터는 감소세로 돌아섰다.

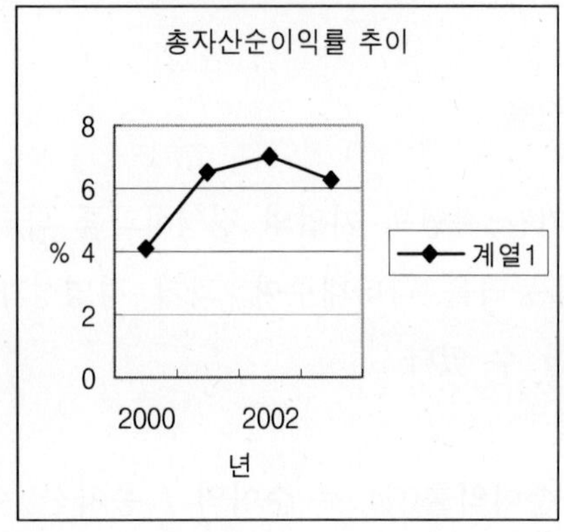

〈그림 7-10〉 기아자동차의
총자산순이익률 추이

〈그림 7-11〉 동종 산업간 총자산순이익률의 비교

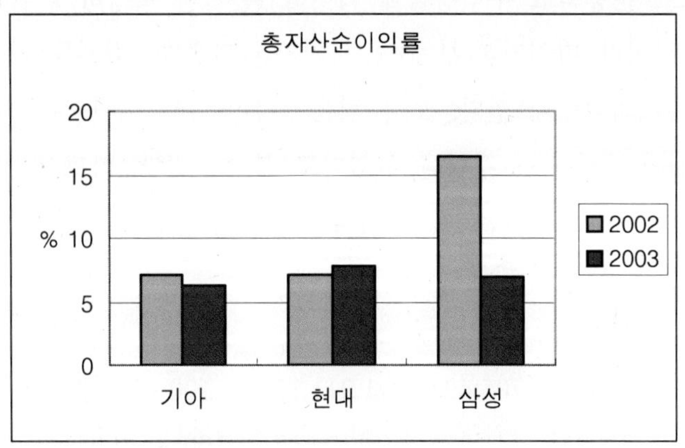

(2) 자기자본순이익률(%) = 순이익 / 자기자본 × 100

자기자본순이익률(return on equity: ROE)은 주주가 제공한 자기자본에 대해서 벌어들이는 수익성을 측정한 비율이다. 자기자본비율은 투자자의 입장에서 가장 관심 있게 봐야 할 수익성 비율이다. 이것은 주주의 투자수익률을 나타내기도 하고, 기업의 입장에서는 사후적인 자기자본비용의 대용치이기도 하다. 자기자본이익률은 최소한 은행의 금리보다 높으면 양호하다고 본다.

$$2003년: 705,423 / 5,342,179 \times 100 = 13.20\%$$
$$2002년: 641,379 / 4,093,684 \times 100 = 15.66\%$$
$$2001년: 552,235 / 3,393,016 \times 100 = 16.28\%$$
$$2000년: 330,704 / 3,061,517 \times 100 = 10.08\%$$

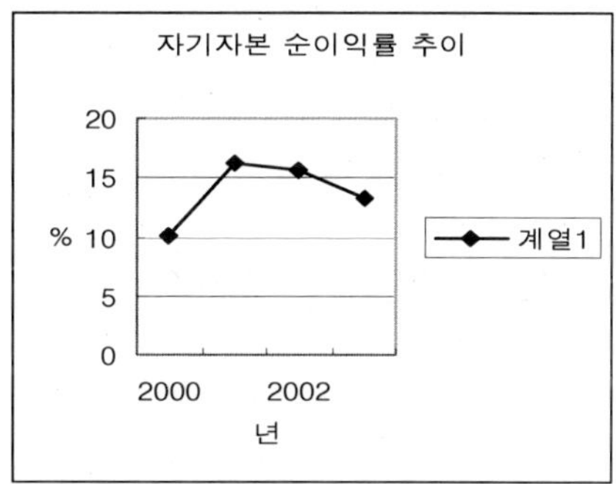

〈그림 7-12〉 기아자동차의
자기자본순이익률 추이

자기자본순이익률의 추이를 보면, 2001년에는 크게 증가하였다가 차츰 감소하는 추세를 보이고 있으나, 은행의 금리보다 높다고 볼 수 있어서 기아자동차의 자기자본순이익률은 양호하다고 할 수 있다.

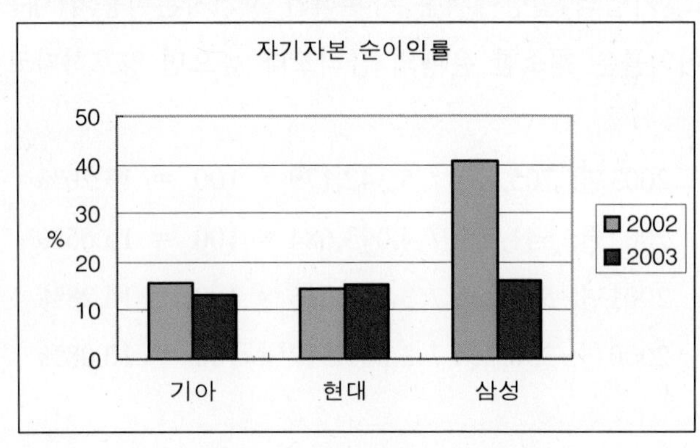

〈그림 7-13〉 동종 산업간 자기자본순이익률의 비교

(3) 매출액순이익률(%) = 순이익 / 매출액 × 100

매출액순이익률은 매출액 한 단위당 얼마의 이익을 창출하였는가를 나타내며, 기업의 생산효율성(production efficiency)을 측정하는 비율이다.

$$2003년: 705,423 \ / \ 12,839,881 \ \times \ 100 \ = \ 5.49\%$$
$$2002년: 641,379 \ / \ 12,159,113 \ \times \ 100 \ = \ 5.27\%$$
$$2001년: 552,235 \ / \ 12,356,346 \ \times \ 100 \ = \ 4.47\%$$
$$2000년: 330,704 \ / \ 10,806,045 \ \times \ 100 \ = \ 3.06\%$$

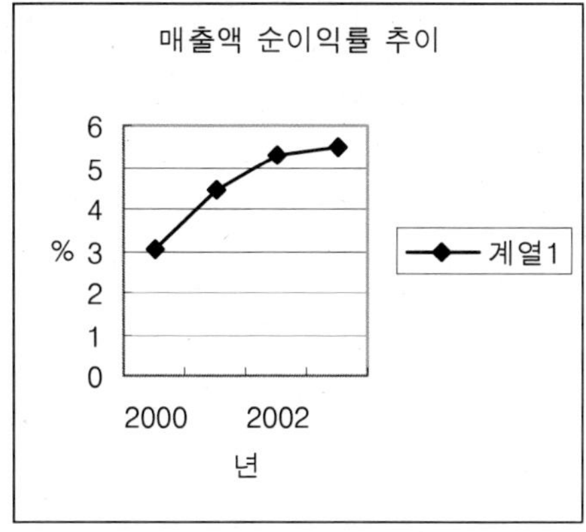

〈그림 7-14〉 기아자동차의
매출액순이익률 추이

기아자동차의 매출액순이익률의 추이를 보면, 점차 증가하는 추세를 보이고
있어서 매출액 대비 순이익창출 능력이 좋다고 할 수 있다.

〈그림 7-15〉 동종 산업간 매출액순이익률의 비교

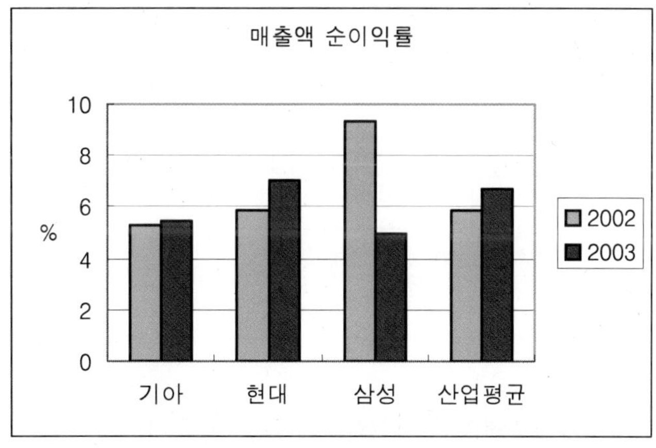

(4) 매출액영업이익률(%) = 영업이익 / 매출액 × 100

매출액영업이익률은 주된 영업활동에 대한 효율성(operating efficiency)을 측정하는 비율이다. 이것은 기업의 주된 영업활동에 의하여 경영성과가 좋고 나쁜지를 판단하는 지표로서, 영업활동과 직접 관계가 없는 영업 외 손익을 제외한 순수한 영업이익만을 매출액과 대비한 것이다.

$$2003년: 812,440 / 12,839,831 \times 100 = 6.32\%$$
$$2002년: 658,493 / 12,159,113 \times 100 = 5.42\%$$
$$2001년: 522,241 / 12,356,346 \times 100 = 4.23\%$$
$$2000년: 353,127 / 10,806,045 \times 100 = 3.27\%$$

<그림 7-16> 기아자동차의
매출액영업이익률 추이

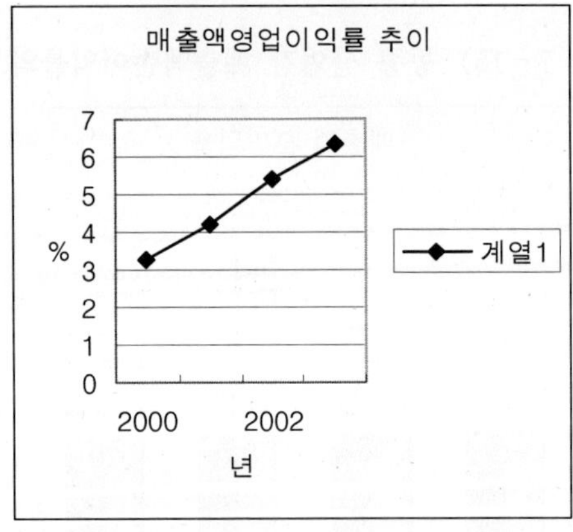

<그림 7-16>의 매출액영업이익률은 꾸준히 증가하는 추이를 보이고 있어서 영업활동에 대한 효율성이 좋다고 할 수 있다. 이 같은 추세는 <그림 7-17> 의 동종 산업평균과 거의 비슷하게 나타내고 있다.

〈그림 7-17〉 동종 산업간 매출액영업이익률의 비교

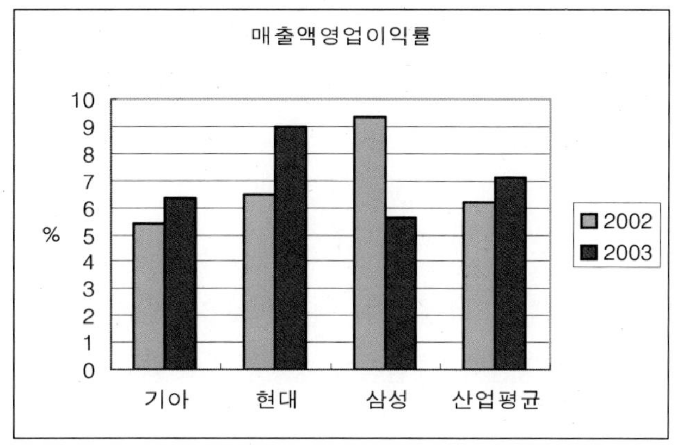

(5) 수익성비율의 분석결과

기아자동차의 총자산 수익률과, 자기자본 수익률은 증가추세가 주춤했지만, 타 경쟁업체와 비교해 아직 양호한 비율을 유지하고 있다. 특히 자기자본 수익률은 이자율보다 두 배 이상 크므로 주주입장에서도 바람직한 상태이다.

매출액순이익률과, 영업이익률은 계속 증가하고 있다. 이는 기업의 생산활동과 영업활동의 효율성이 높아지고 있음을 의미한다. 그러나 타 경쟁업체나 산업평균에 비교해 약간 낮은 수치를 보인다.

장기적으로 볼 때 매출영업의 증가세에 힘입어 자본, 자산 수익성도 증가할 것으로 보인다.

동종 경쟁기업의 경우 현대자동차가 수익성 면에서는 뛰어나다는 것을 알 수 있다. 특히 매출이익률, 영업이익률 면에서 비교적 큰 우위를 보이는데, 국내 제일의 시장점유율을 바탕으로 매출이익에서의 위상을 보여준다. 르노삼성 자동차의 경우 2002년에는 상당한 이익률을 기록했지만 2003년도엔 급격히 감소했음을 볼 수 있다.

4) 활동성비율의 산출

활동성비율은 기업이 보유하고 있는 자산을 얼마나 잘 활용하였는가를 나타낸다.

(1) 총자산회전율(회) = 매출액 / 총자산

총자산회전율은 매출활동 과정에서 기업의 보유자산이 몇 번이나 회전되었는지 파악하기 위해 측정한다. 매출액을 총자산으로 나눈 비율로 기업이 투자한 총자산의 활용도를 나타내는 비율이다.

$$2003년: 12,839,881 / 11,211,132 = 1.15회$$
$$2002년: 12,159,113 / 9,112,648 = 1.33회$$
$$2001년: 12,356,346 / 8,438,466 = 1.46회$$
$$2000년: 10,806,045 / 8,169,281 = 1.32회$$

<그림 7-18> 기아자동차의
총자산회전율 추이

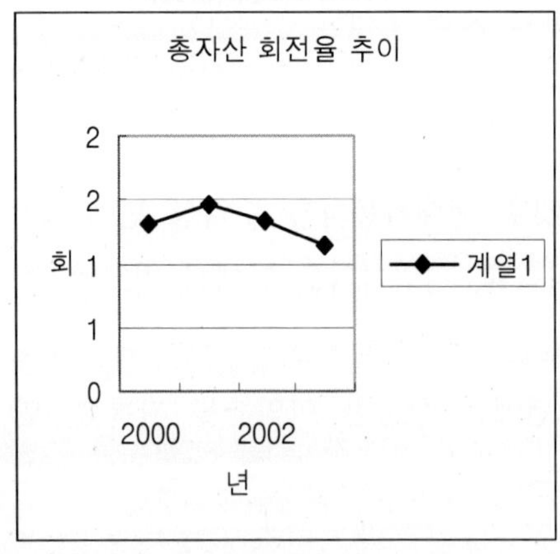

기아자동차의 총자산회전율은 2001년에 약간 증가하였으나 점차 감소하는 추세를 보이고 있어서 총자산활용도가 낮아진 것을 알 수 있다.

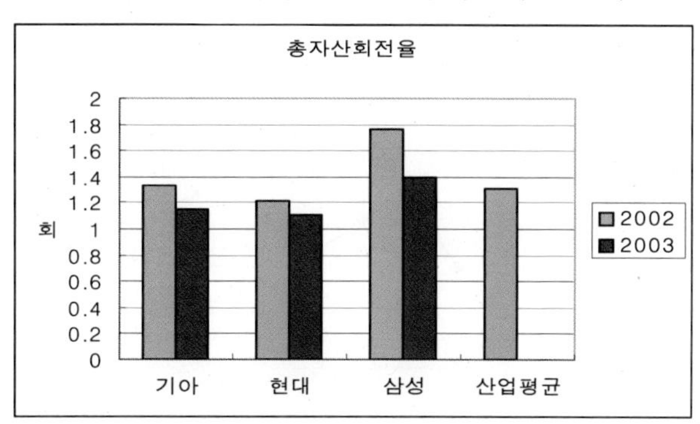

<그림 7-19> 동종 산업간 총자산회전율 비교

(2) 재고자산회전율(회) = 매출액 / 재고자산

재고자산회전율은 보유한 재고자산이 매출액으로 실현되는 데 걸리는 기간을 의미한다. 재고자산회전율이 높으면 기업에 재고자산이 효율적으로 관리되고 있는 것을 의미한다. 즉 재고자산이 일정액의 매출액을 달성하고 있는 것을 의미하며, 재고자산이 효율적으로 운용되고 있다는 것이다. 반면에 재고자산회전기간이 길면, 재고자산을 불필요하게 과다보유하고 있다는 것을 의미하며, 판매가능성이 적은 진부화된 재고자산을 의미한다. 재고자산 유동성을 평가하는 방법은 365일(1년)을 재고자산회전율로 나누어 측정한 재고자산회전기간을 이용하는 것이다. 이는 재고자산이 현금화되는데 소요되는 기간을 나타내는 것으로 재고자산회전기간이 길수록 기업에 대한 자금압박이 커진다.

2003년: 12,839,881 / 675,793 = 19.00회

2002년: 12,159,113 / 485,018 = 25.07회

2001년: 12,356,346 / 420,417 = 29.39회

2000년: 10,806,045 / 646,245 = 16.72회

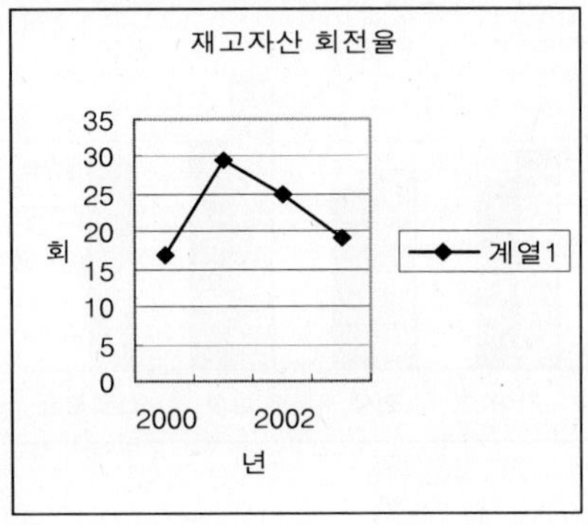

〈그림 7-20〉 기아자동차의
재고자산회전율 추이

    〈그림 7-20〉의 재고자산회전율을 보면 2001년도에 회전율이 크게 높은 것으로 나타났다가 점차 감소하는 추세를 보이고 있다. 그러나 〈그림 7-21〉의 산업평균과 비교해 볼 때 재고자산이 효율적으로 운용되었다고 볼 수 있다.

〈그림 7-21〉 동종 산업간 재고자산회전율 비교

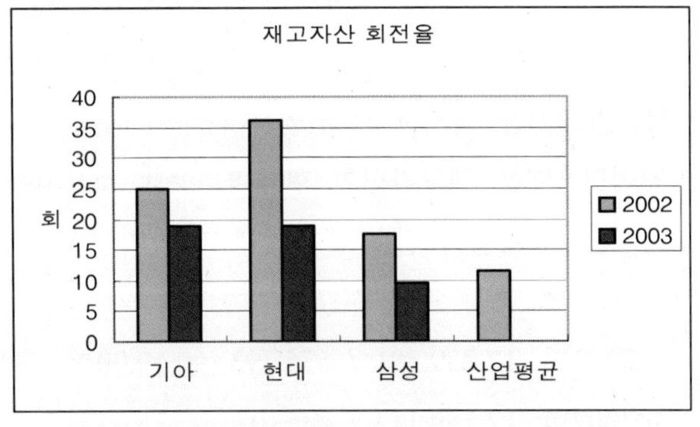

(3) 매출채권회전율(회) = 매출액 / 매출 채권

매출채권회전율은 매출액을 매출채권으로 나눈 비율로서 매출채권의 현금화 속도를 측정하는 비율이다. 이 비율이 높을수록 기업은 고객으로부터 판매대금을 현금으로 회수하며, 회수된 자금을 재투자함으로써 효율적인 경영이 가능하다. 그러나 매출채권회전율이 낮다면, 매출채권의 현금화 속도가 늦어 유동성(지급능력)이 불량하다. 또는 매출채권에 과대 투자가 되어 있다는 것을 의미한다.

2003년: 12,839,881 / 674,234 = 19.04회

2002년: 12,159,113 / 809,318 = 15.02회

2001년: 12,356,346 / 1,118,84 = 11.04회

2000년: 10,806,045 / 1,095,337 = 9.87회

〈그림 7-22〉 기아자동차의
매출채권회전율

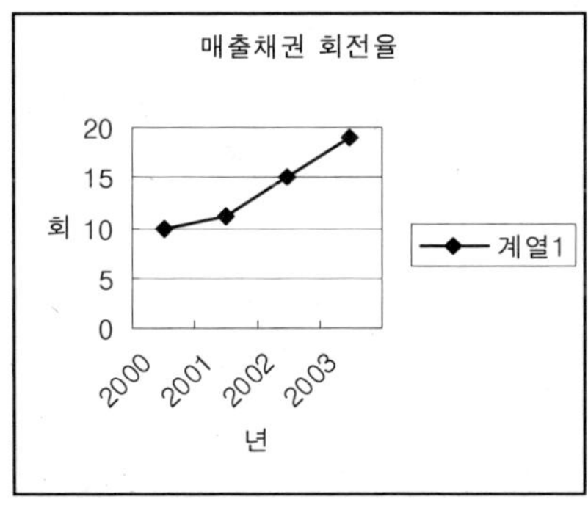

기아자동차의 매출채권회전율은 점차 증가하는 추세이나 타 경쟁사와 비교하면 그리 높은 회전율을 나타내지 못하고 있다.

〈그림 7-23〉 동종 산업간 매출채권회전율 비교

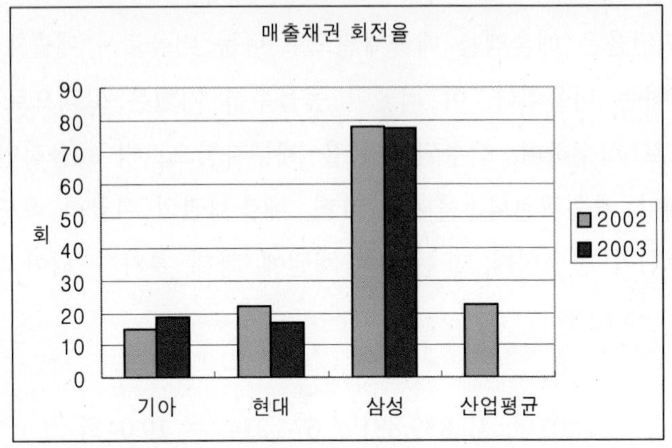

4) 성장성비율의 산출

성장성비율은 일정 기간동안 기업의 규모나 경영성과가 얼마나 증대되었는가를 나타낸다.

(1) 총자산증가율(%) = (기말총자산－기초총자산) / 기초총자산 × 100

총자산증가율은 기업의 전체적인 성장규모를 나타낸다.

    2003년: (11,211,132－9,112,648) / 9,112,648 × 100 ＝23.02%
    2002년: (9,112,648－8,438,466) / 8,438,466 × 100 ＝7.99%
    2001년: (8,438,466－8,169,281) / 8,169,281 × 100 ＝3.3%
    2000년: (8,169,281－7,681,295) / 7,681,295 × 100 ＝6.35%

〈그림 7-24〉 기아자동차의
총자산증가율 추이

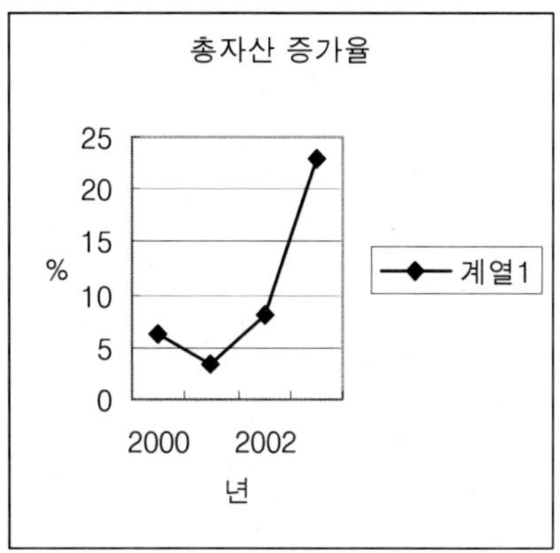

　　기아자동차의 총자산증가율 추이를 보면, 2001년도에 잠시 감소하였다가 증가추세를 돌아섰으며, 2003년에는 크게 증가한 것을 볼 수 있다. 이것은 기업의 성장규모가 크게 증대되었다고 할 수 있다.

〈그림 7-25〉 동종 산업간 총자산증가율 비교

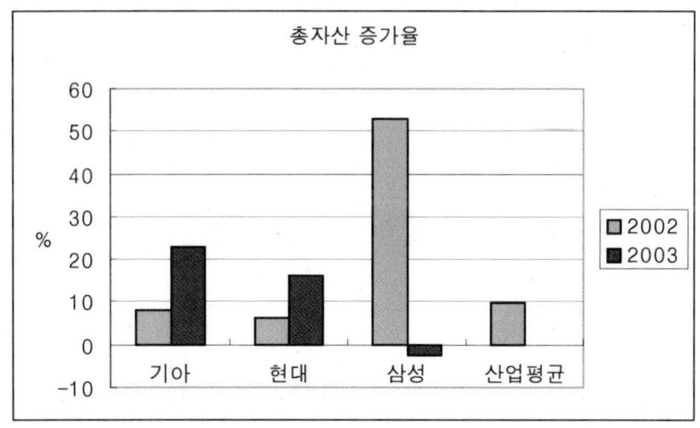

(2) 매출액증가율(%) = (당기매출액－전기매출액) / 전기매출액 × 100

매출액증가율은 기업의 외형적인 신장세를 나타낸다. 이 수치가 높으면 시장점유율이 증대되어 경쟁력과 성장잠재력이 향상되고 있다고 할 수 있다.

2003년: (12,839,881－12,159,113) / 4,510,678 × 100 = 5.60%
2002년: (12,159,113－12,356,346) / 12,356,346 × 100 = －1.60%
2001년: (12,356,346－10,806,045) / 10,806,045 × 100 = 14.35%
2000년: (10,806,045－7,930,638) / 7,930,638 × 100 = 36.26%

<그림 7-26>의 기아자동차의 매출액증가율 추이를 보면, 매출액이 크게 감소하였다가 2002년도엔 마이너스(－)성장율을 보였으며, 2003년도부터 증가하는 추세로 나타내고 있다. 2003년의 타경쟁사 및 산업평균과 비교해 볼 때도 매출액증가율이 양호한 것으로 나타내고 있다.

<그림 7-26> 기아자동차의
매출액증가율 추이

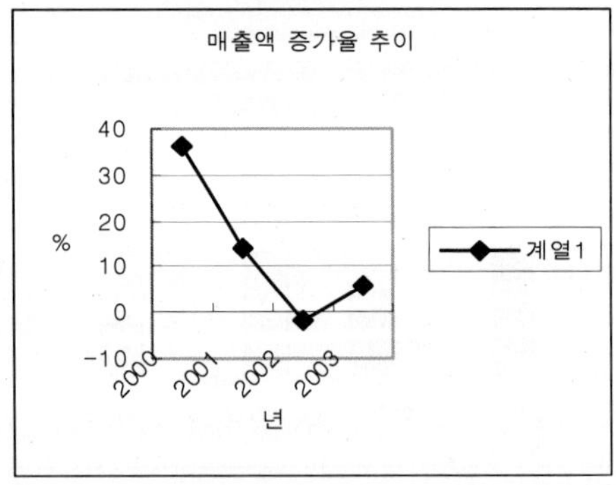

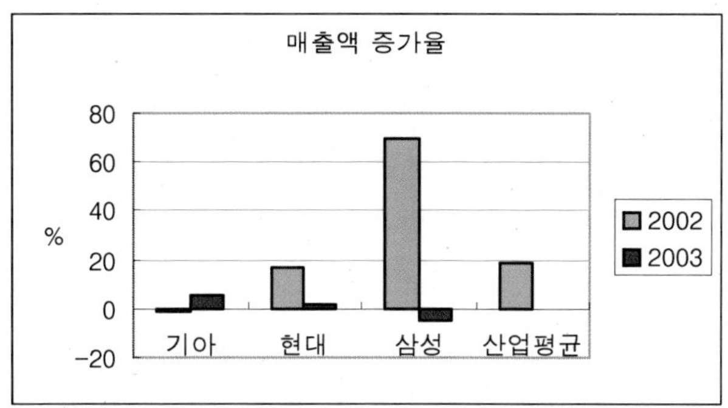

〈그림 7-27〉 동종 산업간 매출액증가율 비교

(3) 순이익증가율(%) = (당기순이익 - 전기순이익) / 전기순이익 × 100

순이익증가율은 기업의 전체적인 경영성과의 성장성을 나타낸다.

2003년: (705,423 - 641,379) / 641,379 × 100 = 9.99%
2002년: (641,379 - 552,235) / 552,235 × 100 = 16.14%
2001년: (552,235 - 330,704) / 330,704 × 100 = 66.99%
2000년: (330,704 - 135,744) / 135,744 × 100 = 143.62%

〈그림 7-28〉 기아자동차의
순이익증가율 추이

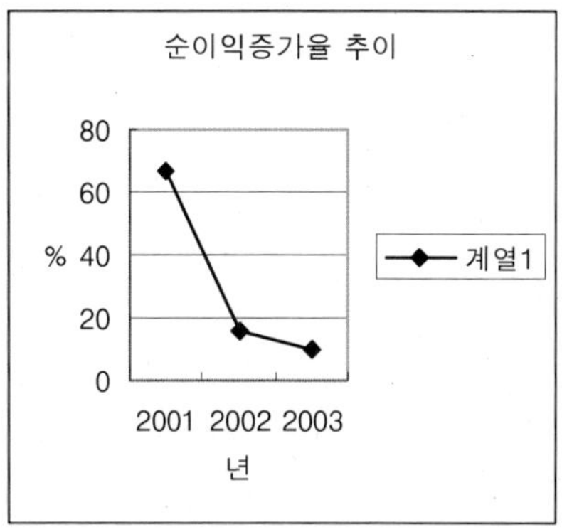

기아자동차의 당기순이익증가율 추이를 보면, 2000년과 2001년에는 높은 성장성을 나타냈으나, 그 성장성이 2001년과 2002년에 크게 감소하였다가 그 감소세가 차츰 둔화된 것으로 나타내고 있다. 특히, 동종경쟁업체인 삼성자동차(주)는 2003년도에 마이너스(-)성장을 기록하였는데, 이 시기의 자동차산업의 경영성과가 대체적으로 좋지 않았음을 알 수 있다.

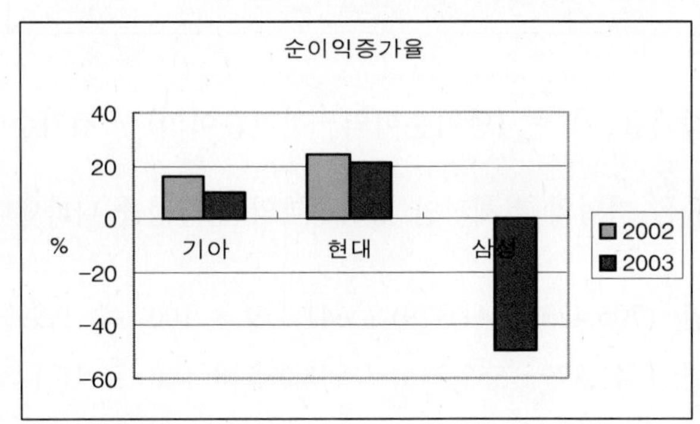

〈그림 7-29〉 동종 산업간 순이익증가율 비교

(4) 성장성비율의 분석결과

매출액증가율은 2000년 이후 계속 감소하다가, 2003년에 다시 적은 폭 증가를 보였다. 매출액증가율은 경쟁력의 변화를 나타내는 것을 의미하므로, 다른 경쟁기업에게 일부 시장을 빼앗겼다고 할 수 있다. 경쟁기업보다 빠른 매출액 증가율은 결국 시장점유율이 증가하였음을 의미하기 때문이다. 그 예로 르노삼성의 경우 2002년도의 매출액 증가율은 69.45%로 타 기업의 증가율보다 크게 나타난다.

자산 증가율은 기업의 전체적인 외형적 성장 규모를 측정하는 지표이다. 기아자동차는 자산의 증가율이 큰 폭으로 증가했다. 자산증가에 크게 기인한 요소는 대차대조표상의 고정자산(장기투자증권)이 1억 2천여 만 원 큰 폭으로 증가했기 때문이다.

계속해서 플러스 성장을 기록하는 것은, 이는 1998년 현대그룹과의 합병과 1999년 이후 국가의 경제가 빠른 회복을 보이면서 자동차업계의 내수와 수출이 증가한 결과로 추정된다. 하지만, 2003년의 매출액증가율은 세 기업이 모두 하락했는데, 이는 경기침체로 인한 전체 자동차 시장수요의 감소를 요인으로 꼽을 수 있다. 산업평균 수치 또한 감소하였다.

현재 기아자동차는 26%의 시장점유율을 보이고 있는데 적극적인 홍보활동과 제품의 품질을 향상으로 기업의 계속적인 성장이 가능하다고 생각된다.

5) 주식시장관련 비율의 산출

증권시장에서 형성되는 주가의 자료를 이용하여 기업의 가치를 평가할 수 있다.

(1) 주당순이익(EPS) = (당기순이익 - 우선주에 대한 배당금) / 보통주식수

EPS는 보통주의 주당 당기순이익을 나타내는 지표이며, 실무적으로 기업의 경영성과를 평가한다.

<표 7-4> 기아자동차의 연도별 주당순이익

구 분	2003년	2002년	2001년
주당순이익(원)	1,947	1,743	1,424

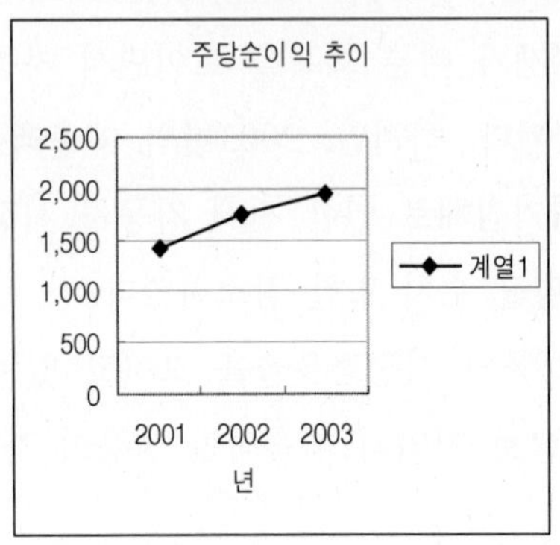

〈그림 7-30〉 기아자동차의
주당순이익 추이

기아자동차의 주당순이익은 계속 증가하는 추세를 보이고 있다. 이것은 경영성
과가 호조를 나타내고 있는 것으로 기업가치가 증가되고 있다는 것을 알 수 있다.

(2) 주가수익비율(PER)(배) = 주가 / 주당순이익

주가수익률(price earning ratio: PER)은 기업의 가치를 결정하는 지표로 이
용되기도 하고, 주가의 적정성 여부를 판단하는 기준으로도 널리 이용된다. 주
가수익률이 높은 경우를 보면 첫째, 주당순이익은 평균수준이지만 주가가 높
은 경우와 둘째, 주가는 평균수준이지만 주당순이익이 낮은 경우로 나누어 볼
수 있다. 전자는 장래성이 좋으며 성장하는 기업의 경우라 할 수 있고, 후자는
단지 주당순이익이 낮아서 주가수익률이 높아진 경우라 하겠다. 이와 같이 주
가수익률이 높거나 낮은 이유는 여러 가지 이유가 있기 때문에 주가수익률을
이용하여 기업가치를 분석할 때는 주당순이익과 주가를 함께 고려해야 한다.
미래의 성장이 높은 기업일수록 주가수익비율의 수치가 높아진다. 이것은 동
종산업에 속한 타 기업에 비해 주가가 저평가되어 미래에 주가가 상승할 가능
성이 높다는 것을 의미한다. 반대의 경우는 주가가 고평가되어 있는 상태이다.

2003년 최고: 11,250 / 493 ＝ 5.78배

　　　 최저: 6,420 / 493 ＝ 3.29배

2002년 최고: 15,500 / 1.743 ＝ 8.89배

　　　 최저: 7,100 / 1.743 ＝ 4.07배

2001년 최고: 11,800 / 1,424 ＝ 8.29배

　　　 최저: 6,000 / 1,424 ＝ 4.21배

2000년 최고: 8,120 / 743 ＝ 10.93배

　　　 최저: 4,120 / 743 ＝ 5.55배

〈그림 7−31〉 기아자동차의
주가수익률(PER) 추이

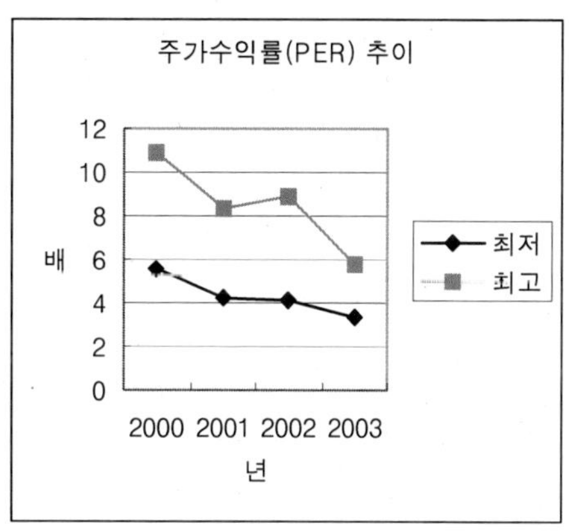

　　기아자동차의 주가수익률(PER) 추이를 보면 최저 및 최고의 PER이 나란히 감소세를 나타내고 있다는 것을 알 수 있다.

(3) 배당수익률(%) = 주당배당금액 / 주가 × 100

배당수익률은 현재 주식에 투자하여 몇%의 배당수익을 얻을 수 있는가를 나타낸다. 배당수익률은 기업의 배당정책과 주가에 의존한다. 기업이 신규투자에 대한 자금을 확보하기 위해 배당금을 낮게 설정하는 경우에는 배당수익률은 낮아지게 된다.

2003년 최고: 350 / 11250 × 100 = 3.11%
　　　　최저: 350 / 6420 × 100 = 5.45%

2002년 최고: 250 / 15,500 × 100 = 1.61%
　　　　최저: 250 / 7,100 × 100 = 3.52%

2001년: 배당을 실시하지 않았음

〈그림 7-32〉 기아자동차의
배당수익률 추이

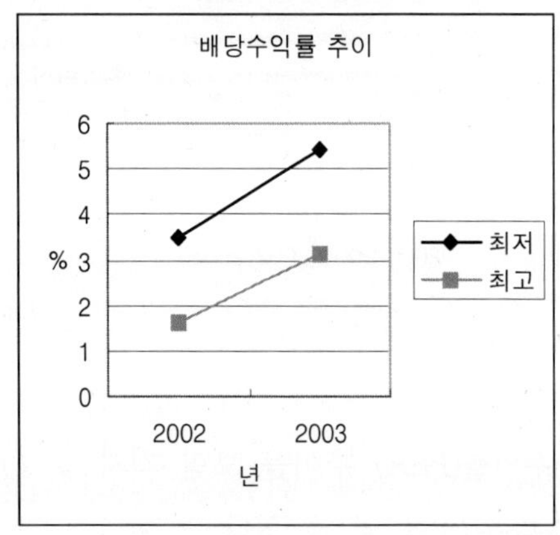

　기아자동차의 배당률 추이를 보면 최저 및 최고의 배당수익률이 점차 증가하는 추세를 보이고 있다는 것을 알 수 있다.

(4) 주가변동 추이

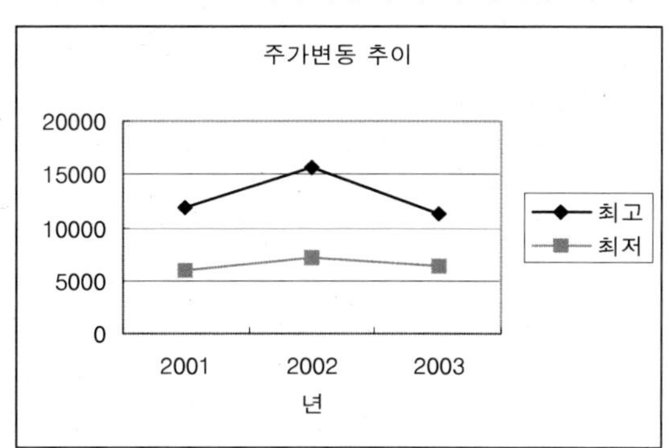

〈그림 7-33〉 기아자동차의 주가변동 추이

　<그림 7-33>의 기아자동차의 주가변동 추이를 보면 2002년도에 증가하였다가 2003년엔 감소한 것으로 나타났다.

(5) 주식시장관련 비율의 분석결과

　분석결과를 보면, 주당순이익은 2001년부터 꾸준히 증가하고 있다.

　주가수익비율(PER)은 점차 낮아짐을 볼 수 있다. 이는 기업의 실제 성과나 성장성에 비해 주가가 낮게 형성되었음을 의미한다. 또한 배당수익률이 증가 추세로서 투자자의 투자 의욕이 클 수 있다.

　따라서 주가변동추이가 2002년에 비해 2003년도 소폭 하락했지만, 앞으로 기아자동차의 주가 관련 비율은 향후 경기 동향이 일정하다고 가정하면 오를 가능성이 크다고 하겠다.

6) 중요 주석사항 요약

기아자동차의 기업특성에 따라 중요 주석사항을 요약하면 아래와 같다.

(1) 회계처리지침

가. 수익인식기준

수익인식기준은 원칙적으로 인도기준을 적용하고 있으나, 자동차의 장기할부판매 수익을 계상함에 있어서는 원금에 대해서는 인도기준을 적용하고 있으며, 이자 상당액은 기간의 경과에 따라 수익으로 인식하였다.

나. 대손충당금

매출채권 등의 잔액에 대하여 개별분석 및 과거의 대손경험을 토대로 회수가능성이 없거나 회수가 의문시되는 대손추산액을 대손충당금으로 설정하였다.

다. 재고자산의 평가

재고자산에 대하여 이동평균법(미착품은 개별법)에 의해 산정된 취득원가로 평가하고 있으며, 연중 계속기록법에 의하여 수량 및 금액을 계산하고 매 회계연도의 결산기에 실지재고조사를 실시하여 그 기록을 조정하였다. 또한 내부적인 정책에 따라 매월 말 실지재고조사를 실시하였다. 한편, 재고자산의 순실현가능가액이 취득원가보다 하락한 경우에는 순실현가능가액을 대차대조표가액으로 하였다.

라. 유형자산의 평가 및 감가상각방법

당해 자산의 제작원가 또는 매입가액에 취득부대비용과 자본적 지출을 가

산한 가액을 유형자산의 취득원가로 하고 있으며, 자산재평가법에 의하여 재
평가된 자산은 재평가액을 기초로 계상하였다. 유형자산의 내용연수를 연장
시키거나 자산의 가치를 실질적으로 증가시키는 지출은 자본적 지출로, 당해
자산의 원상을 회복시키거나 능률유지를 위한 지출은 수익적 지출로 처리하
였다.

유형자산의 건설을 위해 사용된 차입금에 대하여 건설완료 시까지 발생된
이자비용 등 금융비용을 전기까지 당해 유형자산의 취득원가에 산입하였다.

마. 무형자산의 평가 및 상각

무형자산은 취득원가로 평가하며 그 상각액을 각각 경제적 내용연수 및
이용기간에 따라 정액법으로 계산하여 당해 자산에서 직접 차감한 잔액으로
표시하였다. 신제품 및 신기술 등의 개발과 관련한 개발비는 정액법으로 관
련 제품 등의 판매 또는 사용이 가능한 시점부터 합리적인 기간 동안 상각
하였다.

(2) 주식의 총수

<표 7-5> 기아자동차의 주식발행수

(2003. 12. 31. 현재) (단위: 주)

발행할 주식의 총수	발행한 주식의 총수	미발행 주식의 총수
820,000,000	359,730,455	460,269,545

(3) 연구개발비지출액

〈표 7-6〉 기아자동차의 연구개발비 지출액

과 목		제60기	제59기	제58기
원 재 료 비		77,028	48,003	39,481
인 건 비		68,859	66,333	63,442
감 가 상 각 비		15,139	16,220	18,321
위 탁 용 역 비		237,142	228,221	130,497
기 타		29,424	33,736	47,985
연구개발비용 계		427,592	392,513	299,726
회계처리	판매비와관리비	126,799	114,348	73,425
	제 조 경 비	79,773	114,147	114,033
	개발비(무형자산)	221,020	163,477	111,033
	잡손실(영업 외)	–	541	1,235
연구개발비 / 매출액 비율 [연구개발비용÷당기매출액×100]		3.3%	3.2%	2.7%

제2절 유가증권시장과 코스닥시장의 비교 사례분석

유가증권시장과 코스닥시장 사이에 차이가 있는 것처럼 이들에 속하여 상장되어 있는 기업들도 차이가 있을 것이다. 이러한 차이를 재무비율분석을 바탕으로 몇 가지 기준을 삼고, 양 시장에 상장되어 있는 기업을 비교 분석해 보자. 본 절에서는 재무비율의 분석기준으로 성장성, 수익성, 유동성, 재무건전성, 주가 그리고 연구개발비와 기업지분율 등을 중심으로 사례분석을 하였다.

1) 성장성비율(growth ratios)

성장성비율이란 기업의 매출액이나 총자산의 규모 등이 성장하는 정도를 말하는 것으로, 성장성 비율(growth ratios)은 기업의 경영규모와 경영활동의 성과 등이 전년에 비해 얼마나 증가하였나를 나타내는 비율이다.

성장성을 나타내는 재무비율로는 매출액증가율, 총자산증가율, 주당이익증가율, 자기자본증가율 등이 있는데 여기서는 매출액증가율로 측정하기로 한다.

〈표 7-7〉 삼성중공업 대 서울반도체의 매출액 증가율 비교

(단위: 억 원)

구 분		2001.12.31.	2002.12.31.	2003.12.31.	2004.12.31.
삼성중공업	매출액	41,105.5	42,638	41,512	46,559
	매출액증가율	14.71%	3.73%	−2.64	12.18%
서울반도체	매출액	427	1,061	1,265	1,272.5
	매출액증가율	42.39	148.26%	19.22%	0.57

유가증권기업인 삼성중공업의 경우 매출액이 대부분 비슷한 수준을 유지하는 것을 볼 수 있다. 2004년의 경우 매출액은 늘었지만 실제로 매출원가가 매출액을 초과하여 이익을 내지 못한 것을 알 수 있다. 반면에 코스닥기업인 서울반도체의 경우를 보면 2002년에 매출액이 두 배 이상 증가한 것을 비롯해 전체적으로 삼성중공업에 비해 높을 것을 알 수 있다.

코스닥시장에는 미래성장성이 있는 벤처기업 및 중소기업들이 많기 때문에 전체적인 매출액증가율도 유가증권 시장에 비해 높을 것이라고 생각할 수 있다. 이러한 까닭으로 코스닥시장에 있는 기업들은 전체적으로 급성장 중이라는 이미지를 가지게 되기 때문에, 그러한 효과를 얻기 위해 코스닥시장에서 유가증권시장으로 옮겨가는 것을 미루는 기업들도 있다.

2) 수익성비율(profitability ratios)

수익성비율(profitability ratios)은 기업의 수익창출 능력을 보여준다. 이는

투하자본에 대한 경영성과의 정도와 수익창출능력에 대한 정보를 제공해 준다. 수익성비율은 기업의 경영성과에 미치는 종합적인 정보를 나타내므로 경영자, 투자자, 채권자 등 이해관계자들이 의사결정을 할 때 중요한 정보로 활용된다. 그러나 기업의 실질적인 현금흐름과 차이가 있을 수 있기 때문에 유동성 비율분석이나 현금흐름분석이 보완되어야 하겠다.

수익성비율로는 매출액이익률과 자본이익률 등이 있다. 매출액이익률에는 매출액총이익률, 매출액영업이익률, 매출액이익률이 있고, 자본이익률에는 총자본이익률(ROA)과 자기자본이익률(ROE) 등이 있다.

여기서는 매출액순이익률과 총자본이익률을 예를 들어 분석해보기로 한다.

〈표 7-8〉 대한통운 대 CJ홈쇼핑의 매출액순이익률 비교

(단위: 억원)

구 분		2001.12.31.	2002.12.31.	2003.12.31.	2004.12.31.
대한통운	당기순이익	470.8	440.3	391.2	188.5
	매출액	9,597.1	10,860.8	10,970.5	11,193.2
	매출액순이익률	4.91%	4.05%	3.57%	1.68%
CJ홈쇼핑	당기순이익	225.2	446.6	334.7	457.7
	매출액	7,778.0	14,272.1	4,003.9	4,117.7
	매출액순이익률	2.90%	3.13%	8.36%	11.10%

〈표 7-9〉 대한통운 대 CJ홈쇼핑의 총자본이익률: (ROA) 비교

(단위: 억원)

구 분		2001.12.31.	2002.12.31.	2003.12.31.	2004.12.31.
대한통운	당기순이익	470.8	440.3	391.2	188.5
	총자본	6,954.3	7,544.0	7,927.2	7,799.7
	총자본이익률	6.77%	5.84%	4.93%	2.42%
CJ홈쇼핑	당기순이익	225.2	446.6	334.7	457.7
	총자본	1,090.3	1,537.5	1,720.6	2,054.0
	총자본이익률	20.65%	29.05%	19.45%	22.25%

매출액순이익률에서는 그렇게 두드러진 차이가 보이지 않지만 총자본이익률은 코스닥기업인 CJ홈쇼핑이 상대적으로 높은 이익을 보이고 있다. 매출액순이익률이 비슷한 것은 두 기업 모두 고부가가치산업의 기업이 아니기 때문이라고 본다. 그러나 총자본이익률은 큰 차이를 나타내고 있는데, CJ홈쇼핑의 경우 회사 자체가 자본운용을 잘 한 것으로 보이고, 동일업종인 코스닥기업의 평균 ROA는 5% 안팎으로 거래소 기업들과 큰 차이를 보이고 있지는 않다.

(3) 유동성비율(liquidity ratios)

유동성비율(liquidity ratio)은 재무구조의 견고함을 측정하는 비율로서 기업의 단기적인 지급능력을 나타내는 지표이다. 유동성 비율에는 유동비율과 당좌비율이 있는데 일반적으로 200%이면 양호하다고 본다.

〈표 7-10〉 경동보일러 대 메가스터디의 유동비율 비교

(단위: 억원)

구 분		2001.12.31.	2002.12.31.	2003.12.31.	2004.12.31.
경동보일러	유동자산	867.4	1004.2	950.0	958.4
	유동부채	466.6	504.1	426.7	427.5
	유동비율	185.88%	199.19%	222.62%	224.18%
메가스터디	유동자산	36.6	127.8	227.9	560.6
	유동부채	8.8	41.1	80.0	78.8
	유동비율	413.19%	310.62%	284.82%	710.79%

일반적인 견해로는 코스닥기업의 유동비율이 유가증권시장의 상장기업보다 낮을 것이라 생각한다. 그 이유는 코스닥기업은 성장하는 상태에 있는 기업이 많고, 그에 따라 많은 자본이 필요할 것이며, 주식발행으로 충분한 양의 자본금이 조달되지 않은 경우 단기부채 등에 의존하는 기업이 많을 것이라고 생

각되기 때문이다. 그러나 코스닥기업을 자세히 분석해 보니 대부분 유동비율이 높고 어떤 기업의 경우에는 700%가 넘는 기업도 있었다.

일반적으로 주식과는 달리 부채는 만기 상환을 해야 하기 때문에 코스닥기업은 이익이 난다고 해도 배당을 유보하고 재투자하거나 혹은 부채는 먼저 갚아 나가게 된다. 이러한 까닭에 어느 정도 안정화 단계에 접어든 코스닥기업들은 유동비율이 상당히 높은 것을 볼 수 있다. 설립이 된 지 얼마 되지 않은 코스닥기업이라면 낮은 유동비율을 나타날 것 같았지만 공시된 기업들을 검색해 보면 대부분 안정화 단계로 접어들었음을 알 수 있다.

반면에 유가증권시장의 기업들은 어느 정도 안정화 단계를 거쳐 새로운 사업에 진출하는 등 기업다각화를 꾀하는 경우가 많았고, 이 경우 새로운 사업에 진출할 자금을 위해 차입금 등의 부채를 통하여 자금을 조달한다. 따라서 유동비율이 100% 미만인 기업들이 상당히 많았고 재무견고성을 나타내는 200% 이상의 기업들은 코스닥기업에 비해 상대적으로 적은 것을 볼 수 있다.

(4) 레버리지비율(leverage ratios)

기업의 재무구조의 건전성을 나타내는 자본구조비율은 기업의 채무지급능력을 나타내는 비율을 의미한다. 부채를 이용하는 비율을 레버리지비율(leverage ratio) 또는 안정성비율이라고 한다. 이는 기업이 주주로부터 조달한 자본에 대하여 채권자로부터 조달한 자본의 비중, 즉 기업이 타인자본에 의존하고 있는 정도를 측정하는 지표이다. 이러한 비율로는 부채비율, 자기자본비율 등이 있다.

<표 7-11> SK텔레콤 대 메디아나전자의 부채비율 비교

(단위: 억원)

구 분		2001.12.31.	2002.12.31.	2003.12.31.	2004.12.31.
SK텔레콤	부채	49,456.3	71,842.7	74,341.2	68,936,1
	자기자본	56,822.9	55,369.4	59,418.3	71,270.9
	부채비율	87.04%	129.75%	125.11%	96.72%
메디아나전자	부채	144.2	462.4	375.0	223.3
	자기자본	197.7	209.9	139.4	196.6
	부채비율	72.95%	220.27%	269.05%	113.62%

부채비율은 낮을수록 양호하며 보통 100%이하를 적정선으로 보고 있는데, 유가증권기업인 SK텔레콤과 코스닥기업인 메디아나 전자의 부채비율을 비교해 보면, SK텔레콤이 메디아나 전자에 비하여 재무구조가 더 견고한 것으로 나타내고 있다. 그러나 두기업의 경우 채무지급능력이 대체로 양호하다고 볼 수 있다.

<표 7-12> SK텔레콤 대 메디아나전자의 자기자본비율 비교

(단위: 억원)

구 분		2001.12.31.	2002.12.31.	2003.12.31.	2004.12.31.
SK텔레콤	자기자본	56,822.9	55369.4	59,418.3	71,270.31
	총자산	106,279.3	127,212.1	133,759.5	140,207.0
	자기자본비율	53.47%	43.53%	44.42%	50.83%
메디아나전자	자기자본	197.7	209.9	139.4	196.6
	총자산	342.0	672.4	514.4	420.0
	자기자본비율	57.82%	31.22%	27.10%	46.81%

위에 나타난 바와 같이 SK와 메디아나전자의 자기자본비율을 분석해 보면, 유가증권 시장의 기업과 코스닥기업 사이에서는 별다른 차이가 없음을 알 수 있다. 다만 신생기업의 경우 초기에 자기자본비율이 낮고 부채비율이 높을 수 있지만, 시간이 지나면 역시 경영이 안정화되어 비슷해질 것으로 보인다.

〈표 7-13〉 거래소기업과 코스닥기업의 평균 부채비율분석 비교

(단위: 억원)

구 분	1997	1998	1999	2000	2001	2002	2003	2004
거래소기업	261.44	339.07	294.59	158.04	155.79	128.33	117.82	101.81
코스닥기업	-	181.16	132.60	118.66	118.02	113.92	102.75	88.61

위에서 보는 바와 같이 거래소 기업과 코스닥기업의 평균 부채비율을 비교해보면 코스닥기업이 유가증권시장의 기업보다 낮은 것을 볼 수 있다. 코스닥기업도 어느 정도 시간이 지나 안정된 기업이 많고 새로운 벤처회사들이 차지하는 비율이 낮아지는 대신 전체적으로 기업들의 재무구조가 안정되고 있는 추세라 볼 수 있다. 거래소 기업들에 비해 상대적으로 주력 사업인 경영 위주로 치중하기 때문에 중소기업들이 안전한 경영을 할 수 있고 재무안정성을 유지할 수 있는 것이라 볼 수 있다.

(5) 주가 및 배당금 관련 비율

주가 및 배당금 관련 비율은 증권시장에서 형성되는 주가(기업가치)와 관련된 비율이다. 기업의 재무상태, 경영성과, 미래에 대한 전망 등에 대한 기업의 평가를 나타내는 것으로서, 이러한 것으로는 주가수익률, 배당률, 배당수익률 등이 분석지표로 많이 사용된다.

주가수익률(price earning ratio: PER)은 현재의 주가를 1주당순이익으로 나

누어 나타낸 비율로서 증권시장에서 주가가 주당순이익의 몇 배로 거래되고 있는가를 나타내는 지표이다. 이 비율은 낮을수록 주식이 저평가되어 있는 것이므로 미래 주가가 상승할 가능성이 높다. 배당률은 주당배당액에 대한 총배당액의 비율을 말하며, 배당수익률은 주가에 대한 주당배당금의 비율을 의미한다. 주식투자에 있어서는 배당률보다 배당수익률이 더 중요하다고 하겠다.

<표 7-14> 주가수익률(PER)

년/월	유가증권시장	코스닥시장
2005/11	10.16	158
2005/10	9.24	118.3
2005/09	9.76	75.3
2005/08	8.68	61.1
2005/07	8.89	62.2
2005/06	8.15	50.6
2005/05	7.84	41.3
2005/04	7.36	34.1

주가수익률은 유가증권시장의 기업보다 코스닥시장의 기업이 현저하게 높게 나타내고 있다. 주가수익률은 보통 13배에서 14배가 적당하다고 보는데, 시장의 특성과 전체적인 경기상황이 반영되면 적정수준은 달라질 수 있다. 거래소 기업에 비해 코스닥기업이 고 PER를 보이고 있는 것은 그만큼 미래 기업의 성장가능성이 높다고 예측되기 때문이다.

〈표 7-15〉 배당수익률

년/월	유가증권시장	코스닥시장
2005/11	1.89	0.9
2005/10	2.13	1
2005/09	2.02	1.1
2005/08	2.27	1.2
2005/07	2.22	1.2
2005/06	2.45	1.3
2005/05	2.54	1.4
2005/04	2.71	1.5

배당수익률을 보면 코스닥시장의 기업보다 유가증권시장의 기업이 두 배 가량 높게 나타났다. 그 이유는 코스닥기업들의 특징은 급성장하고 있는 기업들이 많기 때문에, 일반적으로 배당을 하기보다는 배당을 보류하고 재투자하는 경우가 많기 때문이다. 또한 배당을 하게 되면 현금이 유출되는데, 현금이 부족해지면 단기적인 채무지급능력이 떨어지기 때문에 실제로 배당을 보류하는 기업도 많다.

(6) 연구개발지출비

〈표 7-16〉 매출액대비 연구개발비 지출액

(단위: %)

구 분	2000.12.31.	2001.12.31.	2002.12.31.	2003.12.31.
LG필립스LCD	2.63	2.99	2.89	2.35
한글과 컴퓨터	21.22	5.21	10.18	14.73

연구개발비 지출 항목은 유가증권시장과 코스닥시장의 기업에 있어 차이가 두드러지게 나타나는 지표이다. 그 이유는 거래소에 비해 상대적으로 벤처기업과 중소기업들이 많은 코스닥시장에서 기업들이 살아남는 경쟁력은 동일업종 내에서 앞서는 기술력과 전문성에 의해 나오기 때문이다. <표 7-16>에 나타난 바와 같이 거래소 기업인 LG필립스LCD에 비해 코스닥기업인 한글과 컴퓨터의 매출액대비 연구개발비용이 훨씬 높은 것을 알 수 있다. 그렇다고 LG필립스 LCD가 연구개발비용으로 지출하는 것이 적은 것은 아니다. 이 기업의 경우 LCD 제조가 유일한 주력 사업이며 그렇기 때문에 안정적인 유가증권시장의 기업치고는 상당히 많은 돈을 연구개발비로 지출하고 있는 것이다.

(7) 지분율 및 주식발행 수

유가증권시장의 포스코(주)와 코스닥시장의 네오위즈(주)를 비교하여 지분율 및 주식발행수를 설명하면 다음과 같다.

포스코는 2004년 12월 31일 기준으로 최대주주가 포항공대로서 지분율이 2.84%였으며 특수관계인까지 합쳐 지분율이 3.22%였다. 이후 2005년 1월 24일 국민연금관리공단에서 주식을 매수하여 현재 지분율이 3.54%로 최대주주이다. 현재 주식발행 수는 87,186,835주이며, 시가총액은 2005년 6월 기준 15조 9,115억 원이다.

네오위즈의 경우는 2004년 12월 31일 기준으로 최대주주가 자사의 대표이사 사장인 나성균 씨로 지분율이 17.99%이며 특수관계인까지 합쳐 지분율이 32.70%이다. 현재 주식발행 수는 7,642,310주이며, 시가총액은 2005년 6월 기준 1,925억 원이다.

지분율에 있어서는 코스닥기업이 유가증권시장의 기업에 비해 높다는 것을 알 수 있다. 물론 유가증권시장의 기업이라고 해도 친인척 및 문어발식 족벌체제의 문제성이 있지만, 일반적으로 유가증권시장의 기업들은 상대적으로 코스닥기업에 비해 낮은 지분율을 보이고 있다.

코스닥기업들의 내부자 지분율이 높은 것은 대부분이 신생중소기업이고, 친인척이나 가까운 친분관계의 집단으로 기업을 시작했기 때문일 것이라 생각된다. 그 후에도 기업의 성장성이 높기 때문에 계속 주식을 보유하고 있는 것으로 볼 수 있으며, 따라서 내부자지분율은 여전히 높게 나타내고 있다.

그러나 주가가 어느 정도 급등하면 코스닥기업들의 내부자 지분율이 내려가는 경우가 많은 것을 알 수 있는데, 이때 내부자지분율의 변동은 시세차익으로 인한 것으로 볼 수 있다. 한편으로 내부자 지분율은 경영권 방어에 있어서도 중요하기 때문에 상대적으로 신생, 중소기업이 많은 코스닥기업들이 높은 성향을 보이는 것 같다.

주식발행 수나 시가총액은 유가증권시장의 기업이 코스닥시장의 기업보다 높다. 이것은 유가증권시장의 기업이 코스닥기업보다 상대적으로 규모가 크고 안정화된 기업이 많기 때문이다. 즉 우량 기업일수록 거액의 자본조달이 가능하게 되고, 따라서 발행 주식의 수가 많게 된다.

제8장 코스닥시장과 재테크

제1절 코스닥기업의 이해

1. 코스닥(KOSDAQ)[36]의 개념

코스닥(KOSDAQ)은 코스닥시장본부에 등록한 종목들이 거래되는 증권시장이다. 즉 코스닥(KOSDAQ)시장은 고부가가치 산업인 지식기반 중소 벤처기업의 직접자금조달을 지원하고, 투자자에게는 고위험, 고수익의 투자기회를 제공하기 위하여 주식 장외시장을 조직화하여 탄생된 시장이다.

미국의 나스닥(NASDAQ)과 유사한 기능을 하는 중소, 벤처기업을 위한 증권시장이며, 명칭은 미국의 나스닥(NASDAQ)을 한국식으로 영문 합성한 것으로, 1996년 7월 1일 증권업협회에 의하여 개설되었다.

---

36) 코스닥은 영어로 "Korea Securities Dealers Association Automated Quotations: KOSDAQ"을 뜻하며, 첨단기업의 자금 조달 원으로서 미국 신경제를 뒷받침하고 있는 나스닥(National Association of Securities Dealers Automated Quotation: NASDAQ)시장을 벤치마킹하여 설립된 증권시장이다. 외국의 중소 벤처기업 중심의 증권시장으로는 NASDAQ(미국), JASDAQ(일본), EASDAQ(유럽) 등이 있다.

코스닥 개장으로 증권거래소 상장을 위한 예비적 단계에 머물렀던 장외시
장은 미국의 나스닥(NASDAQ)과 같이 자금조달시장 및 투자시장으로서 증권
거래소와 대등한 독립적인 시장으로서의 역할을 수행하게 되었다.

코스닥시장에서는 컴퓨터에 의한 자동매매체결시스템으로 주식매매가 이루어
진다. 따라서 코스닥은 전자거래시스템을 이용한 불특정 다수자의 참여라는 경쟁
매매방식을 도입, 기존의 장외시장을 새롭게 개편할 수 있는 계기를 마련하였다.

코스닥시장에서 거래되는 주식은 증권업협회에 등록된 기업의 주식이다. 증
권거래소 상장에 비하여 완화된 등록요건이 적용되기 때문에 중소기업이나 벤
처기업37)이 많은 것이 특징이다. 코스닥시장의 운영은 처음에 증권업협회의
장외시장 관리실에서 담당하였으며, 1996년 5월 상대매매에서 경쟁매매로 거
래방식을 변경하면서 주식중개만을 담당하는 증권회사인 코스닥증권시장㈜을
설립하여 매매체결 업무를 위임하였다. 1998년 코스닥시장 운영의 공정성 및
투명성을 확립하기 위하여 시장운영에 관한 의사결정기구인 코스닥위원회를
증권업협회 내에 설치하였다. 이후 2001년 코스닥위원회의 설치근거와 업무를
증권거래법에 명시함으로써 코스닥시장의 운영체계가 확립되었다. 2005년 1월
한국증권선물거래소법에 따라 증권거래소와 코스닥시장, 한국선물거래소, 코스
닥위원회가 합병된 한국증권선물거래소(Korea Exchange: KRX)가 출범하면서
코스닥시장과 코스닥위원회는 한국증권선물거래소 코스닥시장본부로 바뀌었다.

2007년 7월을 기준으로 볼 때 코스닥 상장기업38)은 987개 사로서, 유가증

---

37) 중소기업청으로부터 벤처기업 확인을 받은 기업을 말한다. 단, 벤처캐피탈 투자기
　업의 경우는 벤처캐피탈의 소유주식수가 공모 후 발행 주식 총수(의결권 없는 주
　식 제외)의 10% 이상일 것. 벤처금융출자에 의한 벤처기업 특례요건 적용은 출
　자 후 1년 경과 후부터 적용(1년 이전은 일반기업요건을 적용, 단, 지방소재벤처
　의 경우는 제외함)한다.

38) 코스닥시장이 장내시장에 편입됨에 따라 등록시장이라는 표현 대신 이제는 상장
　이라고 한다. 옛 증권거래소시장에 해당되는 유가증권시장은 통합거래소 상위시
　장이라고 부르고, 코스닥시장을 하위시장이라고 부른다. 코스닥시장은 유가증권시

권시장의 733개 사를 앞지르고 있다. 이러한 이유는 IMF 이후 IT산업의 눈부신 발전과 함께 코스닥시장이 급성장하였기 때문이며, 또한 유가증권시장에 비해 규제가 크게 완화되고, 진입과 퇴출이 빈번하게 행해져서 자유롭게 활성화되었기 때문이다.

2. 코스닥시장의 설립배경 및 현황[39]

증권거래소를 통하여 거래되는 상장기업은 상장요건 및 공시요건이 엄격하여 유망 중소, 벤처기업 등의 주식을 유통시키기에는 어려움이 있다. 따라서 유망 중소기업이나 벤처기업들의 비상장주식을 유통시켜 이들 기업에게 장기 자금조달을 가능케 하는 새로운 조직화된 시장이 필요하게 되었다. 이러한 필요에 따라 각 국가마다 비상장기업들의 증권시장 참여를 활성화시키는 제도를 마련하게 되었는데 미국의 경우는 나스닥(NASDAQ)[40]시장을, 일본의 경우는 자스닥(JASDAQ)시장을 들 수 있다. 우리나라의 코스닥(KOSDAQ)증권시장은 미국의 나스닥(NASDAQ)을 벤치마킹하여 1996년 7월 1일 개설되었으며, 한국증권업협회에 등록된 주식이 거래되는 제2의 증권시장으로서, 현재 일반기업과 벤처기업[41]으로 구분하여 거래하고 있다. 또한 고부가가치 산업인 지식

장보디는 상장기준이 완화되어서 중소기업이나 벤처기업이 많은 것이 특징이다.

39) 정추란, 2003, 한국코스닥기업의 가치평가에 관한 연구, 경희대학교 박사학위논문에서 일부 재인용.

40) NASDAQ: 각국의 특별시장 모델이 되고 있는 나스닥은 미국뿐만 아니라 전 세계 벤처기업의 활동기반이 되는 장외주식시장이다. 나스닥이 인기를 끄는 것은 회사설립 초기 적자를 기록하는 기업에도 문호를 개방하고 있어 기업들이 쉽게 참여할 수 있기 때문이다.

41) 벤처기업이란 새로운 분야에 진출한 기업으로서, 고도의 전문지식과 기술 노하우를 가지고 창조적 모험적 경영을 하는 중소기업을 말하며, 일명 모험기업이라고도 한다. 다음과 같은 요건 중 하나를 갖추어야 벤처기업으로 분류된다. 첫째, 자본금의 20% 이상을 창업투자회사, 창업투자조합, 신기술금융사업자, 신기술사업

기반 중소, 벤처기업에는 장기, 안정적인 자금을 공급하고, 투자자에게는 고위험, 고수익의 투자기회를 제공하는 자금조달시장 및 투자시장으로서 독립적인 역할을 수행하게 되었다. 코스닥증권시장은 출범부터 컴퓨터에 의한 자동매매 체결 시스템을 갖추고 경쟁매매 방식에 의해 운영되며, 기존의 증권거래소에 비해 규제가 완화되고, 비교적 진입과 퇴출이 자유롭다. 코스닥시장의 활성화 방안을 마련하기 위해 1999년 5월 정부는 코스닥시장의 등록요건을 완화하여 대형 통신사 등 매력적인 기업들이 쉽게 등록될 수 있게 하였고, 코스닥에 등록한 중소 벤처법인에 대하여 세제상의 혜택을 주어 우량기업들이 많이 등록하도록 여건을 개선하였다. 이러한 정부의 정책적 지원과 더불어 전 세계적인 벤처투자 열풍, 국내의 경제회복과 저금리하에서 고수익을 추구하려는 투자자의 욕구와 맞물려 급속한 성장을 이루게 되었다.

개장 초창기인 1996년 말 코스닥시장의 거래대금은 5,349억 원이었으며, 거래량은 증권거래소 거래량의 0.5%에 불과했다. 그러나 코스닥시장의 규모는 IMF위기 이후 정부의 중소기업 및 벤처기업 육성정책과 더불어 급격히 증가하였다. 10년이 지난 2006년 말, 코스닥시장의 시가총액이 72조 원을 돌파했으며(코스피의 시가총액은 704.6조 원임), 코스닥시장의 평균 거래대금에 있어서도 17,308억 원[42]으로 유가증권시장의 50%에 이르렀다. 상장종목 수는 1998년 말 331개 사이던 것이 계속 종목 수가 늘어 2007년 7월 현재 상장기업 수가 987개 사로 유가증권시장을 능가하였다. 코스닥 종합지수는 1997년 초 119.51p로 출발하여 그 이후 계속 등락을 거듭하다가, 2006년 말에는 606.15p로 크게 상승하였다.

투자조합 등에서 투자한 경우. 둘째, 총매출액에 대한 연구개발 비율이 5% 이상인 기업체. 셋째, 특허권, 실용신안권, 의장권을 사업화하거나 특허등록 출원, 의장등록 등을 출원 중인 기술로서 특허청장이 인정하는 기술을 사업화한 기업. 넷째, 벤처기업 활성화 위원회의 심의와 의결을 거친 사업을 영위하는 기업 등이다.

42) 증권선물거래소, 2007. 2. 제24호. 증권선물(KRX Review).

〈표 8-1〉 평균 거래규모 현황

(단위: 만 주, 억 원)

구　분	2000년	2001년	2002년	2003년	2004년	2005년	2006년
거래량	21,183	38,371	32,042	40,824	28,691	59,795	54,271
거래대금	24,004	17,284	12,053	10,785	6,253	17,927	17,308

〈표 8-2〉 시가총액 상위 20위 종목 현황

(단위: 억 원, %)

2005년 말		순위	2006년 말			
종목명	시가총액		종목명	시가총액	증감	주가등락률
N H N	41,852	1	N H N	52,884	11,031	26.3
LG텔레콤	18,411	2	LG텔레콤	26,674	8,263	44.9
아시아나항공	11,842	3	하나로텔레콤	18,626	6,819	43.2
하나로텔레콤	11,808	4	아시아나항공	11,999	158	1.3
CJ홈쇼핑	10,924	5	메가스터디	8,706	5,239	140.0
동서	8,553	6	GS홈쇼핑	8,465	−2,460	−34.4
GS홈쇼핑	8,466	7	하나투어	8,236	3,284	47.7
휴맥스	7,634	8	휴맥스	7,283	−350	−4.6
포스데이타	6,606	9	다음	7,235	634	51.3
다음	6,601	10	동서	6,824	−1,728	−20.2
플레닛82	5,141	11	포스데이타	5,725	−881	−13.3
하나투어	4,952	12	CJ인터넷	5,521	1,650	39.7
인터파크	4,944	13	CJ홈쇼핑	5,447	−3,019	−35.7
LG마이크론	4,943	14	네오위즈	5,374	1,702	43.2
키움증권	4,733	15	쌍용건설	5,061	1,573	42.9
파라다이스	4,729	16	태웅	5,030	3,168	170.0
서울반도체	4,514	17	SSCP	4,846	2,613	74.5
KTH	4,002	18	서울반도체	4,793	279	0.3
CJ인터넷	3,870	19	지엔텍	4,545	1,854	41.4
네오위즈	3,672	20	플레닛82	3,763	−1,379	−26.8

위의 <표 8-2>의 2006년도 시가총액 상위 20위 종목 현황을 보면, 정보통신 및 IT산업의 급상승세로 인하여 NHN, LG텔레콤의 시가총액이 1, 2위를 차지한 가운데 하나로텔레콤이 4위에서 3위로 상승하였고, 특히 눈에 띄는 종목 가운데 하나는 온라인교육의 열풍으로 인하여 메가스터디가 20위권 밖에서 5위로 급상승하였다. 그 외로 태웅, SSCP, 지엔텍 등이 20위권으로 진입하였다. 반면에 홈쇼핑관련 기업이 동반약세를 보였으며, 인터파크, LG마이크론, 키움증권, 파라다이스, KTH 등이 하락세를 보이며 20위권 밖으로 밀려났다.

이처럼 코스닥시장의 규모가 기하급수적으로 증가하였으며, 유가증권시장에 비해서도 증권의 유통시장으로서의 중요성이 나날이 높아지는 반면, 그 역사가 짧기 때문에 유가증권시장과 비교하여 많은 문제점들이 제기되어 왔다.

코스닥시장에 대하여 구체적으로 지적된 문제점으로는 코스닥기업과 관련된 정보가 증권거래소 상장기업에 비해 제대로 확립되어 있지 않다는 것이다. 이러한 이유에서 코스닥기업의 주가가 내재가치와 무관하게 형성되는 사례가 빈번하게 나타났으며 기형적인 주식시장이 형성되었다.

어떠한 형태의 주식시장이 되었건 가치평가 중심의 주식시장이 형성되지 않고 투기적인 시장이 형성되었다는 점에서는 코스닥증권시장이 바람직하지 않은 방향으로 움직였다는 것은 사실이다. 이처럼 코스닥주식이 투기적인 시장으로 형성된 이유는 크게 두 가지로 나누어 생각할 수 있다. 첫째, 기관투자가 및 외국인투자자가 코스닥시장에 관심을 가지고 본격적으로 투자하기 시작한 것은 오래된 일이 아니며, 코스닥시장에서의 기관투자가의 비율이 유가증권시장에 비해서 낮았다. 일반투자자와 비교하여 기관투자가의 일반적인 특징은 내재가치 중심의 투자의사결정을 수행한다는 데 있다. 이와 같이 내재가치 중심의 투자의사결정을 수행하는 투자자의 비율이 높을수록 이들에 의해서 장세가 움직이기 때문에 이들 시장의 안정성이 확보될 수 있다고 할 수 있다. 유가증권시장의 경우 외국인 투자자들의 영향이 너무 크기 때문에 이들에 의해서 장세가 움직이는 단점은 있어도 이들을 포함한 많은 기관투자가들은 내재가치에 근거한 투자 의사결정을 수행하기 때문에 주식시장이 안정될 수 있다.

둘째, 유가증권상장기업에 비해 상대적으로 코스닥기업에 대한 정보가 부재하다는 점이다. 증권거래소 상장기업에 대해서는 재무제표 이외에 여러 정보가 언론매체를 통하여 투자자에게 빈번히 전달된다. 이러한 여러 대안적인 언론 매체로는 방송, 일간신문, 경제신문 등이 포함된다. 또한 유가증권상장기업에 대해서는 재무분석가들의 예측치 및 기업분석자료가 이용 가능하나 코스닥기업에 대해서는 기업이 발표하는 재무제표 이외에 대체적인 정보가 별로 없었다. 코스닥기업에 대한 평가나 분석이 이루어진 것도 최근의 현상이며, 일반적으로 코스닥기업은 규모가 작아 증권사들의 관심도가 낮아서 분석 및 예측능력을 가지고 코스닥기업을 분석하는 재무분석가들이 거의 없었다.

이처럼 유가증권 상장기업에 비해 코스닥기업에 대한 대체적인 정보가 상대적으로 희소하므로 코스닥시장의 일반투자자들은 재무제표를 통해 공시되는 재무정보에 많이 의존하게 되며 기업이 공시하는 재무정보는 코스닥시장에서 무엇보다 중요한 정보가치를 갖게 된다. 지금까지 우리나라에서 수행된 연구는 거의 유가증권시장의 상장기업을 대상으로 하였으며, 코스닥시장에 대한 연구는 최근에야 시작되었다.

3. 코스닥시장의 특징

성장잠재력이 높은 중소, 벤처기업 중심으로 이루어진 코스닥시장은 고위험, 고수익의 시장이다. 일반 투자자들의 재테크 열망이 높은 요즈음에 효과적인 재테크 수단으로 코스닥시장이 뜨고 있다. 코스닥시장은 최초 설립된 1996년 7월의 기준으로 지수 100p로 출발하였다. 1998년 말 75.18p의 다소 하락된

지수를 기록하다가, 1999년 7월에는 200p가 넘는 초고속 성장을 하면서 투자자들에게 많은 투자수익을 안겨다 주었으며, 일명 "묻지마" 투자열풍을 일으킨 바 있다. 특히, 1999년 7월에는 30여 개가 넘는 코스닥 종목이 10배 이상의 상승률을 기록하였고, 유가증권시장보다 높은 폭의 할인혜택으로 유상증자가 이루어지는 등 많은 고수익의 기회를 제공하기도 하였다. 그러나 그 이후 거품이 빠지면서 조정기를 겪다가 등락을 거듭하였으며, 최근에 다시 상승세를 이어가고 있다. 코스닥기업은 성장성이 높기 때문에 투자기업의 신제품 개발이나 고부가가치인 IT산업 등 첨단기술의 호재가 주가상승으로 이어지기도 하나, 고수익과 함께 언제나 고위험이 존재하게 된다. 특히 인지도의 부족과 친인척 위주의 높은 지분율은 환금성의 위협을 받을 수 있으며, 더구나 90% 이상을 차지하는 개인투자자들에 의해서 어떤 종목은 이유 없이 상승하다가 갑자기 하락하는 기현상이 나타나기도 한다.

코스닥시장의 특징을 요약하면 다음과 같다.

1) 성장잠재력이 높은 IT산업 중심의 시장이다

규모는 작지만 고부가가치를 지닌 벤처기업, 유망 중소기업 등이 장기 안정적 자금을 직접 조달할 수 있다.

2) 거래소시장에 대한 경쟁적 시장이다

거래소시장의 성장을 지원하기 위한 전 단계적, 보완적 시장이 아닌 독립된 경쟁적 시장이다.

3) 증권회사의 역할과 책임이 중시되는 시장이다

상장기준이 완화되어 있으므로 우량회사 선별에 대한 증권회사의 역할과 책임이 중요시된다.

4) 투자자에게 고위험(high risk), 고수익(high return)의 투자기회를 제공해 줌으로써 투자의사결정 시 투자자 본인의 책임이 뒤따른다.

4. 코스닥시장의 기능

코스닥 시장의 기능은 자금조달의 기능, 자금운용의 기능, 벤처산업육성의 기능으로 구분할 수 있다.

1) 자금조달의 기능

기술은 뛰어나지만 자금이 부족하고, 유가증권시장에 상장하기 어려운 벤처기업, 유망 중소기업들에게 장기적이고 안정적인 자금조달의 기회를 제공하며, 직접 금융시장을 통한 자금 조달로 재무구조의 개선과 기업의 경쟁력을 더욱 키워준다.

2) 자금운용의 기능

투자자들에게 기존의 증권거래소 상장주식 이외에 성장가능성이 높은 비상장 유망기업의 주식을 투자할 수 있는 수단을 제공하며, 투자자의 투자위험 선호도 및 위험부담능력에 따라 고위험(high risk), 고수익(high return)의 주식상품을 제공한다.

3) 벤처산업육성의 기능

초기의 벤처기업(high-tech company)에 투자하고 벤처기업의 성장을 이끈 벤처금융(venture capital)들이 협회중개시장을 통하여 투자한 자금을 회수하고, 새로운 유망 기업에 재투자할 수 있는 자금조성의 선순환의 기능을 수행함으로써 효율적인 자금의 배분을 한다.

위에서와 같이 코스닥시장은 여러 가지 기능을 수행한다. 그러나 무엇보다도 유망 벤처기업을 육성하여 원활한 자금의 조달과 효율적인 자원의 배분을 촉진하고 더 나아가 국가 경쟁력을 높이는 데 가장 큰 의의가 있겠다.[43]

5. 코스닥 등록[44]기업의 혜택

코스닥 등록이란 비상장법인 중 일정한 요건을 구비한 회사에 대하여 증권회사에 의해 협회중개시장의 매매 대상물로 승인하는 행위를 말한다.
코스닥시장에 등록됨으로써 얻는 혜택은 다음과 같다.

1) 자금 조달 능력의 확대

코스닥 상장기업은 유가증권 상장기업과 같이 첫째, 불특정 다수를 대상으로 공모 증자가 가능함에 따라 주식발행을 통해 회사가 필요한 자금을 조달할 수 있다.

둘째, 의결권 없는 주식(외국에서 발행하는 의결권 없는 주식, 전환사채, 신

---

43) 코스닥시장은 2001년 11월에 이미 등록기업 수로는 세계 15위, 거래금액으로는 세계 18위 수준의 거대 시장으로 성장하였다.

44) 한국 증권선물거래소에 통합되면서 '등록'이라는 말 대신에 유가증권시장과 마찬가지로 '상장'이라고 한다.

주인수권부사채 등)의 발행이 상장 전 발행주식 총수의 1/4에서, 상장 후 1/2
까지 한도가 확대되어 자금조달 시 의결권 제한의 부담이 적다.

셋째, 사채 발행 한도의 제한을 받지 않고 신종사채(교환사채,[45] 이익참가
부사채[46] 등)의 발행이 가능한 장점이 있다.

2) 세제상 혜택

코스닥 상장법인의 경우 다음과 같은 세제상의 혜택이 있다.

첫째, 양도소득세가 비과세된다(단, 발행주식총 수의 3% 이상이거나 시가총
액이 100억 원 이상을 보유한 주주가 양도하는 경우에는 양도차익에 대하여
과세대상임).

둘째, 중소기업의 사업손실준비금에 대하여 손금 산입의 혜택이 있다(사업
손실을 보전할 목적으로 준비금을 손금으로 계산한 때에는 당해사업연도 소득
금액의 100분의 50의 범위 내에서 손금에 산입하게 된다).

셋째, 스톡옵션[47] 행사이익 비과세(이익 한도 3천만 원까지), 증권거래세에
탄력세율(0.3%)을 적용한다(비상장기업은 0.5%의 세율을 적용함).

---

45) EB(exchangeable bond)는 회사채의 하나로, 채권을 보유한 투자자가 일정시일 경
　　과 후 발생사가 보유 중인 다른 회사 주식으로 교환할 수 있는 권리가 붙은 사채
　　를 말한다. 주식 전환이 가능한 채권이라는 점에서 전환사채와 유사하나 전환대
　　상 주식이 발행사가 아닌 다른 회사의 것이라는 차이가 있다.
46) 사채의 이율에 따른 이자를 받는 외에 이익배당에도 참가할 수 있는 사채를 말한다.
47) 스톡옵션이란 회사의 임직원에게 일정 기간이 지난 후에 자사의 주식을 액면가
　　또는 시세보다 훨씬 낮은 가격으로 매입할 수 있는 권리를 부여한 것으로, 주가
　　가 오를 때 처분하여 시세차익을 실현할 수 있는 일종의 보상제도이다. 이것은
　　기업에서 우수인력을 확보하기 위해서나 직원들의 근로의욕을 높이는 수단이 되
　　기도 한다.

그 외에 소액주주의 배당소득은 분리과세(단, 대주주는 종합과세대상임), 적정유보 초과소득에 대하여 법인세 비과세, 상속 및 증여재산 평가 시 코스닥시장 시가 인정, 주식이동상황명세서 제출의무 면제 등 세제상의 혜택이 있다.

3) 기타의 혜택

기타 코스닥상장기업의 혜택은 다음과 같다.

첫째, 경영합리화를 도모한다.

기업의 재무내용 공시를 통해 동 업종의 타사와의 비교가 용이하고 주가를 통해 경영실적이 객관적으로 평가받게 되어 경영합리화를 도모하게 된다.

둘째, 기업 홍보효과와 대내외 공신력이 높아진다.

경영실적, 주가 등의 기업정보가 TV나 신문, 증권기관 등의 홍보매체를 통하여 국내외 투자자에게 제공되므로 기업의 홍보 효과가 크고, 이러한 효과를 통해 대외적인 신인도 제고는 물론 기업의 대외진출이나 합작 투자에도 유리하다.

6. 코스닥증권시장의 발전과정 및 등록절차

1) 발전과정

코스닥증권시장은 크게 주식장외시장의 조직화(1987. 4.) - 주식장외거래 중개실 설치(1991. 10.) - ㈜코스닥증권시장의 설립(1996. 7.) - 협회중개시장의 법제화(1997. 4.) 등의 발전과정을 걸쳐왔으며, 주요 연혁을 살펴보면 아래와 같다.

(1) 주식장외시장 개설(1987. 4.)
(2) 주식장외거래 중개실 설치(1991. 10.)
(3) 주식장외거래시스템의 전산화(1992. 2.)

(4) 코스닥시장 개설(1996. 7.)－경쟁매매시스템 도입

(5) 동시호가 매매제도 도입(1998. 5.)

(6) 코스닥위원회 설치(1998. 10.)

(7) 코스닥지수 사상최고치 기록(2000. 1.)－283.44p

(8) 코스닥시장 운영체계 확립(2001. 7.)

(9) 한국증권선물거래소에 통합되어 코스닥시장본부 출범(2005. 1.)

2) 상장절차

코스닥 상장절차를 위한 주요업무를 살펴보면 다음과 같다.

(1) 주간증권사 선정

(2) 상장을 위한 사전 준비

(3) 상장을 위한 예비심사

(4) 유가증권 신고서 제출

(5) 주식공모

(6) 상장신청 및 승인

(7) 코스닥시장 상장 및 매매

7. 코스닥시장의 상장요건

코스닥 상장요건이란 금융감독위원회에 유가증권발행인의 등록을 한 법인이 코스닥시장에서 주권을 발행할 수 있도록 협회중개시장 운영규정상의 소정의 요건을 말한다. 신규상장 심사요건은 벤처기업부와 일반기업부로 구분하며, 일반기업은 선택할 수 있도록 되어 있다.[48] 재무요건을 중심으로 살펴보면 다음과 같다.

(선택1)

(1) 설립연수: 3년 이상

(2) 자본금: 5억 원 이상

(3) 부채비율: 동종업종 평균 1.5배 미만

(4) 경영성과: 경상이익 발생

(5) 자본잠식: 최근 사업연도 말 자본잠식이 없을 것

(6) 감사의견: 최근 사업연도 적정의견 또는 한정의견(감사 범위 제한으로
　　　　　　　인한 경우는 제외함)

(선택2)

(1) 자기자본: 100억 원 이상이고 자산 총계가 500억 원 이상

(2) 부채비율: 동종업종 평균 미만

8. 코스닥시장의 매매제도

1) 거래제도

(1) 거래대상의 유가증권

증권회사가 협회중개시장에서 매매거래 할 수 있는 유가증권은 증권업협회
에 등록된 법인이 발행한 주식이다.

---

48) 코스닥시장은 하루 가격제한폭이 12%에서 거래소와 같이 15%로 변경되었다. 코
스닥시장에서 거래되는 종목의 액면가액은 100원, 200원, 500원, 1,000원, 2,500
원 또는 5,000원으로 분류되나, 보통 의결권 있는 주식수를 산정할 경우 1주당
액면가액은 5,000원을 기준으로 한다.

(2) 매매거래시간

가. 단일장매매: 9:00 ～15:00(전장, 후장의 구분이 없음)이며, 토요일 및 공
　휴일은 휴장한다.

나. 시간외매매: ① 장개시전 시간외시장－07:30～08:30
　　　　　　　　② 장개시후 시간외시장－15:10～15:30, 15:30～18:00

(3) 호가단위

가. 호가수량단위: 1주

나. 호가가격 단위: 가격대별로 5단계로 10원, 50원, 100원, 500원, 1,000원
　단위이다.

<표 8－3> 매매기준가격에 대한 호가가격단위

매매기준가격	호가가격단위
10,000원 미만	10원
10,000원 이상~50,000원 미만	50원
50,000원 이상~100,000원 미만	100원
100,000원 이상~500,000원 미만	500원
500,000원 이상	1,000원

(4) 거래제한 폭

매매기준가격에 ±15%를 곱하여 산출한 금액을 말한다. 산출된 금액 중 기
준가격대에 해당하는 호가가격 단위 미만의 금액은 절사한다.

(5) 매매기준가격

기준가격은 가격제한폭을 설정할 때의 기준이 되는 가격을 말하며, 일반적으로 직전거래일의 종가가 기준가격이 된다. 그러나 유·무상증자에 따른 권리락, 액면변경에 따른 변경상장 등 해당주권의 권리내용에 변경이 발생하는 경우에는 별도의 기준가격을 적용한다.

(6) 상하한가

상한가, 하한가는 기준가격에 가격제한폭을 가감하여 산출하여, 산출된 금액에서 호가가격단위의 미만은 절사한다.

예를 들어 설명하면 아래와 같다.

※ 기준가격이 8,980원인 경우 가격제한폭과 상하한가

① 가격제한폭

8,980원 × 0.15 = 1,347원

− 기준가격 호가가격 단위 미만 절사   ∴ 1,340원

② 상한가

8,980원 + 1,340원 = 10,320원

− 산출가격 호가가격 단위 미만 절사   ∴ 10,300원

③ 하한가

8,980원 − 1,340원 = 7,640원

(6) 수수료 및 위탁증거금율: 증권사 자율

(7) 수도결제

수도결제란 매매거래 된 주식이나 채권이 지정 결제기구를 통해서 매수한 자는 매수대금을, 매도한 자는 증권을 수수하는 것을 말한다. 보통 매매계약 체결일로부터 기산하여 3일째 되는 날 증권예탁원을 통하여 증권회사 간 계좌이체방식을 통해 차감 결재된다(단, 토요일은 결제되지 않으므로, 예를 들면, 목요일에 거래한 주식은 월요일에 결제됨).

(8) 증권거래세

매도 시 양도가액의 0.3%이다.

2) 매매절차

(1) 계좌의 계설

협회중개시장에서 거래를 하고자 하는 신규투자자는 증권회사에 위탁자계좌를 개설하고 통장 또는 증권카드를 교부받아야 한다. 다만, 위탁계좌, 증권저축계좌를 개설한 경우에는 거래소, 코스닥의 구분 없이 이들 계좌를 이용하여 거래가 가능하다.

단, 사이버 트레이딩을 원할 때는 거래 증권회사에서 관련 CD를 수령하거나 해당 증권회사 홈페이지에서 관련 프로그램을 다운로드한 후 해당 홈페이지에 접속하면 된다.

(2) 주문가격의 결정

투자자는 증권회사에 전화로 문의하거나 매매프로그램을 통해 종목별 매매기준가격, 시세정보, 호가정보 등의 투자정보를 본 후 매도 또는 매수의 가격을 결정한다.

(3) 매매주문

투자자는 매매하고자 하는 거래종목, 수량, 가격 등을 주문표에 기재하여 증권회사에 제출한다. 단, 전화주문이나 홈트레이딩도 가능하다.

(4) 주문내용의 전달

증권회사의 각 영업점은 투자자로부터 주문을 받은 경우 각 영업점의 자체 단말기를 통하여 주문사항을 본사의 매매총괄부서에 통보하며, 총괄부서는 당해 주문을 접수순서에 따라 코스닥증권의 매매시스템에 전달한다.

(5) 매매계약의 체결

가) 동시호가 매매

매매개시 60분 전(08:00)부터 매매개시(09:00)까지, 장 마감 10분 전(14:50)부터 장 종료 시(15:00)까지 접수한 호가를 시간의 선후가 없이 동시에 접수된 호가로 간주하고 단일가격으로 처리하는 매매를 말한다.

동시호가는 1998년 5월부터 도입한 매매제도로서 매매원칙은 매도호가의 합계수량과 매수호가의 합계수량이 일치하는 가격을 체결가격으로 하여 접수된 주문은 코스닥증권시장의 매매체결시스템에 의하여 가격우선, 시간우선의 원칙에 따라 매매계약을 체결한다.

코스닥시장의 매매시스템은 복수가격에 의한 개별경쟁매매방식인데, 동시호가의 경우에는 단일가격에 의한 개별경쟁매매방식이다.

〈표 8-4〉 동시호가(상한가. 하한가) 배분방식[49]

단 계	종 전	변 경
1단계	100주	100주
2단계	잔량의 1/10	500주
3단계	잔량의 1/5	1,000주
4단계	잔량의 1/3	2,000주
5단계	잔량의 1/2	잔량의 1/2
6단계	잔량	잔량

* 2005년 7월 18일 변경됨.

나) 접속매매

동시호가 매매 이후의 매매는 동시호가에 의해 미체결된 잔량과 그 이후 접수된 호가를 대상으로 접속매매(복수가격에 의한 개별경쟁매매)방식으로 처리한다. 접속매매의 가격결정은 매도호가와 매수호가의 경합에 의하여 가장 낮은 매도호가와 가장 높은 매수호가가 거래 가능한 호가로 합치되는 경우 선행호가의 가격으로 하여, 호가 우선순위에 따라 합치되는 호가 간에 매매계약을 체결한다.

〈표 8-5〉 (예3) 호가집계표				
(매도)	10,000원	5,000주	500주	(매수)
		① A	③ B	
6,000주	9,950원			
② C				

☞ 호가접수순: ① ② ③
☞ 체결가격(수량): 10,000원(5,000주) - A ; C
　　　　　　　　　9,950원(500주) - A ; B

---

49) 거래소는 매매수량단위의 10배(100주) - 매매수량단위의 50배(500주) - 매매수량단위의 100배 - 매매수량단위의 200배 - 잔량의 1/2(매매단위수량의 미만은 매매수량단위로 4사5입함) - 잔량의 순으로 이루어진다.

다) 시간 외 종가매매

15:00～15:30까지 호가를 접수받아 15:10～15:30 동안 당일종가로 시간우선원칙에 따라 매매거래를 체결시킨다. 다만, 종가가 기세(매매거래계약이 입회 종료 시까지 성립되지 아니한 호가)로 형성되는 경우에는 매매거래를 성립시키지 않는다.

(6) 호가 및 시세 공표

코스닥증권시장을 통하여 호가 및 시세를 공표하고, 투자자는 각 증권회사 영업점에 설치된 증권정보단말기 또는 증권전산의 check단말기 등을 이용하여 조회가 가능하다.

(7) 매매결과의 확인

코스닥증권시장은 매매가 체결된 내용을 매매시스템과 연결된 증권회사의 시스템으로 통보한다.

3) 매매거래정지 제도

투자자를 보호하고 매매거래가 공정하게 이루어지도록 하기 위하여 다음과 같은 일정한 사유가 발생한 경우에는 매매거래를 정지시키고 있다.

(1) 소문 등과 관련하여 시세 및 거래량이 급변하는 경우
(2) 거래내용이 공정성을 잃을 우려가 매우 큰 경우
(3) 등록취소사유에 해당하는 경우
(4) 액면분할, 상호변경 등으로 주권의 교체가 있는 경우
(5) 사업보고서 등의 신고서 제출을 위반한 경우

(6) 조회공시의무 위반, 공시불이행, 공시번복 및 변경의 경우

(7) 관리종목, 외국기업 및 증권투자회사의 등록취소사유에 해당하는 경우

(8) 증권투자회사가 이사회에서 개방형으로 전환을 결의한 경우

(9) 기타 협회가 투자자 보호상 필요하다고 인정하는 경우

9. 제도 및 전반사항

1) 코스닥 상장 공모제도

코스닥시장에 새롭게 상장하기 위해서 상장주식의 20%를 불특정 다수인에게 분산하도록 하는 제도로서, 이러한 공모에 참여하기 위해서는 일정기준이 있으며, 이러한 기준에 적합한 경우 공모를 신청하여 주식의 지분을 얻을 수 있는 것이다. 이러한 공모 시 지분을 취득하는 경우에는 시장에서 매수하는 것보다 일반적으로 싸게 매수할 수 있기 때문에 경쟁률이 다소 높은 경우가 많다.

2) 코스닥 공모주식의 배정기준

코스닥 공모주식의 배정기준은 보통 3그룹으로 나뉘는데, 1그룹은 증권저축 가입자 중 계좌에 코스닥 주식 10주 이상을 매수하고 있는 자로서, 청약은 보유주식 평가금액의 10배까지 청약이 가능하다. 2그룹은 기관 투자자에게 배정되며, 3그룹은 일반 위탁계좌 개설자에게 주어지며, 이때 배정비율은 1그룹 50%, 2그룹 30%, 3그룹 20%가 배정된다.

3) 매매제도

매매시간은 유가증권시장과 같지만, 다른 점은 점심시간 없이 계속 거래되며 후장 마지막 동시호가도 없다. 호가단위는 유가증권시장의 경우 10주이지

만 코스닥시장은 1주 단위부터 거래가 가능하다.

4) 가격제한폭 및 주식증거금율

전일 종가대비 상·하한가 기준은 ±15%이므로 하루에 최대 가능한 폭은 30%이며, 증거금율은 증권회사마다 자율적으로 정해지며 보통 유가증권시장과 마찬가지로 정해진다. 특히 유의종목으로 지정된 경우는 증거금을 100% 징수하고 있다.

5) 거래비용

위탁수수료는 자율화되어 있지만 보통 매매대금의 0.4%를 징수하고 있으며 증권거래세는 매도 시 0.3%가 적용되며 액면가액 이하나 공모가액 이하인 경우에 세금이 면제되고 있다.

6) 코스닥지수

코스닥지수는 코스닥시장 전체의 주가동향을 신속하게 파악할 수 있는 합리적인 투자분석지표로서 코스닥증권㈜에서 발표하고 있다. 코스닥지수란 코스닥시장에 상장되어 있는 종목들의 기준시점과 현시점에 대한 백분율을 말한다. 코스닥지수는 주가에 등록주식수를 곱한 시가총액방식을 택하고 있으며 기준지수는 1996년 7월 1일을 100p로 하여 시작되었다.

코스닥지수 = (비교시점의 시가총액 / 기준시점의 시가총액) × 100

예를 들면, 2007년 시가총액이 72.1조, 1996년 시가총액이 11.89조 원이라면, 아래 계산된 바와 같이 코스닥지수는 606p가 된다.

$$\text{코스닥지수} = (72.1조 / 11.89조) \times 100 = 606p$$

10. 미국의 증시변화가 우리나라의 증시에 영향을 주는 이유

"나스닥이 콜록거리면 코스닥은 독감에 걸린다."라는 말이 있다. 이처럼 우리나라의 경제적 상황은 미국과 아주 긴밀한 관계가 있어서 미국의 경제적 요소가 불안하거나 침체하면 우리나라도 영향을 미친다. 한 민간 연구소의 통계에 따르면 나스닥과 코스닥의 상관관계가 0.82 ~ 0.92라고 한다. 이는 미국의 증시와 우리나라의 증시가 얼마나 긴밀한 연관관계가 있는지를 보여준다. 실제로 그날 미국의 증시가 빠지면 우리나라의 외국인 투자자들의 매도 물량이 늘어나고 매수 물량이 줄어들게 된다.

제2절 코스닥기업의 사례분석

1. 사례분석기업 – 휴맥스(주)

1) 기업 종합 정보

<표 8-6> (주)휴맥스의 주요정보

대표이사	변대규	구 분	벤 처
자본금(원)	14,006,478,500	지수발표업종	코스닥 IT 지수, IT H/W, 통신장비
종업원수(명)	440	우선주㈜	0
결산일	12월 31일	보통주㈜	28,012,957
주생산품	위성방송수신기		

1989년 2월 ㈜건인시스템 창업으로 시작한 ㈜휴맥스는 1997년 4월 코스닥 등록 이후, 2000년 11월 수출 1억 불 달성, 2001년 5월 수출 2억 불 달성을 기록 중인 코스닥 동종기업 내 대장주이다. 또한 디지털 셋톱박스(수신기, HD 등), 위성방송 수신기 등을 제작 납품하며 주로 방송사들과 거래를 위주로 하는 기업이다. 또한 방송, 무선통신기기 제조 등을 하며 디지털 셋톱박스 기술을 바탕으로 디지털 TV, Home Media Server 관련 기술의 개발에 주력하여 차별화된 기술과 제품을 공급하며 현 국내 벤처기업 중 높은 수익률을 기록 중이며 1999~2001년 사이 매출 2배씩 증가, 순이익은 300%가량씩 증가, 부채비율 19%로 대단히 탄탄한 재무구조를 보이고 있으며, 주가는 10000원에서 2005년도엔 25000원대로 진입하였다.

가. 주요재무비율(%)

〈표 8-7〉 주요재무비율 분석추이

구분 \ 년월	2005. 06.	2004. 12.	2003. 12.
자기자본증가율	4.00	−0.78	15.68
순이익증가율	51.65	−86.79	−53.24
매출액증가율	−24.11	6.55	1.70
매출액영업이익률	7.80	1.08	12.02
매출액순이익률	5.76	1.28	10.32
이자부담률	−4.32	−17.32	−18.88
유보율	2,439.06	2,338.67	2,357.43
당좌비율	421.18	619.75	540.35
부채비율	23.95	17.54	22.12

　주요 재무비율을 보면, 자기자본증가율이 2004년도에서 크게 감소했다가 2005년도에 다시 회복하여 증가하였으며, 2005년도에 역시 순이익증가율이 크게 높아졌고 매출액증가율은 크게 둔화된 반면에, 매출액영업이익률 및 매출액순이익률은 크게 증가하여 영업성과가 좋은 것으로 나타났다.

　(주)휴맥스의 단기지급능력을 나타내는 당좌비율이 상당히 높아졌고, 부채비율은 상대적으로 크게 낮게 나타나고 있어서 재무건전성이 높은 기업이라고 할 수 있다.

나. 주요대차대조표

〈표 8-8〉 (주)휴맥스의 대차대조표

(단위 : 백만원)

구분 \ 년월	2005. 06.	2004. 12.	2003. 12.
Ⅰ. 자산	417,490	379,831	397,744
유동자산	312,890	286,802	337,598
고정자산	104,600	93,029	60,145
Ⅱ. 부채	80,661	56,683	72,039
유동부채	58,517	41,309	55,550
고정부채	22,145	15,373	16,489
Ⅲ. 자본	336,829	323,149	325,704
자본금	13,628	13,628	13,628
자본잉여금	81,435	79,786	79,698
이익잉여금	249,557	243,100	242,163
자본조정	-7,790	-13,365	-9,784

다. 주요손익계산서

〈표 8-9〉 (주) 휴맥스의 손익계산서

(단위 : 백만원)

계정과목	2005. 06.	2004. 12.	2003. 12.
Ⅰ. 매 출 액	146,926	387,479	363,664
Ⅱ. 매 출 원 가	97,919	309,974	265,646
Ⅲ. 매 출 총 이 익	49,007	77,505	98,018
Ⅳ. 판매비와 관리비	37,553	73,329	54,290
Ⅴ. 영 업 이 익	11,454	14,186	43,728
Ⅵ. 영 업 외 수 익	30,998	22,841	22,841
Ⅶ. 영 업 외 비 용	15,097	30,972	18,004
Ⅷ. 경 상 이 익	10,826	4,202	48,565
Ⅸ. 특 별 이 익	−	−	−
Ⅹ. 특 별 손 실	−	−	−
ⅪⅪ. 법인세비용차감전순이익	10,826	4,202	48,565
Ⅻ. 법 인 세 비 용	2,360	246	11,035
ⅩⅢ. 당기순이익(손실)	8,466	3,956	37,530

2) 투자 분석 정보

− 안정성, 수익성, 성장성 및 활동성지표

가. 안정성지표

〈표 8-10〉 안정성지표의 분석지수

항 목	2003년	2002년	2001년
유동비율	607.74	729.31	499.90
부채비율	22.12	18.63	23.43
차입금의존도	0.01	0.01	0.02
영업이익 대비 이자보상배율	0.00	0.00	0.00

구체적으로 <표 8-10>의 안정성지표인 2001년~2003년까지의 유동비율과 부채비율을 보면, 2002년도에 유동비율은 크게 증가하였고, 부채비율은 상당히 낮게 나타내고 있는 것을 볼 수 있다. 전체적으로 볼 때 재무건전성이 높은 안정적인 기업이라고 할 수 있다.

나. 수익성 지표

〈표 8-11〉 수익성지표의 분석지수

항　목	2003년	2002년	2001년
매출액영업이익률	12.02	27.74	31.86
매출액순이익률	10.32	22.44	28.16
총자본순이익률(ROA)	10.26	26.51	39.80
자기자본순이익률(ROE)	12.36	32.01	56.54
cash flow 대 총자본비율	9.66	26.44	21.53

<표 8-11>의 수익성지표를 보면, 매출액영업이익률 및 ROA나 ROE가 점차 감소하였지만, 여전히 높은 이익률을 보이고 있다는 것을 알 수 있다.

다. 성장성 및 활동성지표

〈표 8-12〉 성장성 및 활동성지표의 분석지수

항　목	2003년	2002년	2001년
매출액증가율	1.70	13.48	121.00
영업이익증가율	-55.92	-1.20	209.68
순이익증가율	-53.24	-9.54	164.53
총자본증가율	19.08	23.03	55.76
총자본회전율	0.99	1.18	1.41

<표 8-12>의 성장성 및 활동성지표를 보면, 2001년도에 엄청난 매출액증

가율을 보여 크게 성장하였음을 볼 수 있으며, 그러나 2001년부터 그 증가세는 차츰 줄어들고 있음을 알 수 있다. 역시 영업이익증가율 및 순이익증가율도 2001년까지는 크게 증가하였지만, 2002년부터는 감소세로 돌아서 마이너스(-) 성장한 것을 알 수 있다.

라. 투자지표

<표 8-13> 각종 투자지표 분석

항 목	2003년	2002년	2001년
1주당순자산(원)	11,726.44	10,139.20	7,912.97
1주당매출액(원)	13,348.59	13,199.63	11,817.46
1주당영업이익(원)	1,605.09	3,661.71	3,765.50
1주당순이익(원)	1,401	2,995	3,521
1주당 cash flow(원)	-46.07	2,884.32	3,694.47
PER(최고) (%)	0.00	0.00	0.00
PER(최저) (%)	0.00	0.00	0.00
배당률(%)	30.00	30.00	30.00
배당성향(%)	10.32	5.00	4.49
종업원 수(명)	326	307	267
최대주주 지분율(보)(%)	12.10	12.45	12.66
액면가(원)	500	500	500

* PER-149.45 , PBR-2.22

<표 8-13>의 각종 투자지표에서 나타난 바와 같이 2001년~2003년까지의 1주당 매출액은 크게 변화하지 않았지만, 1주당 순이익은 1/2가량 감소하였고, 1주당 현금흐름은 크게 감소한 것을 알 수 있다. 그 반면에 30%이상의 고 배당률을 나타내고 있었고, 배당성향이 점차 증가한 것으로 보아 기업의 이익을 배당으로 크게 유출했음을 알 수 있고, 투자확대로 인한 현금유출이 있었음을

알 수 있다. 또한 PER은 149.45, PBR은 2.22를 나타내고 있어 크게 고평가
되지 않았음을 판단할 수 있으며 여전히 투자의 매력을 갖고 있는 것으로 나
타났다.

3) (주)휴맥스의 향후 전망

국내 디지털CATV 전환에 따른 셋톱박스 수요 본격화할 전망이며, 유럽과
중동지역에서 소매부분 매출 확대와 독일 방송사업자 PVR의 매출 개선 기대
되고 있다. 또한 일본 방송사업자 STB 신규 공급으로 일본시장 공략 가속화,
하반기 이후 미국시장에서 STB제품 직거래 공급하는 등 안정적인 사업기반
확보 예상되어 매출성장 기대하고 있으며 주력 제품인 소매시장용 셋톱박스
(STB), 디지털TV 등 신규 사업을 위한 투자 손실 지속으로 상반기까지 실적
개선에 부담으로 작용할 것으로 예측된다.

제 3 부

재테크를 위한 주요 투자 상품

　유가증권시장은 엄격하며 자산이나 기타 정해진 규칙이 상당히 안정성을 추구하기에 일반 기업의 등록이 어렵고 까다롭다. 그러나 코스닥(KOSDAQ) 시장의 경우는 중소기업들의 원활한 자금 확보를 해 주기 위해 거래소의 상장요건이나 심사규정을 크게 완화시켰다.

　투자자 입장에서도 기업이 급성장하게 되면 기업가치가 높아져 주식을 내다 팔 때 그만큼의 이득을 얻게 된다.

　거래소와 코스닥의 주식, 즉 우리가 알고 있는 유가증권시장과 코스닥시장 차이는 상장요건의 차이로 인해 유가증권 시장에 상장할 수 없는 기업이나 발전성이나 투자가치성 등을 고려해 우수하다고 판단되는 기업을 살리고 추가 육성 발전시키기 위한 시장이라고 보면 되고, 그 기업을 위해 발행한 주식이 코스닥 주식이라 보면 된다.

　제2부에서는 자본시장의 큰 축인 유가증권시장과 코스닥시장을 중심으로 알기 쉽게 설명하였다.

　제3부에서는 자본시장에서 상장되어 거래되고 있는 구체적인 재테크 투자 상품을 중심으로 설명하고자 한다. 먼저 선풍적인 투자 열기 속에 있는 펀드(fund)에 관하여 구체적으로 알아보고, 부동산 리츠(REITs)를 살펴본 뒤, 참고로 요즘 대두되고 있는 지주회사에 관하여 살펴보겠다.

제9장 펀드(fund)와 재테크

　최근 고유가와 수입원자재 가격의 급등 그리고 물가상승으로 이어지는 제반여건 등은 우리나라 제조기업을 더욱 어렵게 만들고 있다. 앞으로 우리나라 경쟁력의 비결은 금융산업과 정보통신(IT)산업에 있다고 생각한다. 저금리 시대에 살면서 은행에 저축을 하는 것보다는 직간접적으로 주식이나 채권 또는 파생상품 등에 투자하는 사례들이 늘어나고 있다. 따라서 금융산업 중 하나인 펀드(fund)는 성장가능성이 매우 크며, 앞으로 연구해 볼 만한 가치가 있다고 하겠다.

　"펀드"란 말은 이미 우리에게 매우 익숙한 말이 되었다. 그러나 실제로 펀드가 무엇인지 정확하게 알고 있는 사람들은 그다지 많지 않다.

　따라서 본 장에서는 펀드(fund)에 대하여 자세히 알아본다.

제1절 펀드(fund)의 개념

　펀드는 다수 투자자에게 자금을 모아서 대규모의 공동기금(fund)을 만들고 전문적인 운용기관이 이를 주식이나 채권 등에 투자해 그에 따른 이익을 되돌려주는 간접투자 상품을 말한다.

펀드에 투자하는 것은 약간의 수수료를 지급하고 투자전문가에게 투자할 자금을 전적으로 맡기는 것이다. 즉 투자자 측면에서 보면 안전하고 효율적인 투자기회를 제공하는 수단으로 이용될 수 있으며, 이러한 간접투자 상품이 상대적으로 안정적이고 높은 수익기반을 창출할 수 있는 선진적인 재테크 수단이라고 할 수 있다.

펀드는 크게 나누어서 주식형과 채권형(공사채형)으로 구분된다. 이것을 다시 분류해 보면 위탁자가 국내 투자자들과 외국 투자자들을 대상으로 수익증권을 발행하여 판매된 투자자금으로 국내증권과 해외증권에 동시에 투자하는 매칭 펀드, 벤처기업에 대한 투자를 목적으로 창업투자회사에서 결성하는 벤처 펀드, 채권·주식·선물에 적절한 비율로 투자해 손실 위험을 줄이는 원금보존형 펀드, 한국증권시장에서 투자활동을 할 수 있는 외국인들의 수익증권인 코리아 펀드, 수수료 없이 주식형에서 공사채 펀드로, 공사채 펀드에서 주식형으로 돌릴 수 있는 카멜레온 펀드(전환형 펀드) 등이 있다. 현재 우리나라에는 수만 개의 각종 펀드가 있다.

1. 펀드(fund)의 조성배경

펀드란 불특정 다수인으로부터 투자자금을 모아 주식이나 채권, 파생상품 등 유가증권에 투자하기 위해 조성되는 일정금액 규모의 운용단위를 의미한다.

다시 말해서 여러 투자자들이 자금을 모아서 만든 대규모의 기금(fund)을 말한다. 보통 투자신탁운용회사나 자산운용회사들이 기금을 모으고 투자전문가를 펀드매니저로 고용해 이를 운용하도록 하는 방식으로 펀드매니저가 투자지식과 시간이 부족한 일반인을 대신해 투자해 주는 제도이므로 간접투자 상품이라고도 할 수 있다. 본래는 기금 또는 자금이라는 뜻으로 오늘날에는 주로 투자신탁의 신탁재산을 의미한다. 회사형 투자신탁에 있어서는 회사 자체가 펀드가 되며, 기관투자가가 관리하는 운용재산도 펀드라 한다. 펀드는 간접투자다. 직접투자가 투자자 자신이 직접 돈을 들고 증권사나 은행에 가서 주식이나 채권을 사고파는 것이라면, 간접투자는 투자자가 직접 하는 것이 아니고, 증권사의 펀드매니저라는 전문가에게 투자자금을 전적으로 위탁하는 방법이다.

펀드매니저는 펀드의 자금을 주식, 채권, 파생상품 등 다양한 대상에 투자하고 이를 통해 얻은 손익을 투자자에게 모두 되돌려준다. 물론 운용회사의 펀드매니저는 기금으로부터 약 1~3% 정도의 보수를 받는다.

따라서 일반 투자자들이 펀드에 가입하는 것은 약간의 수수료를 내고 투자전문가를 고용하는 것과 같다고 볼 수 있다. 이는 비전문가인 일반투자자가 직접 주식과 채권 등에 투자하는 것보다 안전하고 효율적인 투자기회를 가지게 되는 것이라 할 수 있다.

펀드는 투자자들이 직접투자를 할 때보다 신경쓸 일이 적으며, 대규모로 조성된 자금으로 수십 종목의 주식과 채권에 분산 투자하므로 투자위험을 줄일 수 있다. 그러나 아무리 펀드전문가가 투자한다고 해서 항상 이익만 나는 것은 아니다. 예를 들면, 주식에 투자하는 펀드의 경우 주식시장이 대폭락하게 되면 아무리 투자를 잘해도 손실이 날 수밖에 없다.

펀드는 주식에 주로 투자하는 주식펀드, 장기채권에 투자하는 채권펀드, 단기채권에 투자하는 머니마켓펀드(MMF) 등 다양한 종류가 있는데, 투자자는 자신에게 맞는 펀드를 골라서 투자위험에 따른 수익을 실현할 수 있다.

〈알아 둡시다〉

펀드(fund) - 사전적 의미: 큰 규모의 돈 또는 기금

일반적 의미: 다수의 투자자들로부터 자금을 모아 대규모의 공동기금(fund)을 형성한 후, 자금운용에 대한 신탁을 받은 전문적인 투자기관(투자신탁회사, 자산운용사)이 형성된 공동기금을 유가증권(주로 주식, 채권, CD, CP 등)에 투자하여, 그 운용에 따라 수익을 분배하여 주는 간접투자 상품을 말한다.

2. 한국의 유가증권과 투자신탁의 역사

1) 유가증권의 역사

1949년 최초 설립된 증권회사인 대한증권 주식회사 설립

1953년 대한증권업 협회 개장

1956년 대한증권거래소 개장

    - 개장 당시에는 시중 은행주와 한국전력주 등 불과 12개 사의 주식만이 상장됨.

1962년 증권거래법 제정

1969년 증권투자신탁업법 제정

1970년 한국투자공사 1억 원의 규모로 투자신탁제도 운용

    - 한국 최초의 투자신탁 출범

1976년 증권거래법 전면 개정

1977년 증권관리위원회와 증권감독원이 발족

1981년 한국 자본시장 자유화를 위한 4단계 조치를 발표

　한국 투자신탁과 대한투자신탁으로 하여금 각각 1,500만 달러씩 외국인 전용 수익증권 발매

1984년 자본금 6천만 달러 규모의 코리아 펀드가 뉴욕시장에 상장

1985년 삼성전자가 2천만 달러 규모의 해외전환사채를 룩셈부르크 시장에 상장

1988년 정부의 국민주 보급계획(주식 투자인구 확대에 기여)

1992년 외국인의 국내 주식투자 허용

1993년 금융실명제(금융거래 및 증권 투자의 투명성 제고)

1996년 파생증권 상품인 주가지수 선물거래 개설

1997년 주가지수 옵션거래

1996년 장외 자동매매 체결시스템 KOSDOQ 개설

2003년 외국인 보유 주식 규모 전체시장의 40% 돌파

2007년 기준 한국 내의 45개 국내 증권사

　　　　　16개의 외국 증권사

2) 투자신탁의 역사

1968년 비영리법인인 한국투자공사가 처음으로 증권 투자 신탁업을 영위

1969년 증권투자신탁업법 제정

1974년 한국투자신탁 설립

1977년 한국투자공사가 증권감독원과 대한투자신탁으로 분리

1982년 국민투자신탁 설립

1989년 지방경제 발전책의 일환으로 5개의 지방투자신탁회사 설립

　재경 3투신, 5대 지방투신의 8개 투신사 구조완성

1989년 주식 시장 부양 목적으로 정부가 7,692억 원을 그 당시 대한, 한국,
　　　　국민투신에 지원
1993년 금융실명제 실시(모든 금융거래 및 증권투자의 투명성 제고)
1990년 투자신탁운용제도가 도입되고부터 투자신탁회사가 31개 사로 증가
1995년 금융 제도 개편 "증권 관련 산업의 개편방안"을 발표, 관련법 개정
1996년 투자자문회사의 투자신탁운용회사로의 전환을 비롯하여 전업 투자
　　　　신탁회사의 설립을 자유화
1997년 외환위기 신세기 투자신탁회사 등 고려, 동서, 동방페레그린, 보람
　　　　등의 투자신탁운용회사가 퇴출
1998년 증권투자회사법 개정
1999년 증권투자신탁업법 개정 최저 자본금을 300억 원에서 100억 원으로
　　　　축소
2003년 여러 투자들의 흡수합명 및 매각 등을 거치면서 44개의 자산운용회
　　　　사 영업 중
2003년 간접투자자산운용업법 제정(2004년 1월부터 시행)

3. 펀드의 특징

펀드의 특징을 구체적으로 살펴보면 다음과 같다.

1) 일반 투자자의 소액의 자금을 모아 대규모로 운용하는 공동투자다.

펀드는 다수의 투자자에게서 자금을 모아서 대규모의 공동기금(fund)을 형
성하여 전문적 운용기관이 주식, 채권 등의 유가증권에 투자하고, 그에 따른
성과를 투자자에게 분배하는 간접투자 상품이다.

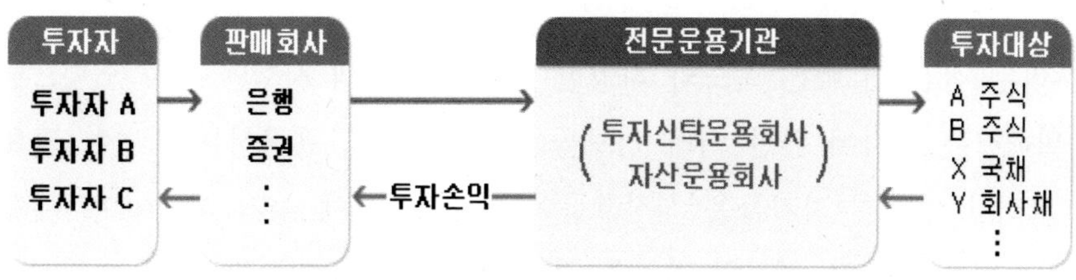

〈그림 9-1〉 펀드투자의 특징

〈그림 9-2〉 펀드투자의 운용과정

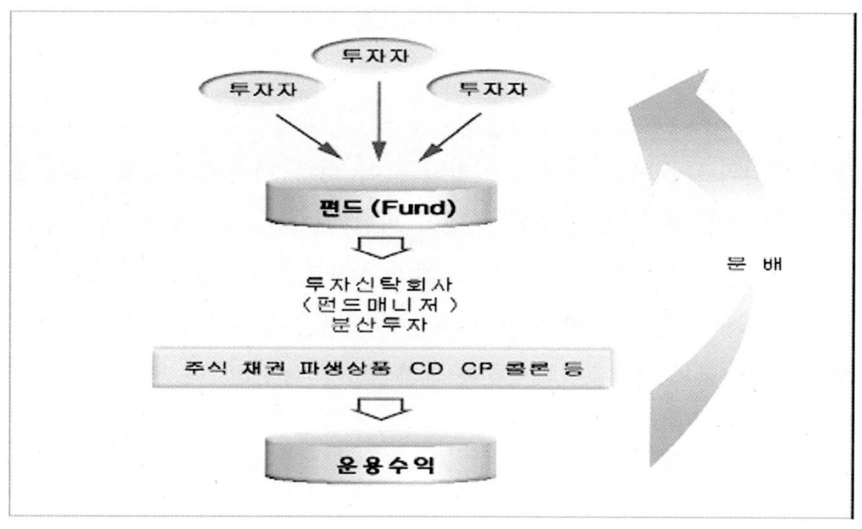

〈그림 9-3〉 펀드투자로 인한 수익분배

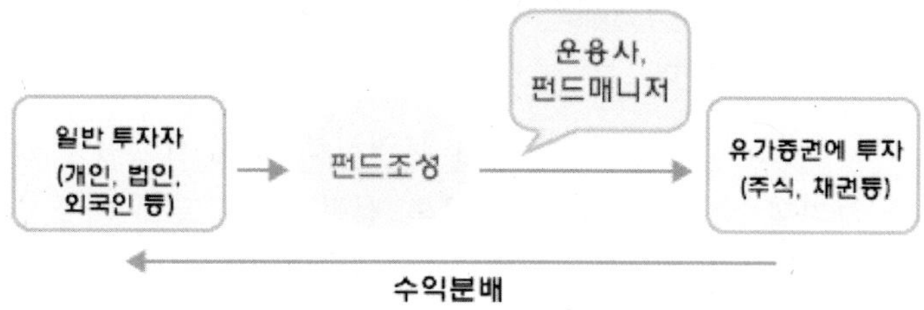

2) 펀드는 전문투자기관과 펀드매니저가 운용한다

우리는 점점 더 빠른 속도와 다양한 정보의 바다의 사회에 살고 있다. 투자를 위해서는 투자에 관한 여러 정보들을 수집, 분석, 운용하는 기법이 필요하다. 그러나 일반 투자가들은 시장흐름이나 투자정보에 늦기 마련이며, 체계적인 시스템을 갖추고 자신의 자산을 운용하기는 매우 어렵다. 펀드는 이런 일반 투자자들을 대신하여 풍부한 경험과 전문지식을 갖춘 펀드운용회사와 펀드매니저들이 투자를 대신해준다는 이점이 있다.

3) 여러 종목에 분산투자할 수 있다

우량 기업의 주식에 투자하고 싶지만 값이 너무 비싸서 엄두를 내지 못하는 경우가 많다. 또 시장의 주도 주들이 바뀔 때마다 그 대열에 끼어 투자이익을 얻고 싶은 때도 있다. 그러나 소액의 돈으로는 다양한 분산투자가 불가능하다. 소액의 자금이 모여 거액의 자금이 되면 운용대상, 운용기간 등을 다양화하여 포트폴리오를 구성함으로써 투자위험을 최소화하며 투자수익을 높일 수 있다.

4. 펀드가 주식투자와 다른 점

펀드투자는 펀드전문가가 대신 운용해주므로 투자자가 직접투자하기보다는 신경쓸 일이 적고 편리하다. 특히 초보자가 투자하는 것보다는 매우 안정적인 운용을 기대할 수 있다. 또 다수의 돈이 모이기 때문에 거액의 자금으로 여러 종목에 분산 투자할 수 있다. 주식은 물론 선물, 옵션 등의 파생상품에도 투자하고 회사채, 기업어음 등의 채권과 콜(금융기관끼리 주고받는 초단기성 자금: call) 등의 현금성 자산 등을 투자대상으로 편입한다.

결국 이러한 분산투자를 통해 투자위험을 줄일 수 있다. 예컨대 주가가 하락할 경우 주식투자 자산에서 손해를 입을 수 있지만 채권에 투자한 자산은 시장금리 수준의 이익을 보기 때문에 손해를 줄일 수 있다.

<표 9-1> 펀드투자(간접투자)와 주식투자(직접투자) 비교

구 분	펀 드 투 자	주 식 투 자
투자 자금	공동 거액 투자	개인 소액 투자
자산운용주체	증권, 투신, 은행 등 기관투자가	본인
투자결과에 대한 책임	투자자 본인	본인
투자 및 거래비용	신탁보수(각종운용 및 보관수수료), 중도 환매 시 환매수수료	위탁매매수수료, 거래세
포트폴리오	다수종목 분산투자	소수종목 집중투자
위험관리	체계적 위험관리	위험관리 취약
환금성	일정한 제약이 있음	상대적으로 자유로움

5. 펀드의 유형별 분류기준

최근 금융시장의 특징을 보면, 생존을 위한 구조조정으로 인수, 합병 및 전문화을 꾀하고 있으며, 금융기관의 겸업화로 기존의 증권사와 투신사 등에서만 이루어지는 것들이 은행에서도 거래되는 일명 방카슈랑스로 고객을 유치하기 위한 경쟁이 한층 더 뜨거워지고 있다.

펀드의 시장현황을 보면, 2007년 9월 기준으로 국내자산운용사의 펀드 총수탁고가 270조 원에 이르렀으며, 펀드유형별 판매를 보면, 채권형>MMF>혼합형>주식형>신종펀드 순으로 판매되었다. 펀드판매회사가 68개 사(증권41+은행21+보험 등6)로서 간접투자에 대한 관심증가와 다양한 신종펀드의 출현으로 시장에 활기를 불어넣고 있다. 또한 국내운용사의 해외투자펀드의 규모는 45조 이상으로서 계속 증가추세에 있으며, 특히 중국펀드의 고수익률 기록과 유가상승으로 인한 에너지주의 강세에 힘입어 인도, 브라질 및 러시아 등의 신흥국에 투자하는 브릭스(BRICs)지역 투자펀드들이 대안으로 떠오르고 있다.

구체적인 펀드의 분류기준을 살펴보면 다음과 같다.

(1) 펀드의 조직형태에 따른 분류: 수익증권펀드(계약형)와 뮤추얼펀드(회사형)
(2) 환매여부에 따른 분류: 개방형펀드와 폐쇄형펀드
(3) 추가설정 가능 여부에 따른 분류: 추가형펀드와 단위형펀드
(4) 판매하는 방식에 따른 분류: 매출식펀드와 모집식펀드
(5) 투자대상에 따른 분류: 주식형펀드, 채권형펀드, 혼합형펀드, MMF,
(6) 상품특성에 의한 구분: 인덱스펀드, 하이일드펀드, 기타펀드 등

1) 펀드의 조직형태에 따른 분류

펀드의 조직형태상의 분류에는 수익증권펀드와 뮤추얼펀드로 나눌 수 있다. 수익증권펀드(계약형)란 투자신탁의 법적인 조직형태가 신탁계약으로 이루어지기 때문에 붙여진 이름이다. 즉 투자신탁회사와 투자자가 자산 위탁 관리에 대해 맺은 계약에 따라 관리 운영되는 투자신탁이라 할 수 있다.

이에 비해 뮤추얼펀드(회사형)란 투자자를 대상으로 주식을 발행해서 유가증권투자를 목적으로 증권투자회사를 설립한 후 여기에서 모집한 자금을 전문적인 자산운용회사에 운용을 맡겨 관리 운영하는 투자신탁을 말한다. 따라서 투자자는 주주가 되고, 그 운용 수익은 배당금으로 분배되는 것이다. 구체적으로 표현하면 다음과 같다.

(1) 수익증권(계약형)

투자운용을 담당하는 위탁회사(투자신탁회사, 자산운용사)와 신탁재산을 보관 관리하는 수탁회사(은행) 간에 체결된 신탁계약을 바탕으로 발행된 수익증권을 판매대행회사(은행, 증권회사, 투자신탁회사 등)를 통하여 일반 투자자들에게 판매하여 일반투자자들이 간접투자하게 하는 상품이다.

<그림 9-4> 수익증권펀드의 구조

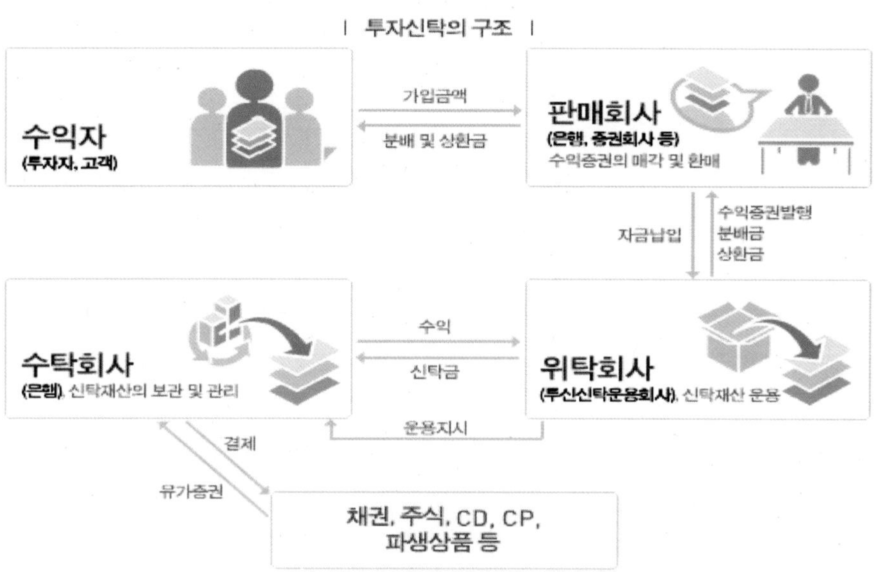

(2) 뮤추얼펀드(회사형)

회사형 투자신탁은 펀드가 하나의 증권투자회사의 형태를 이루는 것을 말한다. 증권투자회사가 발행하는 주식을 투자자가 구입함으로써 투자자는 주주가 되고, 증권투자회사의 자본금은 자산운용회사가 그 증권투자회사와의 계약에 의해 운용해 주는 형식을 말한다.

〈그림 9-5〉 뮤추얼펀드의 구조

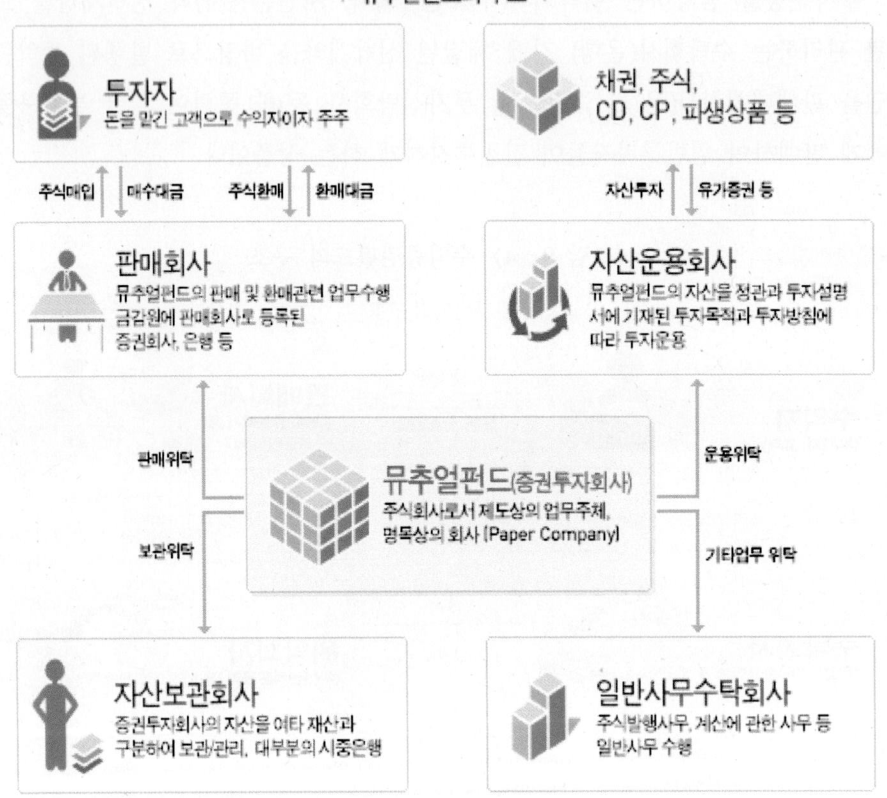

〈표 9-2〉 수익증권펀드와 뮤추얼펀드의 비교

구 분	수익성 증권펀드	뮤추얼펀드
설립근거법	증권투자신탁업법	증권투자회사법
설립형태	당사자 간의 신탁계약	법인형태의 주식회사
투자자의 법적지위	수익자	주주
발행증권	수익증권	주식
펀드의 운용	투자신탁회사, 투자신탁운용회사	자산운용회사, 투자신탁운용회사
판매회사	투자신탁회사, 증권회사, 은행	투자신탁회사, 증권회사, 은행, 자산운용회사
환매방법	투자자가 판매회사를 통해 투신사에 환매청구(펀드자산매각을 통해 자금 마련 후 지급)	① 폐쇄형은 만기 전까지 주식시장에서 주식을 매도해 투자자금 회수 ② 개방형의 경우 투자자가 판매회사를 통해 펀드에 대해 주식을 매도(감자를 통해 자금 마련 후 지급)
통제제도	감독기관의 감독	주주의 자율규제(주주총회 등) 강조 보완적인 감독기관의 감독
환금성	비교적 자유로움	제한적
최소 투자금액	제한 없음	100~300만 원
운용규정	투자신탁약관	회사정관

 수익증권과 뮤추얼펀드는 유가증권에 투자하여 얻은 수익을 배분하여 준다는 점에서는 차이가 없지만, 뮤추얼펀드는 하나의 회사를 이루고 투자자는 회사의 주식을 매수하는 개념이라는 차이점이 있다. 수익증권과 뮤추얼펀드는 펀드매니저의 개인적 역량에 크게 좌우되므로 사항이므로 어느 쪽이 유리하다고 판단하기는 어려움이 있다.

2) 환매여부에 따른 분류

가입한 펀드가 중도에 환매가 가능한지의 여부에 따라 개방형과 폐쇄형으로 나누어진다. 개방형펀드와 폐쇄형펀드는 각각 추가형펀드와 단위형펀드라고도 한다.

개방형은 중도 환매가 가능해 펀드자금의 입출금이 자유로운 형태이며, 운용에 들어간 이후라도 추가로 투자자금을 예치할 수 있는 펀드를 말한다.

폐쇄형펀드는 처음 모집 당시에만 자금을 예치할 수 있는 펀드를 말하며 중도에 환매가 불가능해 한번 가입하면 만기 시까지 돈을 빼내지 못한다. 즉 폐쇄형펀드는 모집기간이 지나면 가입하고 싶어도 가입할 수 없으나, 개방형은 모집기간이 지나도 언제든지 새로 가입하거나 탈퇴할 수 있다. 따라서 폐쇄형은 처음 조성된 신탁재산에 변동이 없는 데 반하여, 개방형은 수요에 따라 펀드 규모가 더 커질 수도 있고 작아질 수도 있다.

3) 추가설정 여부에 따른 분류

추가설정 여부에 따른 분류에는 추가형펀드와 단위형펀드로 나눌 수 있다. 펀드가 만들어진 후에도 계속해서 수익증권을 만들어 투자자에게 판매하는 것을 추가설정이라고 하는데, 이러한 추가설정이 가능한 펀드를 추가형펀드라고 하고, 그렇지 못한 펀드를 단위형펀드라고 한다. 따라서 단위형의 경우는 한번 펀드가 만들어지면 그 이후에 추가적으로 투자자에게 판매할 수 없다.

4) 판매하는 방식에 따른 분류

판매하는 방식에 따른 분류에는 매출식펀드와 모집식펀드가 있다. 매출식펀드는 자산운용사의 돈으로 펀드를 미리 만들어 놓고 이를 투자자에게 판매하는 방식을 말하는데, 가장 흔한 형태의 판매방식이다. 반면에 모집식펀드는 앞으로 만들게 될 펀드상품에 대한 특성과 장·단점을 미리 투자자에게 설명하고, 투자자들의 판단에 따라 모집된 자금을 바탕으로 만드는 펀드를 말한다.

5) 투자대상에 따른 분류

펀드는 투자대상에 따라 크게 주식형(대형주-중소형주, 가치주-성장주), 채권형(국공채, 회사채, 하이일드, 잔존만기가 단기, 중기, 장기인 채권), 혼합형, MMF[50)]로 분류한다.

<표 9-3> 투자대상에 따른 분류

주식형	약관상 주식 및 주가지수선물, 옵션에의 최저 투자비율이 신탁재산의 60% 이상인 펀드
채권형	주식에는 투자하지 않고, 약관상 채권 및 금리선물에의 최저 투자비율이 신탁재산의 60% 이상인 펀드
혼합형	채권(금리선물포함)+주식(주가지수선물, 옵션)≥20% 이상 채권 및 금리선물에의 투자 < 60% 주식 및 주가지수선물, 옵션 < 60%
주식혼합형	혼합형 펀드 중 주식에의 최고 편입비율이 50% 이상
채권혼합형	혼합형 펀드 중 주식에의 최고 편입비율이 50% 미만
MMF	유가증권의 운용비율 등에 제한이 없고, 자산을 주로 단기성자산(call loan, CP, CD 등)으로 운용하는 펀드

---

50) "Money Market Funds"의 약자로 투자신탁회사가 고객의 돈을 모아 단기금융상품에 투자하여 수익을 얻는 초단기금융상품이다. 1996년 9월부터 허용되어 가입금액에 제한이 없어 소액투자자에게 많은 인기를 얻고 있다.

이와는 별도로 유가증권의 편입비율에 따라 크게 주식형과 공사채형으로 분류할 수 있다.

주식형과 공사채형의 구분은 주식의 편입여부에 따라 달라지는데 주식이 조금이라도 포함돼 있다면 주식형 펀드로 분류한다. 주식을 제외한 채권과 유동성 자산에만 투자하면 공사채형 펀드로 본다.

물론 주식형 펀드라고 해서 주식에만 투자하는 것은 아니다. 회사채, 국공채나 기업어음(CP) 등 채권상품에도 투자할 수 있다. 주식형은 주식 편입비율에 따라 안정형, 안정성장형, 성장형 등으로 구분된다. 공사채형의 경우 투자기간에 따라 MMF, 단기형, 중기형, 장기형으로 나누어진다.

(1) 주식형 펀드

주식편입비율에 따라 펀드유형을 분류한다. 즉 주식투자가능비율에 따른 구분이다. 약관상의 주식편입비율에 따라 안정형, 안정성장형, 성장형, 자산배분형, 파생상품형 등으로 구분한다. 성장형의 경우는 다시 주식편입비율 70~79%형, 80~89%형, 90% 이상형으로 나눈다.

(2) 공사채형 펀드

환매수수료의 체제에 따라 펀드유형을 분류한다. 즉 펀드에 투자 시 투자예치가능 기간별로 구분하는 방식이다. 운용기간에 따라 초단기형, MMF형, 단기형, 중기형, 장기형, 2년 이상형, 분리과세형 등으로 나눌 수 있다.

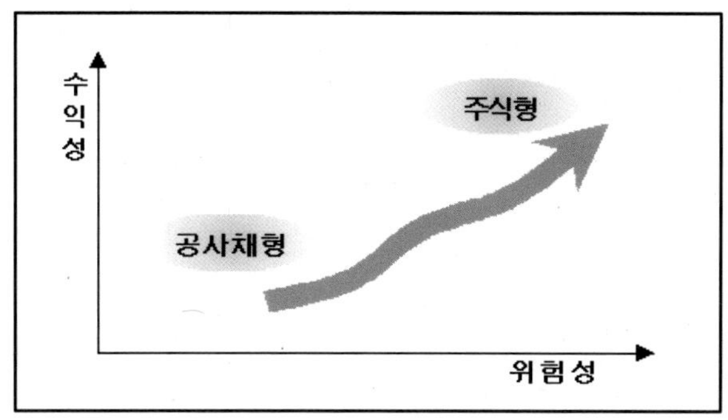

〈그림 9-6〉 주식형과 공사채형펀드의 위험과 수익성

위의 <그림 9-6>에서 보는 바와 같이, 주식형펀드의 경우에는 위험성이 높은 대신 수익성이 크며, 공사채형펀드의 경우에는 위험성이 낮은 대신 수익성이 적다는 특성을 갖고 있다.

6) 펀드상품 특성에 의한 분류

펀드상품의 특성에 따라 다음과 같이 분류할 수 있다.

(1) 목표달성형 펀드

일정 수익을 달성한 이후 펀드가 해지되거나 투자유가증권을 달리하여 운용하는 펀드상품이다.

(2) 전환형 펀드(카멜레온형 펀드)

2개의 펀드 간 전환이 가능한 상품을 말한다.

(3) 엄브렐러형 펀드

3개 이상의 다수의 펀드 간에 전환이 가능한 상품이다.

(4) 원금보전형 펀드

위탁회사 등이 투자원금의 손실을 보전하는 형태의 상품이다.

(5) 자사주취득형 펀드(자사주펀드)

약관상 주로 수익자인 법인이 발행한 주식을 취득하는 것을 목적으로 하는 상품
이다.

(6) 지수연동형 펀드(인덱스형 펀드)

주가지수 등 지수와 연계된 운용전략을 하는 상품을 말한다.

(7) 고수익추구형 펀드

고수익, 고위험 유가증권에 자산의 일정비율을 투자하는 상품(하이일드, 후
순위채권)이다.

(8) 특정테마형 펀드

특정유가증권에 투자를 집중하는 형태의 상품(국공채형, 특정업종선택형, 벤
쳐주식형 등)을 말한다.

(9) 외수펀드(외국인전용수익증권펀드)

수익자가 외국인인 경우로 제한되는 상품이다.

6. 펀드의 분류 기준에 따른 종류

펀드의 종류를 보면, 현재 우리나라에는 약 1만 5000개 이상의 각종 펀드가 있는데, 그중 몇 가지를 살펴보면 다음과 같다.

1) 적립식 펀드

고객이 선택한 펀드에 일정 기간과 일정액을 적립하는 것으로, 요즘 선풍적인 인기를 끌고 있다.

2) 거치식펀드

큰 액수의 자금을 일정 기간 동안 거치해 두는 것으로, 펀드를 사서 1년이면 1년, 2년이면 2년 동안 그대로 두는 것이며, 일정 기간 동안에 팔 수가 없다. 그러나 일정 기간 동안에 큰 액수의 돈으로 묶여 있는 만큼 적립식 펀드보다 목돈을 만들기 쉽다.

3) 배당주펀드

혼합형 펀드의 일종으로, 배당수익률이 높은 종목에 집중적으로 투자하는 펀드이다.

4) 뮤추얼펀드

유가증권 투자를 목적으로 한 회사의 주식을 투자자가 갖는 형태로, 투자자는 수익자인 동시에 주주가 된다. 뮤추얼펀드를 이해하기 위해서는 투자신탁에 대한 이해가 선행되어야 한다. 투자신탁이란 기존의 투자회사가 일반투자자를 대신하여 투자해주고 수수료를 얻는 반면에, 뮤추얼펀드는 투자자가 돈을 모아서 아예 투자회사를 만드는 것이다. 즉 뮤추얼펀드는 펀드가 아니라 일종의 회사라고 생각하면 된다. 이것 역시 전문투자가에게 투자를 위탁하고 펀드투자자들에게는 해당 펀드의 주식을 나누어 주는 것이다. 만약 새로 세운 뮤추얼펀드가 주식투자를 잘하면 주가가 올라가고, 펀드투자자는 주식을 타인에게 팔아서 돈을 벌게 되는 것이다.

5) 헤지펀드(hedge fund)

헤지펀드란 국제금융시장이 급성장하고 글로벌시대로 접어듦에 따라 투자위험대비 높은 수익을 추구하는 적극적 투자 자본을 말한다. 투자지역이나 투자대상 등 당국의 규제를 받지 않고 고수익을 노리지만 투자위험이 높은 투기성 자본이다.

"헤지"란 본래 위험을 회피하여 분산시킨다는 의미지만, 헤지펀드는 위험회피보다는 투기적인 성격이 더 강하다. 헤지펀드는 파생금융상품을 교묘하게 조합해서 도박성이 큰 신종상품에 투자하는 것이다. 여기서의 헤지는 각종 규제와 세금으로부터의 도망을 뜻하여, 국제금융시장을 교란시키는 하나의 요인으로도 지적되고 있다.

6) 벌처펀드

벌처펀드는 부실기업이나 부실채권에 투자하여 수익을 올리는 펀드를 말한다. 즉 저평가된 유가증권이나 부동산을 싼 가격에 매입하기 위해 운용하는 투자기금을 의미하는 것으로, 이것은 상대적으로 위험이 높지만 잠재적으로 큰 이익을 제공한다. 이 기금의 성과는 수익성이 있는 투자 안으로 바뀔 수 있는 저평가된 부동산을 가려내고 매입하는 기금관리자의 능력에 달려 있다.

(1) '벌처'란 용어의 유래

벌처(vulture)란 사전적 의미로 독수리나 콘돌과 같은 썩은 고기를 찾아다니는 큰새를 뜻한다.

(2) 벌처펀드의 의미

벌처펀드란 증권시장에서는 유망한 부실기업이나 부실채권에 투자해 수익을 올리는 자금이나 투자자라는 의미로 쓰인다.

(3) 투자방법

상장 또는 코스닥 상장기업 가운데 법정관리나 화의, 워크아웃 기업, 자금경색으로 부도가 날 가능성이 큰 기업들을 대상으로 투자회사를 선정해 금융기관의 채권을 출자로 전환하는 방식으로 투자한 후, 기업을 정상화시켜 수익을 극대화하는 고수익, 고위험 상품이다.

7) 매칭펀드

위탁자가 국내 투자자들과 외국 투자자들을 대상으로 수익증권을 발행하여, 판매된 투자자금으로 국내증권과 해외증권에 동시에 투자하는 펀드이다. 즉 투자신탁회사를 통한 간접적인 방법에 의해 외국 투자자들에게는 국내증권투자를, 국내 투자자들에게는 해외 유가증권에 대한 간접투자의 기회를 부여하는 펀드를 말한다.

8) 벤처펀드

벤처기업에 대한 투자를 목적으로 창업투자회사에서 결성하는 펀드로, 벤처(venture)란 사전적 의미는 모험 또는 사업을 뜻하는 말이다. 투자방법은 설립초기 단계에 있는 벤처기업의 주식이나 전환사채를 인수하는 방법으로 자금을 투입시킨다. 그리고 벤처기업에 대한 지속적인 사후관리를 통하여 회사가치를 극대화한 후 코스닥이나 유가증권시장에 상장시켜 주식의 매매차익을 실현하는 투자방법이다.

9) 카멜레온펀드(전환형펀드)

수수료 없이 주식형 펀드에서 공사채형펀드로 공사채형펀드에서 주식형 펀드로 돌릴 수 있는 상품을 말한다. 주변 환경에 따라 색을 자유자재로 바꾸는 카멜레온과 같다고 붙여진 이름이다. 카멜레온펀드는 일정한 목표수익률을 달성하면 공사채로 자동 전환되는 상품이 있고, 고객이 원할 때 공사채형으로 전환할 수 있는 상품도 있다. 물론 이 펀드들은 공사채형펀드로 먼저 가입했다가 주식시장의 동향을 살펴서, 중도에 주식형 펀드로 전환할 수 있다. 단, 전환할 수 있는 회수는 제한을 둔다. 주식시장 침체기에는 채권형으로 운용하고 회복세로 들어설 때는 주식형으로 전환하면 최고의 수익을 얻을 수 있다.

전환시기의 선택이 중요한데, 상품에 따라 펀드매니저가 전환 시기를 결정하기도 하고 고객 스스로가 전환을 선택하기도 한다.

10) 인덱스펀드

인덱스펀드란 주식투자 수익을 시장평균수익률에 접근시키려는 투자기법이다. 즉 장기적인 투자에서 주식투자가 시장평균수익률을 상회할 수 없다는 가정에서 임의로 자산운용에 편리한 지수를 개발하고 지수에 따른 종목별 비중에 따라 분산투자를 하는 방법이다.

11) 코리아펀드

한국증권시장에서 투자활동을 할 수 있는 외국인들의 수익증권이다. 국가 밖에서 운영하는 일종의 역외펀드로서, 1984년 7월에 설립되었으며, 초기자본은 6,000만 달러였으나, 86년 5월 4,000만 달러를 증자하여 자본금을 1억 달러로 늘렸다. 미국에서 자금을 모아 설립한 기금으로 한국 상장기업 주식을 매매하여 차익과 배당소득을 취득해 투자자에게 분배해 주는 제도이다. 외국인 전용 수익증권의 운용은 한국의 투신사가 맡고 있으나, 코리어펀드는 미국 측 관리회사가 직접 운용한다.

12) 해외투자펀드

국내 투자자를 대상으로 수익증권을 발매하여 조성한 자금으로 주로 해외증권시장에 상장된 유가증권에 투자, 운용하는 국제투자신탁이다. 내국인 투자자에게 해외유가증권에 대한 간접투자의 기회를 부여하는 것으로 예를 들면, 미국펀드, 중국펀드, 인도펀드, 일본펀드 등 현재 국내에서 판매된 해외펀드는 540여 개 정도가 있으며, 지역별로 보면 다음과 같다.

〈표 9-4〉 지역별 해외투자펀드

지역별펀드	국 가
글로벌펀드	전세계 증시
북미펀드	미국 등
중남미	브라질, 멕시코 등
서유럽	영국, 프랑스 등
독립국가연합	러시아, 우크라이나 등 옛 소련 12개국
동남아	베트남, 말레이시아 등
아시아	중국, 일본 등

13) 기타펀드

하이일드펀드(high-yield fund), 후순위채펀드(collateralized bond obligation fund: CBO), 코스닥펀드(KOSDAQ fund), 엄브렐러펀드(umbrella fund), 사모인수펀드(private equity fund: PEF), 클린펀드(clean fund) 등이 있다.

이상으로 펀드의 분류기준에 따른 종류를 살펴보았으나, 실제로 펀드의 종류는 굉장히 많으므로 다 파악하는 것은 힘들다. 최근 들어 다양한 특성을 혼합한 여러 형태의 펀드가 쏟아져 나오고 있는데, 펀드의 개념을 잘 이해하면 여러 가지를 응용하는 데 큰 불편함은 없을 것이다.

7. 펀드투자에 따른 위험(risk)과 수익(return)

펀드투자 상품은 예금자 보호 대상이 아니다. 따라서 투자손실로 원금을 손해 볼 경우 그에 대한 책임은 전적으로 투자자에게 있다. 그러나 이러한 고위험의 이면에는 고수익이라는 매력이 숨어 있기도 하다.

펀드에 투자할 때는 원금이 보장되지 않으므로 투자자 스스로가 투자위험에 적극적으로 대비해야 하며, 이를 위해서는 펀드상품의 특성과 위험요소를 사전에 철저히 파악해야 한다.

1) 투자 위험

투자자가 펀드에 가입하는 즉시 여러 가지 위험(risk)에 노출된다. 주식시장의 등락에 따라 투자의 가치가 다르게 되며, 투자자의 손익도 시시각각 변하게 된다. 이러한 위험에는 이자율 위험, 투자원금에 대한 손실 위험, 시장위험, 종목별 투자위험, 유동성 위험, 환율변동에 따른 위험, 정치적 상황에 따른 위험 등이 있다.

예를 들면, 이자율이 상승하면 주식에 투자했던 자금들이 채권시장으로 이동하고, 이에 따라 주식에 투자한 펀드의 가치도 떨어진다. 이를 이자율위험이라고 한다.

(1) 투자원금에 대한 손실위험

펀드는 실적배당상품으로 투자에 대한 원리금 전액이 보장되지 않는다.

따라서 투자원금의 전부 또는 일부에 대한 손실의 위험이 항상 존재한다. 이때 투자액의 손실 위험은 전적으로 투자자가 부담하며, 위탁회사나 판매회사 등 어떤 당사자도 투자손실에 대하여 책임을 지지 않는다.

(2) 시장위험 및 종목별 투자위험

신탁재산을 주식, 채권 및 파생상품에 투자함으로써 회사는 유가증권의 가격변동, 이자율 등 기타 거시경제지표의 변화에 따른 위험에 노출된다.

또한, 신탁재산의 가치는 투자대상종목 발행회사의 경영성과, 재무상태 및 신용상태에 따라 급격히 변동될 수 있다.

(3) 유동성위험

투자자가 원할 때 바로 환매가 가능해야 되지만, 투자자금을 되찾을 수 없는 경우와 시장에서 보유증권이 잘 안 팔릴 경우에는 유동성 위험이 생긴다.

(4) 환율변동에 따른 위험

환율의 변동에 따른 통화가치 등락의 위험 즉, 외국통화에 대한 원화 가치의 상승으로 인해 해외 투자자산의 투자수익이 감소될 수 있는 가능성이 있다.

(5) 정치적 상황에 따른 위험

해당 투자국의 정치적 상황 변화에 따른 위험 등이 있다.

2) 결산 수익 배당금과 투자 상환금

펀드에 투자함으로써 얻는 수익과 상환금은 다음과 같다.

(1) 펀드는 주식과 채권, CP 등에 투자하여 이에 대한 투자성과를 배당금과 이자수익 등으로 얻는다. 또 주식이나 채권의 매매차익도 획득한다.
(2) 수익증권 펀드의 경우 이러한 운용성과를 대개 1년에 한 번 결산해 다시 투자자에게 분배되는데 이를 결산배당금이라고 한다. 이는 자동적으로 재투자되며 투자자의 수익증권 좌수가 늘게 된다.
(3) 상환 기한이 된 펀드는 상환일에 펀드의 재산을 모두 청산하여 상환금

을 투자자에게 분배한다.

3) 매매차익을 통한 수익 획득

펀드에 투자함으로써 얻는 수익의 또 하나의 방법은 펀드의 수익증권[51]을 매매함으로써 차익을 얻는 것이다. 펀드는 가격변동이 있는 유가증권에 투자하기 때문에 수익증권의 가격도 변동한다. 이를 이용하여 매매차익을 획득할 수 있다.

8. 펀드 수익

펀드는 다수의 투자자로부터 모집한 자금을 여러 가지 유가증권에 투자한 다음 얻은 수익을 전부 투자자에게 되돌려준다. 사전에 일정한 수익률을 돌려주겠다고 약속하지 않는 이유가 여기에 있는 것이다. 이런 펀드에서 발생하는 수익은 이자수익, 배당수익, 매매차익 등 다양한 종류가 있다.

1) 펀드 수익의 종류

(1) 이자수익 - 펀드에서 보유한 채권에서 발생하는 이자수익을 말한다.
(2) 배당수익 - 펀드 내에 있는 주식이 결산을 맞이하여 배당을 주게 되면 얻는 수익을 말한다.
(3) 매매차익 - 주식과 채권을 매수한 이후 가격이 올랐을 때 매도하여 생기는 차익을 말한다.

---

51) 펀드의 소유권을 의미하는 증권이다.

〈알아 둡시다〉

1. 펀드의 수익률

펀드의 수익률은 기준가격의 상승률로 계산한다. 수익률은 원칙적으로 투자신탁 자금을 결산할 때 지급되는 이익분배금 분배율로 계산하지만, 펀드의 경우에 기준가격의 상승률로 하는 이유는 수익자별로 수익증권의 매입시점과 환매시점이 다르기 때문이다.

2. 펀드의 투자과정

(1) 영업점방문 및 인터넷뱅킹가입－(2) 투자성향 분석 및 투자 상품의 선택－(3) 투자 상품 종합통장 개설－(4) 투자 상품 매입신청－(5) 계좌개설기관 홈페이지 접속

2) 펀드매니저(fund manager)란?

펀드매니저란 투자신탁회사, 투자자문회사, 은행, 보험사 등에서 자산을 전문적으로 운영하는 전문가를 말한다.

펀드매니저는 전문지식에 근거한 판단을 바탕으로 자산을 운영한다. 대규모로 조성된 펀드자금을 끌어 모아 그 거액의 자금을 직접 관리하여 주식, 채권 등에 투자하여 수익을 실현하는 것이 이들의 임무이다.

펀드는 손실위험 회피를 위해 일반적으로 주식, 채권, 파생금융상품, 현금 등으로 나누어 운용된다. 주식은 주식펀드매니저가 담당하고, 채권은 펀드매니저가 담당해서 각자의 주식과 채권을 사고파는 것이다. 특히, 주식은 가격변동 폭이 심하여 고도의 숙련된 기술이 요구된다. 펀드매니저라고 하면 주식투자 전문가를 떠올리는 것도 이 때문이다. 펀드매니저는 몇 년 전만 해도 전문

직이 아니라 투자신탁회사의 부서 중의 하나인 주식운용 부서에 근무하는 사원에 불과했다. 그러나 1990년대 후반 들어 자금이 간접투자시장으로 대거 유입되면서 대규모자금을 운용할 수 있는 전문가가 필요하게 되었다. 요즘에는 자신의 이름과 명예를 걸고 자금을 모집하는 프로급 매니저들이 증가하면서 그 위상이 크게 높아지고 있다.

3) 펀드매니저의 자금운용상황

펀드매니저는 자금사정 및 주식시장의 변동에 따라 포트폴리오(투자자산의 분산구성: portfolio)를 조정하여 항상 최대한의 이익을 얻도록 투자계획을 세운다. 이 모두가 펀드매니저 책임하에 진행되기 때문에 투자자는 펀드매니저를 잘 만나야 한다. 수익증권의 투자대상은 주식과 채권이다. 주식시장이 활황을 보일 것으로 예상되면 주식투자비중이 높은 주식형 수익증권(주식은 위험이 큰 만큼 투자수익이 채권에 비해 높으며, 주식형 수익증권의 판매를 통해 모인 자금이 주식형 펀드가 된다), 그 반대일 경우에는 주식에 비해 위험이 작은 대신 투자수익이 상대적으로 낮은 공사채형 수익증권에 투자하는 것이 유리하다. 고객들로부터 모은 자금은 거액의 펀드 단위로 운용되며, 일정한 금액이 모이면 펀드의 모집은 마감된다. 따라서 운영되는 펀드별로 수익률은 각각 다르며, 펀드의 투자대상과 펀드를 운용하는 펀드매니저의 능력에 따라 수익률에 차이가 생긴다. 펀드매니저들은 한 사람이 몇 개의 펀드를 운용하기도 하고, 하나의 펀드에 여러 명의 펀드매니저들이 팀별 형태로 참여하기도 한다.

펀드별로 일주일 만에 몇십억 원의 이익을 볼 수도 있고, 반대로 몇십억 원의 손실을 볼 수도 있다. 수천억 원에 이르는 펀드가 펀드매니저들의 손에 의해 운용되는 것이다.

4) 펀드매니저가 되는 방법

펀드매니저가 되려면 우선 자산운용협회에서 주관하는 일반운용자문인력(RFM) 시험을 봐서 자격증을 취득하는 방법이 있다. 일반운용전문인력(Registered Fund Manager)이란 신탁재산, 고유재산 및 투자자문계약 재산 등의 투자, 운용과 관련된 업무에 종사하는 인력으로서, 자산운용사(5인 이상) 및 투자자문사(2인 내지 4인 이상) 등은 반드시 일정 수 이상의 일반운용전문인력을 확보하도록 법제화되어 있다. 이 자격시험은 정부가 아닌 관련 민간단체에서 자체적으로 주관하기 때문에 자격증 취득이 증권업계로의 전직이나 취직으로 직결되지는 않는다. 시험방법은 2교시에 걸쳐 실시되는데 1교시(100분) 시험은 투자분석(30분항: 10점), 윤리(20문항: 10점), 법규(20문항: 10점) 과목으로 치러진다. 또한 2교시(100분) 시험은 투자와 리스크(30문항: 15점), 운용 및 전략(35문항: 35점)으로 구성되어 있다. 시험의 합격자는 100점 만점을 기준으로 하여 과목별 40점 이상을 득점한 자중에서 총점 70점 이상을 득점한 자로 한다. 펀드매니저가 되기 위해서는 자산운용관련연수(펀드매니저과정 등)를 이수하는 것이 좋으며, 금융기관이나 투자신탁회사 등에 입사하는 것이 가장 빠른 길이다.

투자신탁의 경우 대리급 직원 중에서 시험과 면접을 통하여 선발하거나, 주식운용부나 채권운용부로 발령을 받아 펀드매니저 업무를 보기도 한다. 은행이나 증권회사의 경우는 주식운용부나 상품운용부로 부서를 배치받으면 펀드매니저로서 성장할 수 있는 기회를 가질 수 있다. 일단 펀드관련 운용업무를 담당하면 보직이동을 거의하지 않고 한 부서에서 장기간 근무하면서 전문성을 키우게 된다. 펀드매니저로서의 명성을 얻게 되면 기업체 강사로 활동하기도 한다.

투자신탁, 은행, 증권회사 등 금융기관에의 입사는 공채 또는 학교추천에 의한 특별채용의 형태로 이루어진다. 학교추천일 경우 대체로 경영, 경제 등의 상경계열과 법정계열로 한정하여 추천을 받고 있으며, 공채시험일 경우 전공에 대한 제한은 특별히 없는 편이다.

정식 펀드매니저가 되기까지는 부단한 자기개발과 노력이 필요하다. 국제경기흐름은 물론 정치의 흐름과 기업의 작은 정보에도 민감하게 파악해야 하며, 또한 증시변화에 따른 판단력과 의사결정력이 매우 중요하다. 또한 불특정 다수의 투자자로부터 자금을 모아 최소한의 위험으로 최대한의 이익을 올려서 다시 고객에게 돌려주는 등 일 자체가 펀드매니저의 능력이 그대로 드러나기 때문에 도전적이고 자아 성취감이 강한 사람에게 적합한 직업이라 하겠다.

펀드매니저가 갖춰야 될 조건은 판단력, 순발력, 분별력이 강해야 한다. 강한 체력과 승부욕도 필요하다. 하루 종일 긴장 상태이기 때문에 업무수명이 대체로 짧아서 40대를 넘으면 전문가로서의 업무수행을 하기보다는 관리자로서의 길을 가게 된다.

5) 펀드 매니저의 직업전망

금융시장 개방과 합작회사 및 외국 증권사의 국내 진출의 증가, 해외 진출 증가 등 글로벌시대와 더불어 종전처럼 주식시황에 의존하던 경영을 탈피하여, 고도의 투자기법 개발과 선물, 옵션 등 파생상품의 개발과 사업영역 확대로 수익을 다각화하는 선진경영을 통해 향후 승권시장 발전과 함께 펀드매니저와 투자분석가에 대한 수요는 지속적으로 확대될 것으로 전망된다. 금융실명제의 실시로 주식시장에서는 과학적 분석방법에 의한 투자방법이 자리를 잡아가고 있다. 이에 따라 투자신탁회사나 증권회사 등 기관투자가들의 비중이 높아져 가고 있다. 전문성과 경험을 두루 갖춘 기관투자가에게 자금을 맡겨 투자를 대행함으로써 수익을 올리는 간접투자가 더욱 활발해질 것을 예상해 볼 때, 펀드운용의 책임을 지는 펀드매니저의 위상은 더욱 높아질 것으로 보인다.

앞으로도 경기변동에 따른 금리의 등락과 투자환경의 급격한 변화는 일반 투자자들의 투자전략을 많이 바꿔놓을 것이다. 즉 직접투자는 위험성이 높고 다양한 상품을 다룰 능력이 없기 때문에 본인의 직접투자보다는 펀드매니저들을 이용한 간접투자가 늘어날 것이다. 따라서 투자자들도 어느 펀드가 고수익을 올리고 어느 펀드매니저가 운용실적이 가장 좋은지를 판단하여 가장 실적이 좋은 펀드매니저들에게 몰리게 될 것이다. 또한 투신운용사, 투자자문사는 물론 은행들도 뮤추얼펀드를 대거 운용할 예정이어서 이들 기관에 대한 펀드매니저의 수요도 앞으로 점점 더 증가할 것으로 예상된다.

6) 재테크를 위한 좋은 펀드를 고르는 요령

(1) 자신의 투자성향에 따라 펀드를 선택한다

자신의 투자성향이 공격적인지, 보수적인지 등을 사전에 먼저 알아두는 것이 좋으며, 개인별 선호하는 투자성향에 따라 알맞은 펀드를 선택한다.

(2) 투자위험을 고려해야 한다.

주식시장이나 채권시장은 매일 가격변동이 있기 때문에 이에 따라 펀드도 마찬가지로 변동성이 있다. 가격 변화를 예측할 수 있는 지표로는 주식형 펀드의 경우 베타(β)를 확인하고, 채권형펀드의 경우 듀레이션(duration)[52]을 확인하면 된다. 베타는 주식시장의 위험을 1로 보고, 그 펀드의 상대적 위험을 수치로 나타내는데, 만약 펀드의 $\beta = 1$이면 주식시장과 펀드의 가치는 똑같이 움직인다고 할 수 있다. $1 < \beta$이면 시장의 위험 이상으로 움직여서 주가지수가 상승할 때 펀드수익률이 더 많이 올라가고, 주가지수가 떨어질 때는 펀드수익

---

52) 채권에 투자된 원금을 회수하는 데 소요되는 기간을 말한다.

률이 더 많이 떨어지는 경우를 말한다. 1>β이면 주식시장의 위험보다 적게 움직인다는 뜻이다. 채권형펀드인 경우 듀레이션(duration)이 길면 채권수익률 변동에 따른 가격변동이 커진다.

(3) 펀드의 과거실적을 잘 살펴봐야 한다

투자대상 펀드를 살필 때 가장 주의해야 할 점은 같은 유형의 펀드와 비교하여, 단기적인 성과보다는 3년 정도의 실적 추이를 살피는 것이 좋다. 성장형 펀드는 성장형 펀드와 비교하고, 혼합형 펀드는 혼합형 펀드와 비교하는 것이 좋으며, 이때 단순히 수익률만을 비교하기보다는 위험을 함께 고려하는 것이 좋다고 본다.

(4) 펀드의 조성규모도 고려해야 한다

펀드는 다수의 종목에 투자를 함으로써 비체계적인 위험을 제거하는 분산투자의 효과를 높이는 것이다. 모든 것이 동일한 경우에 펀드의 규모는 클수록 좋다. 그러나 특정 운용전략을 가진 펀드는 규모가 커질수록 오히려 수익이 감소될 수 있다.

예를 들면, 차익거래 펀드의 경우는 규모가 너무 크면 차익거래에서 얻는 수익이 줄 수 있다. 차익거래란 현물과 선물 등의 대상 자산의 일시적 가격차이가 발생할 때 순간적으로 매입과 매도를 병행하여 수익을 올리는 것인데, 이때 펀드규모가 너무 크면 도움이 되지 않는다. 펀드시장에서 이러한 경우가 많고, 이러한 자금이 함께 많다면 평균적으로 배분되는 수익이 줄어들기 때문이다. 따라서 가입하고자 하는 펀드의 규모를 고려할 때는 어떤 특성을 가지고 운용해 나가는지 점검해봐야 한다.

(5) 펀드관련비용은 낮은 것이 좋다

펀드관련비용은 판매회사, 운용회사, 자산보관회사(수탁회사)가 받는 신탁보수가 있고, 기타 운용관련비용이 있다. 그중에서 가장 크게 차지하는 비중은 신탁보수 관련비용인데, 주식형 펀드의 경우에 연 1.5~2.5%이고 주식 투자 비중에 따라 다르다. 같은 유형의 펀드라면 신탁보수율이 낮은 것이 좋다. 신탁보수가 높으면 투자 수익률을 낮추게 되는 요인이고, 장기투자 시 더욱 커지므로 가급적이면 신탁보수가 낮은 것을 선택하는 것이 좋다.

(6) 교체가 없는 펀드매니저의 펀드가 좋다

펀드매니저가 자꾸 교체되는 것은 일시적이라 하더라도 운용수익이 낮아질 가능성이 높다. 펀드 투자수익은 펀드매니저의 판단력과 순발력에 따라 좌우되므로 이를 책임지고 전문적으로 도전하는 자세가 필요하다. 대부분의 운용사에서는 펀드매니저의 경력과 이력, 운용펀드 및 운용스타일에 대해서도 자세히 알려주므로, 가급적이면 규모가 큰 펀드를 장기간에 운용한 펀드매니저의 펀드를 선택하는 것이 좋다.

(7) 여러 판매사에서 동시에 판매하는 펀드가 좋다

하나의 펀드를 여러 판매사(은행, 투자신탁 등의 금융기관)에서 동시에 판매한다는 것은 다수의 사람들이 꽤 괜찮은 펀드라고 생각하는 경우이다. 상품의 특성상 독창적인 판매 전략을 갖고 하나의 판매사와 하나의 운용사가 짝을 이룬 경우가 있지만, 이런 특별한 경우를 제외하면 다수의 판매사가 동시에 판매하는 펀드가 수익률도 더 높을 가능성이 있다.

7) 투자자의 투자성향별 재테크요령

투자자의 투자성향은 크게 위험회피형 투자성향과 소극적 위험선호형 투자성향, 위험중립형 투자성향, 위험추구형 투자성향, 공격형 투자성향으로 나눌 수 있으며 투자성향별 재테크요령을 알아보면 다음과 같다.

(1) 위험회피형 투자성향

위험회피형 투자성향은 수익이 낮더라도 투자로 인한 손실을 회피하여 안전한 투자를 원하는 것을 말한다. 이러한 성향을 가진 투자자의 경우는 안정적인 이자소득을 추구하는 공사채형 펀드가 적합하다. 수시로 입출금이 자유로운 것을 원한다면 MMF(Money Market Fund)에 예금하는 것이 좋고, 6개월 이상의 예치가 가능하다면 단기채권형, 1년 정도는 중기 채권형, 18개월은 장기채권형에 투자하는 것이 바람직하다.

(2) 소극적 위험선호형 투자성향

소극적 위험 선호형은 투자손실에 대해 적잖은 부담을 갖는 편으로 위험을 꺼리면서도 채권금리보다는 다소 높은 수익을 기대하는 안정추구형의 투자자를 말한다.

이런 경우에는 주식편입비율이 30% 이하인 주식형 일반안정펀드가 적합하다고 보며, 전환사채형, 원본보존형이나 전환사채형 펀드 또는 위험헷지가 가능한 파생상품형 펀드도 고려해 볼 만하다. 공사채 펀드도 금리전망을 염두에 두고 투자하면 좋을 듯하다.

(3) 위험중립형(안정적 성장추구형) 투자성향

위험 중립형은 자신이 기대하는 수익을 얻기 위해 그에 상응하는 위험을 감수할 수 있는 경우이다. 이때는 주식편입비율이 30~69%인 주식형 일반 안정성장형 펀드가 적합하다고 본다. 이 펀드들은 증권시장상황과 종류별 펀드에 따라 수익의 차이가 있지만 전체 신탁재산에서 주식부문에 절반 정도의 투자를 하고 있다고 보면 된다. 더욱 안정성 있는 주식편입비율이 30% 이하인 주식형 일반안정형과 주식편입비율이 70% 이상인 주식형 일반성장펀드에 적절한 비율로 분산투자 하는 것도 좋은 방법이다.

(4) 위험추구형(성장추구형) 투자성향

위험추구형은 고수익을 얻기 위해 기꺼이 위험을 감수할 수 있는 투자성향으로서 투자의 실패도 감당할 여력이 있는 경우이다. 성장추구형 투자성향이라고도 하며 이 경우에는 주식편입비율이 70% 이상인 주식형 일반성장펀드 및 뮤추얼펀드가 적합하다고 판단된다. 성장형 펀드는 개별주식에 투자하는 것과 같다고 생각하는 것이 좋으며, 그만큼 펀드 선택에 신중해야 한다. 자산운용회사 펀드매니저의 능력이 중요한 역할을 하므로 이를 사전에 철저히 살피는 것이 필수적이다. 주식편입비율이 높아서 그만큼 위험성이 높지만 파생상품을 이용하여 수익률 방어와 위험을 줄일 수 있다. 그리고 자산배분형 펀드는 펀드매니저가 증시상황에 따라 주식편입비율을 조절하여 증시 하락기에도 주식투자 손실을 줄일 수 있으므로, 주식형 일반성장형과 자산배분형 상품에 적절히 분산투자하면 위험을 최대한 줄일 수 있다.

(5) 공격형 투자성향

공격형 투자성향은 다소 투기적인 성격과 투자위험을 즐기는 성격으로 투자손실을 전혀 두려워하지 않는 투자성향이다. 레버리지가 높은 전환사채형 또는 파생상품이나 또는 코스닥 펀드 및 투기성의 유가증권에 투자한다.

공격형투자성향의 펀드는 펀드매니저의 능력이 결정적으로 수익률과 직결된다. 이런 펀드는 고위험을 감수하므로 초기의 증권 포트폴리오 구성이 매우 중요한데, 투자하기 전에 펀드운용에 관한 세심한 계획이 필요하다.

위와 같이 투자성향을 몇 가지로 살펴보았다. 가장 효율적인 방법은 투자자 자신의 위험선호도를 잘 파악하고 수익성을 고려하여 분산투자하는 것이 좋다.

9. 펀드의 구성요소

1) 주 식

주식회사는 일반대중으로부터 대규모의 자금을 조달받는 조직체이므로 자본이 없이는 성립할 수 없다. 기업이 자본조달을 목적으로 발행하는 증권이 주식인데, 이것은 기업 측에서 보면 자기자본에 해당한다.

자본은 기업을 설립하여 영업활동에 필요한 자금이나 영업확장 시 재투자를 위해 투자자로부터 널리 자금을 제공받을 목적으로 발행되는 유가증권으로 조성된다.

주식의 종류는 크게 보통주와 우선주로 나눌 수 있다.

2) 채 권

채권은 정부, 지방공공단체, 국공채기업 등이 일반 대중으로부터 비교적 거액의 자금을 조달하기 위하여 발행하는 증서이며, 그에 따른 채권(債權)을 표시하는 유가증권(有價證券)이다. 채권은 일반적인 차용증서와는 다르게 공신력이 높은 기관이 발행하기 때문에 법적인 제약과 보호를 받게 된다.

<표 9-5> 채권의 분류

구 분	종 류
발행주체	국채, 지방채, 금융채, 회사채
보증유무	보증채, 무보증채, 담보채
원금지급형태	만지상환채권, 분할상환채권
이자지급형태	할인채, 이표채, 복리채
이자지급변동유무	금리확장부채권, 변동금리부채권
상환기간	단기채, 중기채, 장기채

3) 양도성예금증서(certificate of deposit: CD)

양도성 예금증서로서 은행의 정기예금 중에서 예금 증서를 팔고 살 수 있도록 한 무기명 상품을 말한다. 무기명으로 발행하기 때문에 매매 양도가 자유로운 것이 특징이다. 양도성 예금증서(CD)는 수익률이 높은 대신 최저가입 금액이 높으며, 대표적인 단기금리이다. 중도해지가 되지 않지만 환금성은 뛰어나서 고액의 투자자에게 인기가 높은 상품이다.

4) 기업어음(commercial paper: CP)

기업어음은 신용도가 높은 기업이 무담보의 단기자금을 투자자로부터 직접 조달받기 위하여 발행하는 융통어음이다.

기업은 금융기관을 통해 기업어음을 발행하게 되며 금융기관은 그 기업어음을 다수의 일반고객 등을 상대로 판매를 하게 된다. 어음의 기간은 보통 1년 이내로 규정되어 있으며 일반적으로 변동금리가 적용된다.

5) 콜론(call loan)

콜(call)이란 금융기관 상호간의 초단기 대부, 차입을 말하는 것으로 "부르면 곧 돌아올 수 있을 정도의 초단기에 회수할 수 있는 대차금"이기 때문에 call이라는 명칭이 생겼다. 대출하는 측에서는 콜론(call loan), 차입하는 측에서는 콜머니(call money)라고 부른다. call거래가 이루어지는 추상적인 시장을 call시장이라고 부른다.

6) 선물거래(future trading)

선물거래란 수량, 규격, 품질 등이 표준화되어 있는 상품 또는 금융자산에 대하여 현재시점에서 결정한 가격으로 미래 일정한 시점에 인수, 인도할 것을 약정한 계약으로 거래소에서 규정한 정형화된 방법으로 거래하는 것을 말한다. 곡류, 원유, 비철금속 등의 실물상품을 대상으로 하는 선물거래를 상품선물거래라 하고, 통화, 금리, 주식, 주가지수 등의 금융상품을 대상으로 하는 선물거래를 금융선물거래라 한다.

(1) 주가지수선물거래

주가지수선물거래는 주식시장 전체의 주가수준을 나타내는 주가지수를 매매대상으로 하는 선물거래를 말한다. 주가지수선물거래의 매매대상지수로는 우리나라에서는 "KOSPI200"을 선정했고, KOSPI200 현물지수를 기준으로 3월물, 6월물, 9월물, 12월물 4종목이 거래된다. KOSPI200지수는 KOSPI 전 종목 중 주가지수의 시장대표성을 고려하여 상장주식 시가총액의 70% 수준이 되도록 구성종목 수를 200종목으로 하여 1990년 1월 3일을 기준으로 100p에서 시작한 지수이다.

(2) 국채선물(KTB선물)

국채선물은 3개월마다 이자를 지급하는 3년 만기 국고채를 대상으로 만들어낸 채권이다. 국채는 정부가 국가재정을 위하여 원리금의 지급을 보증하여 발행하는 채권이며 신용도와 안정성이 가장 높은 채권으로서, 발행목적에 따라 국고채권, 양곡증권, 외평채권, 국민주택채권 등으로 분류할 수 있다. 이 중 국채선물의 기초자산이 되는 것은 가장 발행규모가 크고 시장 실세금리로 반영되는 3년 만기 국고채권이다. "1999년 7월 채권전문딜러제도의 도입과 2000년 7월 채권시가평가제도의 전면적 도입과 함께 기관투자가들의 중·장기 금리에 대한 헷징수단으로 적극 활용되고 있으며 변동성이 크다는 장점으로 투기거래 또한 활발히 이루어지고 있는 상품이다.

7) 옵션거래(options trading)

계약 당사자 간에 정하는 바에 따라 일정한 기간 내에 미리 정해진 가격으로 상품이나 유가증권 등의 기초자산(underlying assets)을 사거나(call option) 팔 수 있는 권리(put option)를 거래소에서 규정한 정형화된 방법으로 거래하는 것을 말한다. 이러한 옵션거래로 인해 상품의 가격방향보다는 상품의 가격변동성에 대한 거래가 가능해졌고, 다양한 옵션전략을 이용한 새로운 금융상품의 출현이 가능해졌다.

(1) 주가지수옵션

주가지수옵션거래란 주식시장에서 매매되고 있는 전체주식 또는 일부 주식의 가격수준을 나타내는 주가지수를 대상으로 하는 옵션거래를 말한다. 이것은 실체가 없는 주가지수를 거래대상으로 하기 때문에 권리행사 시에 실물을 주고받을 수 없으므로, 당사자 간에 사전에 설정된 주가지수와 권리행사의 의

사표시를 하는 시기에 현실로 나타나는 주가지수와의 차이에 의하여 산출되는 금전을 수수하게 된다.

(2) 국채선물옵션

국채선물옵션은 국내에 최초로 소개되는 선물옵션인 동시에 미국형옵션 상품이다. 즉 국채선물옵션은 국채선물을 거래대상으로 하는 선물옵션이면서 옵션만기일 이전에 언제라도 권리행사가 가능한 미국형옵션(American style)이다. 이에 반하여 현재 거래되고 있는 KOSDAQ50옵션이나 주가지수옵션(KOSPI200옵션)은 현물지수를 대상으로 하는 현물옵션이면서, 옵션만기일에만 권리행사가 가능한 유럽형 옵션인 점에서 국채선물옵션과 차이가 있다.

8) 금리스왑(interest rate swap)

금리 또는 환율, 주가 등의 변동으로 인한 손실위험을 헤지(hedge)하거나 위험을 최소화한 상태에서 수익을 확보할 수 있도록 거래자의 특수한 조건에 맞게 각종 금융상품을 결합시켜 고안된 새로운 금융상품이다. 즉 변동금리 부채나 자산을 고정금리 부채나 자산으로 또는 고정금리 부채나 자산을 변동금리 부채나 자산으로 전환해 주는 상품을 말한다.

(1) 스왑(swap)의 receive

스왑(swap) 상대방으로부터 고정금리를 수취하고, 변동금리를 지급하는 것을 의미한다.

(2) 스왑(swap)의 pay

스왑(swap) 상대방에게 고정금리를 지급하고 변동금리를 수취하는 것을 의미한다.

제2절 뮤추얼펀드(mutual fund)

1. 뮤추얼펀드의 정의

뮤추얼펀드란 불특정 다수의 고객으로부터 자금을 모아 펀드운용회사가 주식, 채권, 선물, 옵션 등에 투자하고, 그 성과를 배당의 형태로 투자자인 주주에게 분배하는 것을 말한다. 이것은 간접투자의 대표적인 상품으로서 '뮤추얼(mutual)'이라는 단어에는 '상호목표'라는 뜻이 담겨져 있고 '펀드'는 '뭉칫돈'이라는 것을 의미한다. 한마디로 정의하자면 개별 투자자들의 돈을 일정한 단위로 묶은 뭉칫돈이라는 뜻이다.

2. 뮤추얼펀드(mutual fund)의 종류

요즈음 뮤추얼펀드의 활황으로 인하여 많은 펀드들이 쏟아져 나오고 있다. 이들 펀드들은 성장과 수익을 기본목표로 하며, 주식의 편입비율에 따라 안정형·안정성장형·성장형으로 구분된다.

위에서 말한 바와 같이 펀드는 크게 주식형 펀드와 채권형펀드로 분류되는데, 주로 투자하는 유가증권의 종류에 따라 구분된다. 채권형펀드는 펀드에 주식을 편입하지 않고 자산총액의 60% 이상을 채권으로 운용하는 펀드를 말한다. 반면, 주식형 펀드는 자산총액의 60% 이상을 주식으로 운용하는 펀드이며, 주식형 펀드나 채권형펀드로 구분할 수 없는 펀드는 혼합형 펀드로 분류한다. 혼합형 펀드에도 주식혼합형과 채권혼합형으로 나눌 수 있는데, 이는 주식의 최고 편입비율이 50% 이상인 경우는 주식형혼합펀드로, 50% 미만인 경우 채권형혼합펀드로 구분한다.

1) 주식형 펀드

주식형 펀드는 주식편입비율에 따라 성장형, 안정성장형, 안정형 등으로 분류할 수 있다.

(1) 성장형 펀드

성장형은 주식편입비율이 70% 이상인 펀드를 말한다. 예를 들면, 펀드자산의 20~90%를 주식에 투자하겠다고 하는 펀드를 들 수 있다. 이것은 주가가 오를 때는 최대 90%까지 주식에 투자하다가 하락기에는 주식편입비율을 20%로 축소할 수 있다는 말이다. 이것은 매우 공격적이며 주식시장이 하락할 때는 큰 손실을 볼 수 있는 위험이 높은 펀드이다. 고위험, 고수익을 추구하는 투사자에게 직힙한 펀드상품이라 할 수 있다.

(2) 안정성장형 펀드

안정성장형은 주식의 편입비율이 31~69%인 펀드를 말한다. 나머지는 회사채나 국공채 등 비교적 안정적인 채권형 상품에 투자함으로써 장기금리 수준의 이익을 얻으므로 투자성향이 중립적인 투자자에게 적합한 상품이라 할 수 있다.

제9장 펀드(fund)와 재테크 259

(3) 안정형 펀드

안정형은 주식의 편입비율이 30% 이하로 투자성향이 보수적인 펀드를 안정형 펀드라고 말한다. 예를 들어, 투자자금이 백만 원일 경우 최고 30만 원까지만 주식에 투자하고, 나머지는 회사채나 국공채 등에 투자하는 경우를 말한다. 따라서 주가가 상승할 경우 성장형 펀드에 비해 수익은 떨어지지만 투자위험 부담은 상대적으로 낮다. 물론 주식에 투자하기 때문에 손실 자체를 완전하게 피할 수 있는 것은 아니다.

2) 공사채형 펀드

공사채형 펀드는 투자기간에 따라 초단기형(MMF), 단기형, 중기형, 장기형 등으로 분류된다. 투자기간이란 중도에 해약할 경우에 환매수수료를 물어야 하는 기간을 말한다.

(1) 초단기형(MMF)

초단기형은 자산을 주로 단기성 자산(콜론, CD, CP 등)으로 주로 운용하는 환매수수료가 없는 펀드로서 MMF(Money Market Funds)가 이에 해당된다. 은행의 보통예금처럼 언제든지 입출금이 가능하므로 단기자금을 운용하는 데 가장 인기 있는 상품이다.

(2) 단기형

단기채권형은 180일 이상 맡기면 환매수수료가 없는 상품을 말한다.

(3) 중기형

중기형은 보통 270일 이상 맡기면 환매수수료가 없는 상품을 말한다.

(4) 장기형

장기채권형은 1년 이상까지 투자해야 환매수수료가 없는 상품을 말한다.

3) 뮤추얼펀드와 재테크

위에서 살펴본 바와 같이 뮤추얼펀드는 주식형 펀드와 채권형펀드로 분류되는데, 펀드에는 여러 가지 종류가 있지만, 투자자 본인의 투자성향에 맞춰 골라야 한다. 대체로 투자기간이 길수록 안정적인 자금운용이 가능하기 때문에 더욱 높은 수익을 기대할 수 있다.

그러나 꼭 알아야 할 점은 채권형펀드의 경우에도 실적 배당 상품이라는 것이다. 창구에서 "목표수익률"이나 "제시수익률"을 내세우는 경우가 있는데, 이는 과거의 실적을 비추어 "이 정도의 수익률이 가능할 것"이라는 의견을 제시할 뿐 실제로 그 수익률이 실현된다는 보장은 없다. 따라서 투자자는 채권형펀드라도 확정금리를 주는 상품으로 생각해서는 안 된다.

3. 뮤추얼펀드와 수익증권의 비교

펀드를 성립형태별로 보면 크게 수익증권과 뮤추얼펀드로 나눌 수 있다. 수익증권펀드는 투자자와 자산운용회사와의 신탁계약을 체결하는 형태이다. 따라서 이를 계약형 투자신탁이라 한다. 뮤추얼펀드는 자산운용회사에서 서류상의 회사(paper company)를 만들어 주식을 발행하고 투자자가 그 주식을 매수하는 형식의 펀드 상품을 말하며, 이를 회사형 투자신탁이라고 한다. 그러나

이 모두 투자자가 자산운용회사에 돈을 맡기면 이를 대신 운용해서 수익을
나누어 준다는 점에서 별 차이가 없다.

1) 수익증권(계약형 투자신탁)

수익증권펀드란 투자운용을 담당하는 투자신탁회사(위탁회사)가 투자자가
맡긴 신탁재산을 보관, 관리하는 은행(수탁회사)과 신탁계약을 체결하여 발행
한 수익증권을 판매대행 기관(투자신탁회사, 증권회사, 은행 등)을 통해 일반
투자자들에게 판매하여 간접투자하게 하는 상품이다.

기존에 판매되었던 간접투자 상품은 대부분 수익증권펀드 형태인 계약형
투자신탁이고, 회사형 투자신탁에 비하여 상품의 종류가 다양하다. 기

<그림 9-6> 수익증권 펀드의 구조

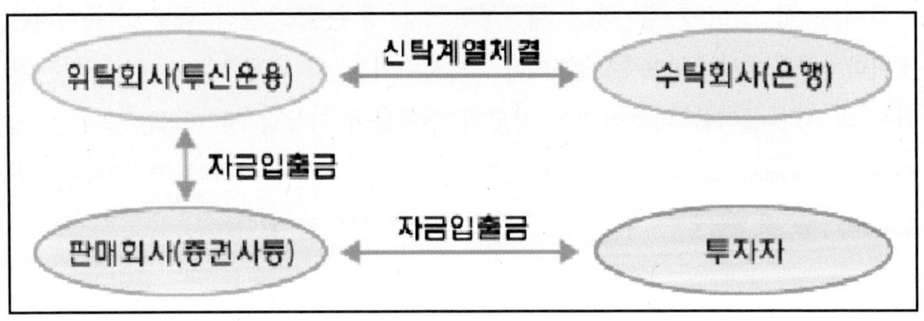

2) 뮤추얼펀드(회사형 투자신탁)

뮤추얼펀드는 펀드가 하나의 회사의 형태를 이루는 것이다. 뮤추얼펀드는
주주(투자자)가 투자한 자금으로 설립된 서류상 회사(paper company) 형태인
증권투자회사이며, 설립된 회사의 자본금은 자산운용회사가 그 증권투자회사
와의 계약에 의해 운용해주는 형식이다. 수익증권펀드(계약형 투자신탁)와는

유가증권에 투자하는 펀드라는 점에서 같지만, 뮤추얼펀드는 그 형식이 하나의 회사를 이루고 투자자는 회사의 주식을 매수하는 개념이라는 것의 차이가 있다.

　기존 판매된 뮤추얼펀드의 대부분은 폐쇄형으로 설정된 이후는 추가 가입도 불가능하고, 중도환매가 불가능하였다. 그러나 2000년 7월 준개방형 뮤추얼펀드의 설립이 허가되어 3개월이 지나면 50%, 6개월이 지나면 100% 환매할 수 있는 펀드가 판매되었고, 2001년 2월부터는 개방형 뮤추얼펀드도 판매되었다. 하지만 개방형펀드는 투자자들이 환매를 요청할 때 언제든지 허용해야 하기 때문에 항상 투자금의 일부를 유동성 자산이나 현금으로 보유해야 하므로 자금운용에 제약을 받는 문제점이 있다.

<그림 9-7> 뮤추얼펀드의 구조

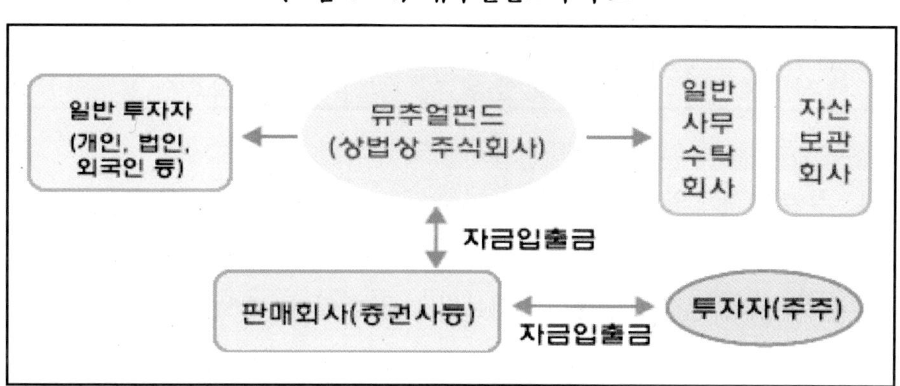

〈표 9-6〉 수익증권과 뮤추얼펀드의 차이점

구 분	주식형 수익증권	뮤추얼펀드
설립형태	증권투자대행기관	증권투자주식회사
투자자의 위치	수익사	주주
운영방법	수익증권 약관	회사정관
발행 유가증권	수익증권	주식
투자대상	주식, 채권, 금융상품 등	주식, 채권, 금융상품 등
수익의 취득	수익금 또는 환매	실적배당 또는 주식매매
세 금	주식의 매매차익에 대해 비과세이자소득, 배당소득에 대해 과세	주식의 매매차익에 대해 비과세이자소득, 배당소득에 대해 과세
운용사 상품투자	고유계정 투자 가능	고유계정 투자 못함
중도환매	판매사에서 언제든지 가능	제한적
투자기간	대부분 제한 없음	폐쇄형은 1년
최소투자액	제한 없음	1~3백만 원
통제제도	감독기관	주주에 의한 자율규제
예금자보호	보호 안 됨	보호 안 됨

4. 뮤추얼펀드의 장·단점

뮤추얼펀드의 장점과 단점을 알아보면 다음과 같다.

1) 뮤추얼펀드의 장점

(1) 주주의 이익을 중심으로 운용된다

소수의 주주권을 인정함으로서 주주의 권한이 강화되며, 투자자가 곧 주주이므로 주주의 이익이 중심이 된다.

(2) 펀드운용의 투명성이 확보된다.

펀드를 관리하는 회사는 투자설명서를 공개하여 자산운용을 함으로써 투자운용방안을 자세히 공개할 수 있고, 펀드의 운용자보다 감독자를 많이 두게 함으로써 수시로 영업보고서를 작성·공시하도록 하고 있다.

(3) 펀드회사간의 운용실적 공시 및 비교가 가능하다.

펀드를 운용하는 회사들의 운용실적 공개를 의무화하고 있으며, 이에 따라 회사별 운용실적을 동시에 비교할 수 있도록 하고 있다.

2) 뮤추얼펀드의 단점

(1) 투자대상이 제한되어 있다.

펀드의 투자대상은 주로 주식이나 채권에 한정되어 있고 투자의 폭이 좁으며, 아울러 수익의 불확실성이 높다.

(2) 거래비용의 부담이 있다.

자금 회전율이 높을수록 펀드주주가 부담하는 비용이 증가하게 된다.

(3) 펀드매니저의 영향력이 크게 좌우된다.

펀드매니저가 유가증권 발행기업의 경영권에 영향권을 행사할 가능성이 있다.

(4) 투기성 거래에 가깝다

투자의 성격을 갖기보다는 투기성 거래에 가깝다.

제3절 펀드회사와 재테크사례

간접투자자산운용법에서는 "간접투자"라는 용어를 사용한다. 직접투자의 경우는 투자자 자신이 주식이나 채권 등을 직접 사고파는 것이라면, 간접투자는 전문투자자에게 자금을 전적으로 맡겨서 운용토록 하는 것이다. 투자과정은 판매회사를 통해 펀드상품을 구매하면, 운용회사는 이 자금을 운용하여 얻은 수익을 투자자에게 배분하는 것이다.

1. 펀드회사의 종류

펀드는 고도의 투명성과 전문성을 담보하기 위한 체계를 갖추고 있다.

자산운용회사, 판매위탁회사, 수탁회사, 채권평가회사, 펀드평가회사 등이 모두 펀드와 직·간접적으로 관련이 있는 회사들이다.

하나의 펀드에 많은 회사들이 존재하는 것은 서로의 전문성을 유지하면서 상호 견제를 통해 펀드가 제대로 운용되는지를 감시하고 투자자의 재산을 안전하게 관리하기 위해서이다. 여기서는 자산운용회사에 관한 사례만 간단히 알아보기로 한다.

1) 판매회사

기존의 투자신탁, 즉 수익증권을 판매하는 회사를 말한다. 과거에는 투신사가 수익증권을 판매하고 직접 운용까지 담당하는 게 일반적이었으나 자산운용사들이 설립된 이후 수익증권을 판매하는 회사와 자산을 운용하는 회사가 다른 것이 일반적이다. 현재 수익증권을 판매하는 회사로는 대부분이 증권사이나, 일부 은행들도 수익증권 판매에 나서고 있다.

2) 투자회사

투자회사는 조직이나 기구의 면에서 계약형과 회사형으로 나눌 수 있다.

(1) 계약형 투자신탁

신탁계약에 의거하는 것으로, 위탁자, 수탁자, 수익자의 3자로 구성된다.
위탁자는 신탁재산의 운용을 중심으로 하는 업무를 하고 있으며, 수탁자는
신탁재산의 보관과 처분을 중심으로 하는 업무를 맡는다. 수익자는 투자자로
서 신탁재산으로부터 수익 및 원금을 받을 권리를 보유한다.
이들 3자 사이에 체결되는 계약의 기본방침을 규정하고 있는 것이 약관이다.

(2) 회사형 투자신탁

투자신탁 그 자체가 회사이며, 투자자는 그 회사 주주로 되기 때문에 일반
주식회사의 주식에 대한 투자와 같은 개념이다.
투자신탁에는 증권투자신탁, 부동산투자신탁, 상품투자신탁 등이 있으나, 아
직까지도 투자신탁이라 하면 증권투자신탁을 의미한다.

3) 자산운용회사

자산운용회사는 투자자들로부터 위탁받은 자금을 주식, 채권 등의 유가증권
에 투자하여 얻은 성과를 투자자에게 다시 배분하여 주는 투자운용 전문회사
를 말한다. 즉 투자를 전문으로 하는 간접투자기관이다. 간접투자자산 운용법
에 의하여 운용되는 회사는 상법상 주식회사 혹은 금융기관이고 금융감독원의
허가를 받아야 한다.

(1) 자산운용회사의 설립요건

자산운용회사는 증권투자회사의 위탁을 받아 그 자산을 운용하는 업무를 행하는 것으로서, 증권투자법에 의하여 금융감독위원회에 등록한 경우를 말한다. 자본금 70억원 이상, 운용전문인력 5인 이상 및 재무 건전성 요건을 충족시킨 뒤 금융감독위원회에 등록을 해야 한다. 보통 운용 전문인력은 다음의 기준에 요한다.

① 변호사, 공인회계사, 변리사, 기술사 또는 이공, 상경계열 박사학위 소지자
② 경영, 기술지도사, 석사(이공, 상경계열)소지자로서 3년 이상의 실무경력자
③ 이공계열 학사학위 이상 소지자로서 국·공립연구기관, 정부출연연구기관, 기업부설연구소에서 4년 이상의 실무경력자
④ 학사학위 이상 소지자로서 금융기관에서 투자심사(대출심사는 제외)분야에서 3년 이상의 실무경력자
⑤ 창업투자회사, 신기술금융사에서 2년 이상의 투자심사 경력자

(2) 사례분석 - 삼성투자신탁운용회사

가. 주요업무

투자신탁의 위탁운용
뮤추얼펀드의 자산운용 업무
투자자문 및 투자일임 업무
기타 운용에 부수되는 업무

나. 주요 판매사

삼성증권, 삼성생명, 씨티은행, 제일은행, 우리은행, 국민은행, 하나은행, 조흥은행, 기업은행, 외환은행, 대구은행, 부산은행, 기타증권사 및 은행

다. 총 관리자산 - 62조(수익증원 23조, 뮤추얼펀드 1조, 투자자문 38조)

라. 주요펀드상품

요즘 시장수익률을 초과하는 가치주 투자 펀드들이 쏟아져 나오면서 간접투자시장의 가치주펀드에 대한 관심이 높아지고 있다. 가치주펀드는 주식시장에서 수익가치나 자산의 가치 등 내재가치보다 저평가되어 있는 종목을 발굴하여 이들 주식에 집중투자하고, 주가가 내재가치 이상으로 상승되었다고 판단되면 판매하여 이익을 실현하는 펀드이다.

가치주펀드는 시장전망보다는 개별종목의 저평가여부에 따라 운용하기 때문에 지수변동과 상관관계가 멀어질 수 있고, 수익률의 변화폭도 적은 경우가 많다. 투자하는 종목들도 안정적이기 때문에 특히 약세장에서 상대적으로 강하다고 할 수 있다. 그러나 대형주 위주로 본격적인 상승세를 보일 때는 시장수익률 아래로 떨어질 수 있다. 가치주 펀드에 대한 투자는 경기가 본격적으로 회복하기 전 단계에서 가장 좋다. 이때에는 정부가 경기부양을 위해 저금리 정책을 쓰고, 기업들의 투자기피로 인하여 시중 유동자금이 풍부해진다.

한편, 주식투자에 적극적으로 뛰어들기에는 위험이 있다고 판단하는 투자자들이 상대적으로 안정적인 가치주에 대한 관심이 높아져 이들의 주가 상승률이 높게 나타나기 때문이다. 가치주펀드는 지수 등락보다는 저평가된 우량주를 편입하고 적정가치에 이를 때까지 보유하는 전략을 세우기 때문에, 매매가 비교적 적고 시장변화에 비교적 변동성이 적다는 장점이 있다.

2. 운용회사상품에 대한 재테크사례

1) 운용회사 펀드의 실제사례 - 삼성 Value주식 제1호

"삼성 Value 주식 제1호"펀드는 삼성투신운용의 대표적 가치투자펀드이다. 가치주에만 투자한다는 의미는 환율, 유가, 금리 등 증시환경변화에 따라 변화하는 종목이나 단기매매차익 등에 따라 급반등하는 종목을 투자에 자제하고, 강한 경쟁력과 시장지배력, 장기적인 성장성을 갖고 있는 기업을 주요 투자대상으로 한다는 것이다. 이것은 주식 및 주식관련 파생상품에 60% 이상 투자하는 펀드로 1년 이상 투자할 경우 비과세 혜택이 부여되는 장점이 있다. 특히 기업의 실적과 장기 경쟁력 분석을 통해 엄선된 우량주식에 장기 투자하여 비과세 혜택과 함께 장기적으로 높은 수익을 추구한다. 비과세혜택은 1년 이상 유지 시 그해 말까지 발생하는 소득에 대해 주어진다.

이 펀드는 2003년 9월 24일 설정되었으며, 2007년 2월 말 기준 누적수익률을 100% 이상 거두었다. 최근성과는 부진하지만 2년간 성과와 3년간 성과를 합한 누적수익률은 70% 이상의 실적을 나타내고 있으며, 장기누적수익률에 있어서 KOSPI지수 상승률을 능가하고 있다.

<표 9-7> 기간별 운용실적(2007년 2월 말 기준)

구 분	누적수익률	연환산수익률	운용사	KOSPI	KOSDAQ
3개월	3.84	-	3.1	3.39	-0.95
6개월	10.92	-	8.87	10.57	9.78
1년	4.18	4.18	4.83	7.62	-9.23
2년	51.17	25.66	46.06	47.44	23.43
3년	71.09	23.67	63.96	69.56	42.41

2) 상품개요

(1) 투자목적

거래소와 코스닥주식 등 주식 및 주식관련 파생상품에 60% 이상을 투자하여 가치주를 통해 시장수익률 이상의 수익률을 달성하는 것이 목적이다. 또한 1년 이상 투자 시 비과세의 혜택이 있다.

(2) 펀드규모

2007년 2월 말 현재 NAV(순자산가치)기준 337억이며, 가입제한은 없고, 90일 이후 환매할 경우 환매수수료가 없다.

(3) 주식투자 한도: 60~100%

(4) 총보수: 연 2.54%

(5) 주요판매사: 하나은행

제4절 헤지펀드(hedge fund)

요즘 들어 금융혼란이 생길 때마다 국제적인 투기성 단기 부동자금인 hot money가 배후로 지목을 받고 있다. 핫머니의 대표로 많은 문제가 되고 있는 헤지펀드는 자본시장이 개방된 상태에서 단기성 자본으로 인한 시장교란의 가능성이 매우 높다고 본다. 헤지펀드는 개방된 세계금융시장에 풍부한 유동성을 제공한다는 장점 등이 있지만, 단기적인 수익만을 노리고 있는 투기적인 성향이 강하기 때문에 많은 폐단을 낳고 있다. 그러나 글로벌시대를 살고 있는 사회에서 헤지펀드를 일방적으로 규제하는 것보다, 투기적이고 공격적인 투자에도 흔들리지 않을 만한 탄탄한 경제력과 투명한 제도를 만들어 내는 것이 중요하다고 본다.

1. 헤지펀드의 개념

헤지펀드란 국제금융시장에 투자해 단기이익을 올리는 민간투자기금이다. 원래 hedge란 말은 가격이 변하거나 인플레이션으로 말미암아 어떤 자산의 가치가 떨어짐으로써 입게 되는 손실위험을 회피한다는 뜻이다. 따라서 hedge fund는 위험회피가 목적이 아니고 고위험을 무릅쓰고 고수익을 추구하는 투기성 자금을 뜻하며, 미국에서 온 자금이 크게 차지하고 있다. 헤지펀드의 대표적인 형태로는 사모펀드와 역외펀드 등이 있다.

1) 사모펀드(private equity fund: PEF)

사모펀드란 100명 미만의 소수의 투자자들로부터 개별적으로 자금을 모집하는 것을 말한다. 즉 소수의 투자자로부터 모은 자금을 주식, 채권 등에 운용하는 펀드로 고수익기업투자펀드라고도 한다. 투자신탁업법에서는 100명 이하의 투자자, 증권투자회사법에서는 50인 이하의 투자자를 대상으로 모집하는 펀드를 말한다. 사모펀드의 운용방법은 비공개로 투자자들을 모집하여 자산가치가 저평가된 기업에 주식을 집중 매수하여 기업가치를 높인 다음 되파는 전략을 취한다.

공모펀드와는 달리 운용에 제한이 없는 만큼 자유로운 운용이 가능하나, 운용수수료와 성과보수가 공모펀드보다 훨씬 비싸다. 공모펀드는 펀드규모의 10% 이상을 한 주식에 투자할 수 없고, 채권 등의 유가증권에도 한 종목에 10% 이상 투자할 수 없도록 제한이 있으나, 사모펀드는 이러한 제한이 없어 이익이 발생할 만한 곳이면 가리지 않고 어떤 투자대상에도 투자할 수 있다.

금융감독위원회는 2000년 7월부터 투자신탁회사들에게 주식형 사모펀드의 발행을 허용하였다. 주식형 사모펀드는 특정종목에 대한 투자를 펀드자산의 50%까지 할 수 있고, 특정회사 주식을 100%까지도 매입할 수 있다. 그 대표적인 예로는 우리나라의 IMF 위기 때 침체에 빠졌던 부실은행, 부실기업 등을 저가로 인수하여 기업가치를 높인 후 되팔아 거대차익을 챙긴 미국계 사모펀드인 론스타(론스타는 2003년 외환은행을 인수할 당시 양도차익에 대한 과세를 피하기 위해 버뮤다 SPC,[53] 룩셈부르크 SPC, 벨기에 SPC 등 조세회피지역을 경우해 무려 7곳의 투자목적회사를 경유한 바 있다. 골드만삭스(골드만삭스는 1997년 진로와 대한통운의 부실채권을 인수해 대규모 수익을 실현했었다.) 등을 들 수 있겠다.

2) 역외펀드

역외펀드는 조세회피 지역에 위장 거점을 설치하고 자금을 운영하는 투자신탁이다. 즉 기업 또는 금융회사의 유가증권 매매차익에 대하여 과세하지 않거나 엄격한 규제가 없는 제3국의 지역에 설립하는 펀드이다.

일반적으로 국내의 일부 기업들이 유가증권 매매에 따른 세금이나 각종 규제를 피할 목적으로 조세회피지역 등이 제3국에 설립하는 경우가 많다. 1968년 역외펀드가 처음으로 생긴 이후 버뮤다제도, 캐나다, 바하마, 더블린 등 태평양과 대서양에 있는 작은 섬들이 역외펀드의 주요 설립 장소로 이용되어

---

53) 역외 투자목적 회사

왔다. 이들 나라는 외국환 관리가 엄격하지 않고, 세금이 전혀 없거나 있다고 하더라도 극히 적으며, 펀드운용에 특별한 제한을 받지 않는다. 더욱이 투자자금이 10배까지 무보증 차입이 가능하여 증식효과가 크다는 점에서 해외자금 유치에 편리하다는 장점을 가지고 있다.

그 외 주가지수선물이나 옵션, 프로그램매매 등을 많이 구사하는 펀드는 헤지펀드로 볼 수 있다.

2. 헤지펀드의 특징

이자율, 주가, 환율의 변동 등의 위험에 대한 헤지(hedge)의 수단으로는 선물, 옵션, 외환, 외환선도(forward exchange) 등이 있으며, 헤지펀드의 특징은 다음과 같다.

1) 100명 미만의 소수로 펀드를 조성하므로 1인당 투자자금도 매우 크다. 보통 고액의 연소득이 있는 소수 부자들끼리 모여서 헤지펀드를 설립한다. 총규모는 다양한데, 운용자산이 1억 달러가 넘으면 상당히 규모가 있는 헤지펀드이며, 대부분의 헤지펀드는 소형의 펀드들이다.

2) 재무제표의 공시의무가 있는 거래소보다는 규제가 적은 장외거래를 선호하는 경향이 있다.

3) 레버리지효과(leverage effect)[54]를 최대한 활용하여 펀드의 투자액은 자기자본보다 훨씬 많은 투자를 할 수 있다.

4) 투자대상은 많지만 특히 선물, 옵션, 스왑 등 파생상품의 비중이 높다. 헤지펀드는 파생금융상품의 특성을 최대한 이용하여, 즉 거래금액의

---

54) 타인자본을 이용한 자기자본이익률의 상승효과를 말한다. 타인자본으로부터 빌린 차입금을 지렛대로 삼아 자기자본이익률을 높이는 것으로 지렛대 효과라고도 한다.

10% 정도만 있어도 금융선물계약을 할 수 있기 때문에 자기자본의 10배가 넘는 투자가 가능하다.

5) 정부의 규제를 덜 받고 마음대로 투자하고자 하는 욕구를 가지고 있기 때문에 고수익, 고위험 자산을 대상으로 파생금융상품 등 다양하고 공격적인 투자기법을 사용한다.

3. 헤지펀드와 뮤추얼펀드의 차이점

헤지펀드는 소수의 고액투자자를 대상으로 하는 사모펀드자본으로서, 주식, 채권뿐만 아니라 파생상품 등 고위험, 고수익을 낼 수 있는 상품에도 적극적으로 투자를 한다. 반면에 뮤추얼펀드는 다수의 소액투자자를 대상으로 공모하는 펀드형식이며, 주로 주식, 채권 등의 비교적 안전성이 높은 상품에 투자한다.

〈표 9-8〉 헤지펀드와 뮤추얼펀드의 차이점 비교

구 분	헤지펀드	뮤추얼펀드
설립형태	사모방식(미국은 100명 미만)	불특정 다수인으로부터 공모방식
등록사항	등록되지 않음	증권거래위원회(SEC)에 등록됨
투자형태	단기투자로 고수익 추구	상대적 장기투자로 수익률 극대화
펀드매니저의 대우	투자에 대한 이익규모로	운영규모와 실적기준으로
약세시장의 위험관리	다양한 방법으로 대응	제한적 대응
투자예상수익	시장흐름보다는 틈새기회 이용	시장흐름에 의존함

4. 헤지펀드의 발전배경

헤지펀드의 발전배경은 내부적요인과 외부적요인으로 나누어 설명할 수 있다.

1) 내부적 요인

(1) 외부의 간섭과 규제를 받지 않고 펀드매니저 자신의 판단만으로 자금을 운용할 수 있으며, 실적 수당을 더 많이 받는다.
(2) 증권거래위원회의 관할권 밖에 있기 때문에 헤지펀드를 쉽게 시작할 수 있다.

2) 외부적 요인

(1) 1990년대 들면서 개발도상국들의 금융시장이 대폭 개방되었고, 대량의 자금이 헤지펀드로 발길을 돌리게 되면서 발전하게 되었다.
(2) 인터넷의 발달로 글로벌시장의 접근이 보다 쉬워졌고, 언제 어디서든지 원하는 정보를 쉽게 얻을 수 있어서 헤지펀드가 발전하게 된 계기가 되었다.

5. 헤지펀드의 장·단점

1) 헤지펀드의 장점

헤지펀드의 장점으로는 첫째, 각종 금융선물을 비롯한 파생금융상품의 경우에 거래금액의 10%만 있으면 계약을 체결할 수 있기 때문에, 자기자본의 10배가 넘는 투자가 가능하다. 따라서 자금여력과 그로 인한 영향력이 크다고 하겠다. 둘째, 선진국의 여유자금을 개발도상국으로 급속하게 이동시키는 통로 역할이 가능하며, 세계금융시장에 풍부한 유동성을 공급하는 역할을 하기도 한다.

2) 헤지펀드의 단점

헤지펀드는 20세기 후반의 금융상품 가운데 가장 투기적인 자금이다. 따라서 다음과 같은 부작용이 있다.

첫째, 파생금융상품을 교모하게 조합해서 도박성이 큰 신종상품을 개발하고, 이것이 국제금융시장을 교란시키는 요인으로 작용한다.

둘째, 장기적인 관점에서 투자를 하는 것이 아니라, 시장흐름을 예측하고 수익을 올리려는 초단기성 자금(hot money)이 대부분이다.

셋째, 헤지펀드는 투자규모가 매우 크기 때문에 실패할 경우, 엄청난 금융위험을 안겨줄 수 있고, 한 사회의 금융시스템을 위기에 빠뜨릴 수 있다.

넷째, 정부의 규제를 받지 않기 때문에 헤지펀드에 대한 정확한 자료를 얻기가 힘들다. 따라서 실적을 과장하는 경우가 있을 수 있다.

제5절 펀드투자에 재테크 시 알아야 할 기본사항
― 펀드용어를 중심으로 ―

요즈음 적립식 펀드의 폭발적인 증가로 인해 유동자금이 풍부해지고, 이러한 이유로 코스피 및 코스닥지수가 폭등하는 요인 중에 하나로 되고 있다. 따라서 본 절에서는 많은 투자자들이 가입하고 있는 펀드에 대하여 용어중심으로 자세히 살펴보기로 한다.

1) 펀드의 기준가

기준가는 간단히 말해서 펀드에 가입하고 출금하는 가격을 말한다. 펀드는 투자한 자산의 가치를 나타내는 수익증권이라는 것을 별도로 발행해서 투자자에게 나누어준다.

펀드투자자는 주식이나 채권 등에서 발생하는 수익을 갖게 되는 권리가 있는 것이지 개별 투자종목인 소유권을 갖는 것이 아니다.

주식시장에서 주식의 단위를 "주"라고 하지만, 펀드에서는 "좌"라는 단위를 사용한다. 그러나 뮤추얼펀드의 경우에는 회사형태로 만든 펀드이기 때문에 "주"라고 한다.

펀드가 처음으로 만들어져서 투자자들에게 팔 때 1좌의 가격은 1원이다. 즉 액면가 5,000원하는 주식 1주를 5,000원에 사는 것과 같다. 그 주식이 다음날 5,500원으로 올랐다고 가정하면, 1주의 가격이 5,500원이 되는 것이다. 수익증권도 같은 원리이다. 수익증권의 가치가 1원에서 2원으로 오르면, 1좌의 가치는 2원이 되는 것이다.

1좌라고 하면 단위가 너무 작아서 불편함이 있다. 따라서 일반적으로 수익증권의 가치를 1,000좌 단위로 나타내는데, 이것을 기준가라고 한다. 기준가가 낮으면 같은 투자금액으로 더 많은 수익증권을 살 수 있고, 반대로 기준가가 높으면 수익증권도 더 적게 사게 된다. 주가지수가 떨어지면 보통 펀드의 기준가도 떨어진다. 이때가 펀드가입의 적기라고 말하는 이유는 기준가가 낮아져서 같은 돈을 내고도 더 많은 수익증권을 살 수 있기 때문이다. 또한 기준가는 투자수익률을 구할 때도 사용된다. 기준가가 1,000원에 펀드에 가입했는데 기준가가 1,100원이 되었다면 투자수익률이 10%라는 것을 알 수 있다.

기준가란 투자자가 맡긴 저축재산의 운용 결과 얻어지는 총자산에서 비용을 공제한 신탁재산 순자산 총액을 설정좌수로 나눈 것으로 투자한 유가 증권의 가치에 따라 매일 변동된다.

수익증권의 기본단위인 1,000좌 단위로 표시되며, 수익증권 매매의 기준이 되므로 증권투자신탁법에 의거 투자신탁회사, 자산운용회사 등은 매 영업일마다 공고하거나 게시해야 한다.

기준가는 수익증권을 사고팔 때 기준이 되는 가격으로 수익증권의 순가치를 말한다.

즉 수익증권인 경우 기준가와 뮤추얼펀드인 경우 NAV(순자산가치)는 투자자가 맡긴 재산의 단위당 순가치를 의미한다. 이것이 펀드의 가입, 환매, 이익배당 등에 기준이 되는 가치다.

$$기준가 = (펀드의 총자산 - 부채) / 설정좌수$$
$$순자산가치(NAV) = (펀드의 총자산 - 부채) / 총 발행주식수$$

수익증권의 경우를 보면, 최초 설정한 날의 기준가격을 1좌당 1원으로 계산하여 1,000좌를 기준으로 1,000원으로 시작한다.

뮤추얼펀드의 경우는 현재 초기 주당 발행가격이 순자산가치(NAV)가 된다. 또한 과세기준가는 이자, 배당 소득세를 계산하는 기준 금액이다.

2) 펀드 수익률의 계산

$$펀드의 투자 수익률 = \{(현재 기준가격(또는 NAV) - 투자 시 기준가격$$
$$(또는 NAV)\} / 투자 시 기준가격(또는 NAV)$$

기준가와 순자산가치(NAV)는 투자금액의 가치와 수익률 계산에 기본이 된다. 만약, 펀드에 가입한 금액이 100만 원일 경우에 현재 기준가격 또는 NAV가 110만 원이라면, 수익률을 10% 기록했다고 할 수 있다. 이렇듯 수익률은 원금대비 얼마만큼의 수익을 기록했는가를 측정하는 비율이다.

3) 누적수익률

주식을 포함한 주식형 펀드 역시 복리로 계산한다. 이것은 원금에 주가상승 차익을 합하여 투자되기 때문에 주가가 상승세를 탈 경우 시간이 지날수록 높은 수익률을 기록하게 된다.

예를 들면, 펀드에 1,000만 원을 가입했는데 급등했을 경우

10%의 수익을 기록했다고 했을 때 원금 1,000만 원에 수익 100만 원이 더해져서 투자금액이 1,100만 원이 되는 것이다. 그런데 다음에도 또 10%의 수익을 기록했을 경우, 원금 1,100만 원에 복리이자수익 110만 원이 더해져서 1,210만 원이 된다.

이런 식으로 투자액은 복리로 계산되기 때문에 투자자에게 돌아가는 수익은 점점 더 커진다.

4) 수익률의 종류

펀드수익률의 종류에서는 표면이자율, 실효수익률, 유통수익률, 총수익률, 연평균수익률 등으로 나누어 볼 수 있다.

(1) 표면이자율(coupon rate)

채권 또는 증서 권면에 기재된 이율로 1년간 발행자가 지급하는 이자를 액면금액으로 나눈 것으로 재투자 개념이 없고, 단리이자로 수령하는 연 단위 이자율을 말한다.

(2) 실효수익률

수익률이 통상 1년을 기준으로 계산되며, 투자원금과 모든 수익과의 비율을 연단위로 환산한 비율을 말한다.

(3) 유통수익률

판매된 채권 등이 유통시장에서 계속 매매되는 과정에서 형성되는 수익률을 의미하며, 통상 실세금리라고 한다.

(4) 총 수익률

총 수익률은 만기원리금을 투자원금으로 나눈 비율을 말한다.

$$총 \ 수익률 \ = \ \{(만기원리금/투자원금-1)\} \ * \ 100$$

(5) 연평균 수익률

만기 시의 미래가치를 투자 원금인 현재 가격으로 나누어서 이를 연 단위의 단리 수익률로 계산한 것으로 총 수익률을 연단위로 산술 평균한 수익률을 말한다.

5) 환 매

환매란 만기가 되기 전에 펀드에 맡긴 돈을 되찾는 것을 말한다. 만기 이후 맡긴 돈을 되찾는 만기 상환과 대조된다. 환매라는 말 자체의 의미는 보유한 수익증권을 투자신탁회사에게 되판다는 뜻이다. 수익증권을 파는 판매회사 입장에서는 투자자들로부터 다시 수익증권을 다시 산다는 뜻이다.

우리나라는 제도상 고객이 중도 해약을 요구할 경우 투신사 즉 수익증권 판매회사에게 이를 사주도록 의무화하고 있으며, 펀드에 가입한 후 만기가 되기 전 며칠 이내에 펀드를 환매하면 이익금의 몇%를 환매수수료로 부과한다는 규정을 두고 있다. 약관에 따르면 90일을 기준으로 환매금액 또는 이익금에 대하여 소정의 환매수수료로 부과하도록 되어 있다.

환매수수료를 환매금액 범위 내로 할지, 또는 이익금 범위 내로 할지는 자산운용회사가 정하도록 하고 있다. 즉 자산운용회사가 환매수수료를 탄력적으로 정할 수 있으므로 투자자들의 부담을 줄여주는 측면에서 환매수수료는 다소 더 낮아질 것으로 보인다. 환매수수료는 환매수수료 부과 후 다음 영업일까지 나머지 펀드에 편입하도록 되어 있으므로 펀드에 남아 있는 펀드투자자의 수익에 더해지게 된다.

단위형(폐쇄형) 상품의 경우에는 일정기한까지 중도해약을 금지하는 것도 있다.

6) 계약형 투자회사

수익증권을 발행해서 자금을 모으는 것을 말한다. 일반적으로 이 투자신탁은 수익증권을 사들여 자금을 제공하는 수익자, 이 자금을 모집하고 운영하는 위탁자, 이를 직접투자하고 관리하는 수탁자의 3자로 구성된다.

우리나라의 투자신탁은 모두 이 형식이며, 이에 대립되는 것은 회사형 투자신탁이다.

7) 회사형 투자회사(뮤추얼펀드)

일반인에게 주식을 발행하여 돈을 모아 증권투자를 하는 투자신탁의 한 형태이다. 펀드매니저의 운용실적에 따라 높은 투자수익을 올리기도 하고 손실을 보면 원금조차 손해를 보아야 하는 고수익, 고위험 투자신탁이다.

개방형이므로 자금을 회수하고 싶은 투자자들은 언제든지 증권시장에서 매매하면 된다.

8) 수익증권

원금 또는 신탁재산의 운용에서 생긴 이익을 받을 권리가 표시되어 있는 유가증권을 말한다.

투자신탁에 있어서 신탁재산운용의 결과로 생기는 손익은 이익분배금 또는 상환금이라는 형태로 수익자에게 분배된다. 이익분배금의 원천이 되는 운용수익은 주식의 배당금, 채권 등의 이자수익과 주식, 채권 등의 매매에서 생긴 자본수익으로 분류된다.

9) 개방형과 폐쇄형펀드

개방형이냐 폐쇄형이냐의 구분은 투자자의 환매요청 시 환매가 가능한지 불가능한지에 따라 다르다.

우리나라의 경우 개방형은 주로 펀드의 만기가 정해져 있지 않고 투자와 환매가 자유로운 형태이다.

폐쇄형은 펀드의 만기가 정해져 있고 모집기간에만 투자가 가능하며 일정기간 또는 만기까지 환매가 제한 또는 금지되는 형태를 취한다.

10) 재투자

투자자의 실제 추가입금이 없이, 기존 투자상품의 결산 시에 발생한 이익분배금에서 세금을 공제한 금액을 수익증권좌수로 환산 조정하는 절차로서, 복리계산을 통하여 투자자에게 이익을 가져다주는 투자신탁제도이다.

11) 순자산가치(net asset value: NAV)

뮤추얼펀드의 주당 순자산가치로서 펀드의 총자산에서 부채 및 관련 비용을 뺀 금액을 총 발행주식수로 나누어 산출한다. 뮤추얼펀드는 영업일마다 순자산가치를 계산하고 공시한다.

12) 운용비용(operating expenses)

투자 수익을 주주에게 분배하기 전에 펀드의 자산에서 공제되는 비용으로 운용수수료, 판매수수료, 기타비용이 있다.

13) 운용수수료(management fee)

뮤추얼펀드가 투자자문이나 운용회사에 지급하는 용역의 대가를 말한다.

14) 유동성(liquidity)

투자자산에서 현금화할 수 있는 정도를 말한다. 즉 원할 때 사고팔 수 있는 자산을 말한다. 뮤추얼펀드는 어느 영업일이라도 환매가 가능하므로 유동성 자산으로 간주한다.

15) 편입비율(portpolio ratio)

투자신탁의 펀드를 운용함에 있어서 주식, 채권 등의 유가증권과 콜론 등에 대한 자산구성비율을 말한다. 편입비율에 따라 신탁재산의 운용상태, 투자의 적극성 여부를 알 수 있고, 이것이 수익률에도 영향을 미친다.

16) 포트폴리오 회전율(portfolio turnover)

구성펀드가 얼마나 자주 유가증권을 사고팔았는가를 측정하는 지표이며, 펀드의 포트폴리오의 거래 횟수를 의미한다.

17) 펀드매니저(fund manager)

펀드매니저란 투자자들의 자산을 대신 운영하는 전문가를 말한다. 주요업무는 펀드에 대한 전문적인 지식과 증권시장 흐름에 기초하여 최대한의 수익률을 올리기 위한 투자의사결정과 분산투자를 통해 얻은 수익을 투자자에 되돌려주는 것이다. 즉 은행, 증권회사, 투자신탁회사, 보험회사, 각종 연금기금 등에서 회사의 자산이나 투자자의 자산을 증권시장에서 운용하는 자산운용의 전문가를 말한다.

펀드매니저는 자신의 전문지식과 노하우를 가지고 운용자산의 특성에 맞추어 가장 효율적인 투자계획을 세워 투자를 한다. 이들은 회사 및 고객의 재산을 운용하는 인력이므로 전문지식뿐 아니라 윤리적 책임이 강조되기도 한다.

18) 펀드와 세금

재테크는 "세테크"란 말이 있다. 그만큼 세금혜택이 중요하다. 소득이 있는 곳에는 반드시 세금을 내야 하는데, 펀드에도 세금이 있다. 그러나 은행예금과는 다소 차이가 있다. 펀드는 투자한 운용자산의 과세여부에 따라 세금을 부과하기 위한 과세표준이 달라진다.

펀드에 투자하는 자산은 크게 주식과 채권 등으로 나눌 수 있다. 주식에서 얻는 이익은 매매차익과 배당이 있다. 채권은 채권매매차익과 이자수익이 있다. 주식이든 채권이든 매매차익에서 발생하는 이익을 자본이득이라 하고, 주식배당과 채권이자수익에서 발생하는 이익을 이자수익이라고 한다.

현행 세법상 주식의 매매차익에는 세금을 부과하지 않지만, 주식배당, 채권의 매매차익, 채권이자수익은 과세대상이다. 따라서 채권형펀드투자에서는 기준가 상승만큼 다 과세표준이 되지만, 주식형에서는 주식매매차익을 제외하고 과세부과의 대상이 된다. 금융소득종합과세는 금융소득이 연 4천만 원 이상일 경우에 적용되는데, 그 외의 소득이 있는 경우 모두 합산된다. 펀드는 결산 시 실현된 이익에서 세금만을 제외하고 재투자하게 된다.

제6절 펀드의 사례분석기업 및 재테크전망

1. 사례분석기업 – 삼성전자(주)

펀드투자에서 가장 많이 선호하고 있는 삼성전자에 대하여 재무분석을 간단히 설명한 후 펀드투자전망을 살펴본다.

2. 분석의 배경 및 필요성

현재 우리나라에서 운용되고 있는 다양한 펀드들의 투자 자산현황을 살펴보면 유가증권거래소 시장의 삼성전자 주식을 가장 많이 보유한 것으로 나타났다. 이는 펀드매니저들이 삼성전자라는 브랜드가치와 고도의 성장가능성을 여전히 높게 평가하고 있기 때문에 많은 주식을 사들인 것이라고 분석된다.

따라서 펀드매니저의 입장에서 삼성전자㈜를 분석하여, 이 기업에 투자하는 것이 얼마나 많은 수익을 얻을지에 대하여 알아본다.

3. 삼성전자 재무제표 분석

앞에서 재무제표 분석지표를 자세히 살펴보았기 때문에 본 절에서는 재무제표를 생략하고 분석하기로 한다.

1) 수익성 분석

(1) 총자본이익률

회사가 자기자본과 부채를 통해서 조달한 모든 자산을 영업활동에 얼마나 효율적으로 사용했는가를 파악하기 위하여 분석한다.

$$총자본이익률(\%) \; = \; 경상이익 \; / \; 평균총자본$$

〈표 9-9〉 연도별 총자본이익률

구　분	35기	34기	33기
총자본이익률	15%	20%	11%

(2) 자기자본이익률

부채를 제외한 순수한 자기자본이 이익을 산출하기 위해 얼마나 효율적으로 사용되었는가를 파악하기 위해 계산한다.

$$자기자본이익률(\%) \; = \; 당기순이익 \; / \; 평균자기자본$$

〈표 9-10〉 연도별 자기자본이익률

구 분	35기	34기	33기
자기자본이익률	23	29	14

(3) 매출액순이익률

회사의 매출액규모 대비 당기순이익의 크기를 파악하기 위하여 계산한다.

$$매출액순이익률(\%) \ = \ 당기순이익 \ / \ 순매출액$$

〈표 9-11〉 연도별 매출액순이익률

구 분	35기	34기	33기
매출액순이익률	42	52	37

(4) 주당순이익(EPS)

회사의 발행주식수로 표시되는 불입자본금 규모에 대한 당기순이익의 비율을 파악하기 위해 계산한다.

$$EPS(원/주) \ = \ 순이익-우선주배당금 \ / \ 가중평균보통주식수$$

〈표 9-12〉 연도별 주당순이익

구 분	35기	34기	33기
주당순이익	36,356	42,005	17,461

(5) 주가이익배수(PER)

주식의 현재 시가가 주당순이익의 몇 배에 해당되는가를 파악하기 위하여
계산한다.

$$PER(배) \ = \ 주가 \ / \ 주당순이익$$

<표 9-13> 연도별 주가이익배수

구 분	35기	34기	33기
주가이익배수	0.14	0.12	0.09

2) 활동성 분석

(1) 매출채권회전율

외상매출금 및 받을어음 등이 얼마나 빨리 현금으로 회수되는가를 측정하
기 위하여 계산하는 매출채권에 대한 투자효율성을 나타낸다.

$$매출채권회전율(회) \ = \ 순매출액 \ / \ 평균매출채권액$$
$$매출채권회수기간(일) \ = \ 365 \ / \ 매출채권회전율$$

<표 9-14> 연도별 매출채권회전율과 회수기간

구 분	35기	34기	33기
매출채권회전율	10.18	12.23	7.78
매출채권회수기간	35.85	29.84	46.91

(2) 재고자산회전율

상품이나 원재료 등의 재고자산이 얼마나 빨리 판매되어 회사의 수익으로 이어지는가를 파악하기 위하여 계산한다.

$$\text{재고자산회전율(회)} = \text{순매출액} / \text{평균재고자산액}$$
$$\text{재고자산회전기간(일)} = 365 / \text{재고자산회전율}$$

<표 9-15> 연도별 재고자산회전율과 회전기간

구 분	35기	34기	33기
재고자산회전율	5.67	5.95	4.00
재고자산회전기간	64.37	61.34	91.25

(3) 총자산회전율

유동자산과 고정자산을 포함한 모든 자산이 회사의 수익창출을 위하여 얼마나 활발히 움직이는가를 파악하기 위하여 계산한다.

$$\text{총자산회전율(회)} = \text{순매출액} / \text{평균총자산}$$
$$\text{고정자산회전율(회)} = \text{순매출액} / \text{평균고정자산}$$
$$\text{자기자본회전율(회)} = \text{순매출액} / \text{평균자기자본액}$$

<표 9-16> 연도별 총자산회전율, 고정자산회전율, 자기자본회전율

구 분	35기	34기	33기
총자산회전율	0.36	0.39	0.28
고정자산회전율	0.55	0.60	0.37
자기자본회전율	15.71	15.20	8.92

3) 안정성 분석

(1) 유동비율

유동비율은 단기채무를 지급할 수 있는 유동자산이 얼마나 되는가를 나타내는 비율이다. 유동비율은 기업의 지급능력 또는 신용능력을 평가하는 데 가장 보편적으로 이용되는 재무비율이다.

$$유동비율(\%) \ = \ 유동자산 \ / \ 유동부채$$

〈표 9-17〉 연도별 유동비율

구 분	35기	34기	33기
유동비율	146.68	129.76	106.98

(2) 당좌비율

당좌비율은 유동자산에서 재고자산을 차감한 당좌자산을 유동부채로 나눈 비율을 말한다. 즉 유동자산 중 재고자산같이 유동성이 낮은 항목을 제외하고 유동성 높은 당좌자산만으로 단기채무의 지급능력을 평가하는 것이다.

$$당좌비율(\%) \ = \ 당좌자산 \ / \ 유동부채$$

〈표 9-18〉 연도별 당좌비율

구 분	35기	34기	33기
당좌비율	119.70	129.06	75.87

4) 성장성 분석

(1) 총자산증가율

기업에 투하되어 운용된 총자산이 그해에 얼마나 증가하였는가를 나타내는 비율로서 기업의 전체적인 성장규모를 측정하는 지표가 된다.

$$총자산증가율(\%) \ = \ (당기총자본 - 전기총자본) \ / \ 전기총자본$$

〈표 9-19〉 연도별 총자산증가율

구 분	35기	34기	33기
총자산증가율	16.29	29.09	20.26

(2) 매출액증가율

전년도 매출액에 대한 당해년도 매출액의 증가율로서 기업의 외형적 신장세를 나타내는 대표적인 지표이다.

$$매출액증가율(\%) \ = \ (당기매출액 - 전기매출액) \ / \ 전기매출액$$

〈표 9-20〉 연도별 매출액증가율

구 분	35기	34기	33기
매출액증가율	9.47	22.95	-5.55

4. 삼성전자의 재테크 투자분석전망

재무분석지표를 여러 측면에서 알아 본 결과 삼성전자는 집중 투자하기에 충분한 이유가 있다. 우선 성장성 분석을 보면, 내수와 수출의 호조에 힘입어 매출액과 순이익이 분기별로 꾸준히 증가하고 있는 추세이다. 해를 거듭할수록 반도체의 수출이 꾸준히 증가하고 있고, 반도체뿐만 아니라 핸드폰, 가전제품 등으로 사업부문을 점점 증가하여 가고 있기 때문에 앞으로 고도의 성장가능성이 있다고 할 수 있다.

유동비율과 당좌비율이 적정분석지표를 나타냄으로써 안정성의 측면이 좋다고 볼 수 있으며, 주가관련 재무제표를 보면, 수익성 분석 지표인 주가이익배수(PER)가 아직까지도 저평가되어 있다는 점을 주목할 필요가 있다. 이것은 향후 기업가치가 증가되고 높은 매매차익이 실현될 가능성이 높다는 것을 의미한다.

펀드에 투자할 때 생기는 고위험(high risk)측면에서 볼 때, 펀드매니저가 투자할 경우 삼성전자는 우리나라를 대표하는 블루칩 주식이기 때문에 타 기업의 주식에 비하여 상대적으로 손해를 볼 확률이 적다고 볼 수 있다. 그러므로 투자의 기본이자 가장 중요한 요소인 안정성 및 수익성측면을 상당히 충족시키고 있다고 판단된다.

제10장 리츠(REITs)

제1절 리츠((REITs)의 이해

본 장에서는 아직까지 우리 귀에 익숙하지 않은 리츠(REITs)에 관하여 자세히 살펴본다. 간단히 말하자면 리츠는 주식투자이다. 단지 그 투자대상이 부동산이라는 점에서 다른 투자와 구별되는 것이다. 그래서 리츠는 투자대상물인 부동산의 성격에 따라 투자수익률의 차이가 많이 난다. 최초의 리츠는 1960년대 미국에서 리츠에 관한 근거법이 제정되면서 등장하게 되었다.

우리나라에 리츠가 도입하게 된 동기는 1997년 외환위기를 계기로 기업들이 부실채권을 정리하는 과정에서 쏟아져 나온 매물을 효율적 처리를 위하여 미국의 리츠를 모델로 삼았던 것이 그 시작이었다.

따라서 리츠는 이제 막 걸음마 단계에 있는 시기이며, 여기에 대한 연구도 아직 미흡하고, 투자자들에게도 아직은 생소한 면이 없지 않다. 그러므로 리츠에 관하여 생소한 이들을 대상으로 리츠의 개념적 정의, 리츠의 특징을 설명하고 이러한 개념적 이해를 바탕으로 전반적인 우리나라에서의 리츠 현황과 리츠의 투자자가 되기 위한 기본적 재테크 투자절차를 소개하고, 이 과정에서 우리에게 시사하는 바는 무엇인가에 대해서 알아보고자 한다.

1. 리츠(REITs)의 개념

리츠(REITs)는 "Real Estate Investment Trusts"의 약자이다. 직역을 하면 "부동산 투자신탁"이지만, 우리나라에서는 부동산투자회사법에 의거하여 보통 "부동산 투자회사"라고 부른다.

리츠는 "다수의 투자자로부터 자본을 모아서 부동산 소유지분(real estate equity ownership)이나, 주택저당증권(mortgage backed securities: MBS)에 투자하거나, 부동산 관련 대출(mortgage loan) 등에 투자하여 발생한 수익을 투자자에게 배당하는 부동산 간접투자 상품"을 의미한다.

이것은 유가증권의 뮤추얼펀드와 유사하여 "부동산 뮤추얼펀드(real estate mutual fund)"라고도 한다. 다시 말해서, 리츠(REITs)란 다수의 투자자로부터 자금을 모아 부동산 등에 투자한 후 운용수익을 투자자에게 배당하는 부동산 투자펀드를 말한다.

투자자는 부동산투자회사의 주식에 투자하면 부동산에 직접투자한 것과 같은 효과를 얻을 수 있으며, 아울러 직접투자할 때와 같은 복잡한 절차 및 위험을 줄일 수 있다.

또한 부동산시장과 자본시장이 연계됨으로써 유동자금이 원활하고, 대규모의 자본이 부동산투자로 이어져서 부동산경제가 활성화될 것이다.

2. 리츠(REITs)의 투자대상

"REIT"에 's'를 붙이면 리츠 산업이나 복수의 리츠 회사를 지칭할 때 사용한다.

리츠를 우리말로 풀이하면, 부동산투자신탁, 부동산투자회사, 부동산투자조합으로 불리며 개념적으로 정의하자면, 일반투자자들로부터 자금을 공모하여 부동산 또는 부동산 관련 상품에 투자하고, 그 투자 수익을 투자자에게 되돌려 주는 것을 말한다. 즉 부동산 투자환경이 점차 복잡해지고 어려워짐에 따라 높아지는 투자의 위험을 회피하고자 하는 투자자들의 심리와 부동산시장의 전문화 등의 환경적 상황에서, 부동산투자회사가 주식을 발행함으로써 대규모 자금을 모집하여, 안정적인 임대수익이 보장되는 자산 등을 매입하고 그 매입자산으로부터 일정하게 들어오는 임대수익을 결산 시 주주들에게 배당하는 제도이다.

예를 들면, 과거엔 100억원 원짜리 빌딩을 사려면 꼭 100억원 원이 필요했다. 그러나 리츠는 빌딩을 매입하기 위해 주식을 공모로 발행해 수십만 명의 주주가 공동으로 빌딩을 소유한다. 발행된 주식은 액면가 5000원의 단위로 쪼개져서 매매된다. 배타적 권리인 부동산 물권이 여러 개로 쪼개져서 채권처럼 유통되는 것으로, 부동산이 소유의 개념에서 유통의 개념으로 바뀌게 되는 셈이다.

따라서 주로 부동산 개발사업, 임대, 주택저당채권 등에 투자하여 수익을 올리며 만기는 주로 3년 이상이 대부분이다.

〈표 10-1〉 리츠(REITs)의 투자대상

구 분		주요 유형
부동산	오피스	업무용빌딩, 금융기관, 행정기관
	소매시설	백화점, 근린상가, 할인점, 쇼핑몰
	주거시설	아파트, 일반주택, 오피스텔, 원룸
	산업시설	공장, 창고
	숙박, 레저	호텔, 스포츠센터, 골프장
	특수부동산	병원, 학교, 교도소, 실버타운
부동산관련 대출	부동산 담보부채권	부동산담보부대출
부동산관련유가증권	주 식	리츠 주식
	채 권	ABS, MBS, 부동산투자신탁
일반금융상품	주 식	상장주식, 뮤추얼펀드
	채 권	회사채, 국·공채

3. 리츠(REITs)의 생성 배경

리츠 제도는 1960년에 미국세법에 의하여 리츠 규정이 새로이 만들어졌다. 이것은 다수의 투자자들에게 소액의 자본을 모아서 거액의 다양한 부동산에 간접투자하는 방식을 통해 안정된 배당수익을 얻을 수 있다.

리츠는 거시 경제적 측면에서 국가경제에는 부동산 자산을 증권화하여 부동산을 자본시장으로 유인하여 부동산시장의 안정을 꾀할 수 있어서 좋고, 리츠 회사는 법인세 면제 혜택을 받을 수 있다는 매력에서 투자시장에서 운영되기 시작하였다.

그러나 리츠 규정이 제정된 후 그동안 부진을 면치 못하다가, 미국의 세제개혁법을 제정하여 리츠를 속박하던 규제들을 완화시켰다.

1990년대 초반 미국금융기관들의 잇따른 파산과 함께 많은 양의 부실채권의 담보부동산이 매물로 쏟아졌는데, 1990년대 중반 이후 경제성장과 부동산 가격의 상승으로 부동산 시장이 다시 활황세를 되찾음으로써 리츠에 대한 투자수요를 촉발시켰다.

우리나라의 경우는 2001년 부동산 간접투자 상품으로 기대를 모으며 처음으로 출시되었다. 그러나 리츠는 설립기준과 운용요건이 까다로워 투자회사의 시장진입이 어려웠으며, 일반인들에게 잘 알려지지 않아 사실 현재까지 제자리걸음상태이다. 얼마 전 부동산투자회사법이 보다 완화되어 개정되었지만, 일반 펀드와 같이 일반투자자에게 공모되어 대중화되기까지는 앞으로 시일이 더 걸릴 것이라 생각된다.

4. 리츠(REITs)의 특징

리츠에 관한 특징을 살펴보면 다음과 같다.

첫째, 부동산 직접투자보다 간접투자로 소액투자가 가능하다. 특히, 국내는 물론 해외부동산의 직접투자가 현실적으로 어려울 때, 부동산 간접투자로 손쉽게 투자할 수 있다. 주식의 경우 소액으로 직접투자하는 것이 가능하지만, 부동산의 경우에는 최소 몇천만 원 이상이 있어야 가능하다. 그러나 부동산 가격을 소액의 주식으로 발행하여 그 주식을 매입하는 방법으로 투자를 하기 때문에 간접적 투자방식의 소액으로도 부동산에 투자할 수 있다. 이는 대규모의 자본 조달을 용이하게 하여 경제 활성화에도 크게 도움을 준다.

둘째, 부동산에 관한 포트폴리오 구성이 다양하며, 변동성이 적기 때문에 리츠는 주식에 비해 비교적 안정적이다.

부동산 간접투자의 경우는 경기변동성이 적기 때문에 아무리 하락추세를 보이고 있다 해도 급하게 돈이 필요하여 중도에 매각해도 손실이 적은 편이다. 이는 리츠가 지역적, 유형별로 각기 다양한 부동산에 투자하기 때문에 어떤 지역의 가격하락이 타 지역의 부동산과 상쇄시킬 수 있어 개인 투자보다 훨씬 안정적이다.

셋째, 일반 주식에 비해 위험이 적다는 것이다. 일반 주식은 투자한 기업이 망하면 휴지조각이 된다. 반대로 투자한 기업이 많은 이익을 냈다고 해도 금리인상, 환율변화 등 금융시장의 변화에 따라 전체 증권시장이 하락기에 있을 때는 투자한 회사의 주식도 하락하는 현상을 피할 수 없다. 그러나 부동산 간접투자의 경우는 부동산이라는 자산에 투자한 것이므로 하락하는 경우는 있어도 휴지조각이 되는 일은 없다.

더욱이 부동산이 인플레이션으로 말미암아 이자율이 인상될 때는 오히려 가격이 상승한다. 따라서 IMF 외환위기와 같은 극히 예외적인 경우가 아니면 투자금액이 반 토막으로 되는 위험성이 극히 적다고 본다.

넷째, 주식투자의 성격을 가지고 있다. 리츠도 주식이 가지고 있는 환금성과 유동성이 높다. 따라서 가입과 환매가 자유로우며 부동산 거래(즉 부동산 현황, 수익성, 투입비용 등)를 투명하게 공시하므로 부동산 시장의 선진화 및 투명화를 이루게 한다.

다섯째, 일반 증권에 비해 비교적 높은 수익률을 보이고 있다. 우리나라 부동산투자회사의 경우 1년간 운영실적으로 발생한 수익의 90% 이상을 투자자에게 배당을 해야 법인세가 면제되므로 의무적 사항은 아니나 이를 따르고 있다.

반면, 일반 주식의 경우 배당은 주주총회의 의결사항이므로 기업이 많은 이익이 났다고 해도 배당을 하지 않을 수 있다. 따라서 리츠에 투자하는 경우 배당수익률이 주식에 비해 훨씬 높다. 실제 1977년부터 2006년까지 30년간의 연평균수익률이 무려 14.5%에 달하여 일반 주식의 수익률보다 높게 나타나고 있다. 이처럼 해외부동산 간접투자의 실적은 우리나라의 실제 은행금리의 3～5배에 달하는 높은 매력을 갖고 있다.

우리나라의 경우도 2007년 상반기의 기준으로 볼 때, 부동산 간접투자인 리츠의 평균배당률은 6.5%로 아파트 값 상승률을 크게 웃돌았다.

〈표 10-2〉 부동산 직접투자와 부동산 간접투자의 비교

구 분	부동산 직접투자	부동산 간접투자
투자금액	많은 자금이 필요하다	소액투자가 가능하다
	투자기회의 편중	투자의 대중화
전문성	많은 지식과 경험이 필요	많은 지식과 경험이 불필요
	전문가(혹은 재산가)만 투자 가능	일반인도 투자 가능
투자비용	많은 거래비용 수반	거래비용이 거의 없음
	매각에 신중	적기에 매각
환금성	아파트 등을 제외하고 낮음	증권의 거래이므로 매우 높음
	현금화가 어렵다	현금화가 쉽다

제2절 리츠의 종류

리츠의 종류는 투자형태 혹은 운용방식에 따라 지분형리츠(equity REITs), 모기지형리츠(mortgage REITs), 그리고 혼합형리츠(hybrid REITs)로 구분된다. 또한 투자대상의 성격 따라 일반리츠와 CR리츠로, 환매여부에 따라 개방형리츠(open end REITs)와 폐쇄형리츠(closed end REITs) 등 다양한 기준에 의해서 구분될 수 있다.

1. 투자형태에 따른 분류

리츠는 투자형태에 따라 지분형리츠, 모기지형리츠 그리고 혼합형리츠로 구분되며 자세히 살펴보면 다음과 같다.

1) 지분형리츠(equity REITs)

지분형리츠는 부동산을 매입, 운영, 유지관리, 매각하는 부동산의 전 과정을 수행하여 수익을 발생시키는 리츠로서, 총 투자 자산의 75% 이상이 부동산 소유 지분으로 구성된 리츠를 말한다. 특히 호경기일 때는 새로운 부동산관련 자산을 개발하기도 한다.

주 수입원은 임대수익이기 때문에 수익용 부동산인 빌딩, 호텔 등에 투자한다. 따라서 지분형리츠는 주로 운영하는 자산의 종류에 따라 아파트리츠, 소매점리츠, 호텔리츠, 레저리츠 등으로 구분한다. 이러한 지분형리츠는 적어도 법적으로 순이익의 90%를 투자자에게 배당금으로 지급해야 하며, 법인에게 주어지는 세제혜택을 받을 수 있다.

또한 지분형리츠는 모기지형리츠에 비해 금리변동에 더 안정적이며, 더 많

은 수익을 창출한다. 그리고 위험부담이 적고, 유동성이 원활하다는 이유에서
지분형리츠가 선호되기도 한다.

2) 모기지형리츠(Mortgage REITs)

모기지형리츠는 다수의 투자자들로부터 자금을 위탁받아 수익용 부동산을
담보로 리모델링사업이나 개발사업에 대출을 해주거나 기타 채권을 발행하고
관리하여 수익을 올리는 등의 리츠이다. 즉 투자자산의 75% 이상을 부동산
관련 대출(mortgage loan)에 운영되고 있거나 주택저당증권(MBS)에 투자된
리츠를 말한다. 따라서 모기지형 부동산투자신탁의 주 수입원은 모기지
(mortage) 관련의 이자수익이 된다. 지분형리츠와는 달리, 본래의 저당형 리츠
는 자기가 직접 부동산을 소유하지는 않는다. 또한 연속적인 이자율의 상승이
있으면 그 대여자금으로 인한 리츠의 이자수익을 증가시킨다. 따라서 저당형
리츠는 다른 리츠보다 이자율의 변동, 신용상태의 변화, 채무불이행의 여부
등에 특히 민감하다.

3) 혼합형리츠(hybird REITs)

혼합형리츠는 총 투자자산이 부동산 소유 지분(real estate equity ownership),
부동산관련 대출(mortgage loan), 주택저당담보증권(MBS) 등에 골고루 투자되
어 있는 지분형 부동산투자신탁이나 모기지형 부동산투자신탁의 혼합으로 분류
되는 리츠를 말한다.

따라서 혼합형 부동산투자신탁의 수입원은 임대료수익이나 모기지 관련 이
자수익이 된다.

2. 투자대상의 성격에 따른 분류

투자대상의 성격에 따라 일반리츠와 기업구조조정리츠(CR리츠)로 분류할 수 있다. 리츠는 어떤 투자대상을 선택하느냐에 따라 영향을 많이 받는 특성을 가지고 있다. 상품의 분류에 따라 리츠의 성공여부가 달라지기 때문에 이 분류는 중요한 의의를 가지고 있다. 우리나라에서 성공적으로 정착되었다고 생각되는 리츠 부분은 기업구조조정리츠(CR리츠)이다.

그동안 리츠는 과도한 투자자의 보호 운용자의 도덕적 해이 방지 등을 위한 설립 및 운용상의 규제와 법인세 등 세제상의 불리함으로 일반리츠는 하나도 성공적으로 설립되지 않았다.

자본금 1천억 원, 개발사업의 금지, 차입금의 금지, 발기인의 주식처분금지 등을 주요 규제요건으로 출발한 부동산 투자회사법은 그동안 자본금 500억 원에서 250억 원으로 낮춰졌으나 크게 개선되지는 않았다(최저자본금은 250억 원에서 100억 원으로 설립요건이 대폭 완화되어 개정될 것임). 부동산 투자회사는 총자산의 30%(이번 개정으로 100% 투자가 가능해질 것임)까지만 개발사업에 투자할 수 있으며, 발행주식의 30% 이상을 일반에 공모할 수 있다.

투자대상에 있어서 기업구조조정리츠(CR리츠)의 경우 구조조정용 부동산에 70% 이상을 투자하여야 한다. 배당은 두 회사 모두 당해연도 수익의 90% 이상을 주주들에게 배당하여야 한다. 세제해택에 있어서 일반리츠는 취, 등록세가 50% 감면되고, CR리츠는 취득세, 등록세, 법인세 중과세가 면제된다.

좀 더 자세히 살펴보면 다음과 같다.

1) 일반리츠

일반리츠는 실제로 호텔이나 임대 주택 등 개별적 부동산 개발 및 운용을 하여 수익을 내는 상품을 말한다. 우리나라의 경우, 2001 에이팩리츠가 일반리츠의 첫 사례이다.

일반리츠는 정부의 규제가 심하여 에이팩리츠의 실패 후 지난 2001년 7월 리츠법이 시행된 지 2여 년 동안 활용이 거의 되지 않았다. 그러나 2003년까지 계속 침체 상태에서 벗어나지 못하고 있던 일반리츠는 그 활성화를 위하여 토지안정 대책의 일환으로 건설교통부는 설립 조건과 운용규제를 완화하는 방향으로 부동산투자회사법 개정을 추진하였다.

일반리츠는 CR리츠처럼 투자대상이 한정되어 있는 것이 아니기 때문에 호텔 리츠, 병원 리츠, 임대형 리츠, 콘도 리츠 등 다양한 상품이 나올 수 있다. 또한 개발사업에도 투자할 수 있어서 '고위험 고수익'의 개발 리츠도 나올 수 있다.

일반리츠는 회사형이며 설립에 다소 시간이 걸리지만 자본금 액수가 큰 만큼 대형 펀드로 운용할 수가 있어 신인도가 높은 장점을 갖고 있다.

2) CR-REITs

CR-REITs는 일반리츠와 달리 기업 구조조정과 관련해 나온 기업의 부동산에 투자해 운용하는 상품이다. 현재 우리나라에서의 일반리츠는 부진하여 부동산투자회사의 형태는 대부분 CR-REITs(기업구조조정 부동산투자회사)이다. 일반리츠의 형태가 상법상 주식회사라면, CR-REITs는 서류상의 회사(paper company)이다. 이러한 CR-REITs는 일반리츠와 달리 회사 설립과 해산이 용이하며, 법적인 규제가 완화되어 리츠 준비업체의 대부분이 CR-REITs 상품을 준비하고 있다. 2년 이내에 이루어지는 공모(公募)를 통해 개인투자자들이 투자할 수 있으며, 예상 수익률은 보통 연 8~12% 정도이다. 이는 은행 정기예금 금리(3년 만기 3.7-6%)와 채권 금리(3년 만기 국고채 연5.5%)보다 훨씬 높다는 것을 알 수 있다.

리츠 투자수익은 투자자가 주주가 되어 사업의 이익을 배당금으로 받으며, 6개월마다 배당을 하는데, 설립 후 5년 뒤면 회사를 청산하므로 모두 10번의 배당을 받을 수 있다.

<그림 10-1> CR리츠의 구조

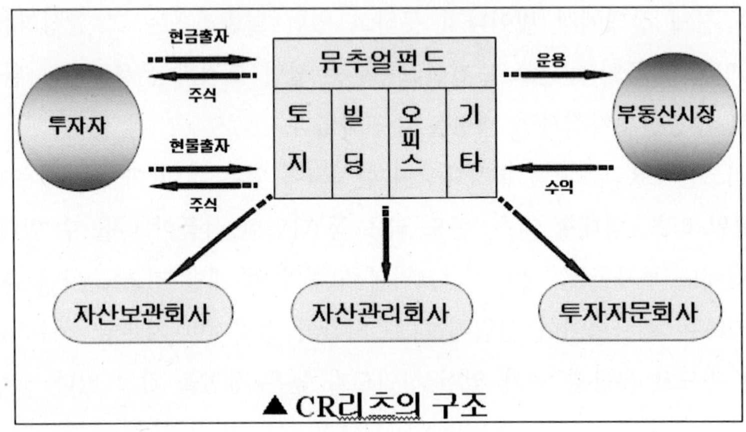

<표 10-3> 일반리츠와 CR리츠의 비교

구 분	일반리츠	CR리츠
설 립	건설교통부장관 인가	건설교통부장관 인가 (금융감독위원회 의견 청취)
회사형태	실체 있는 영속회사 자산운용전문인력 3인 이상	서류상회사(paper company) 존속기간 정관 기재
최저자본금	100억 원 이상	좌동
투자대상	모든 부동산	구조조정용 부동산
업 무	부동산 매입, 관리, 개발, 처분	좌동
주식공모	설립 시 자본금의 30% 이상	제한 없음
자산 구성	총 자산의 70% 이상을 부동산으로 구성 총 자산의 90% 이상 부동산, 부동산관련 유가증권, 현금으로 구성	총 자산의 70% 이상을 기업의 구조조정과 관련된 부동산으로 구성
설립 시 현물출자	불가 재산양수약정만 가능	자본금의 30% 이내 가능 재산양수약정만 가능
설립 후 현물출자	개발 사업 인가 후부터 가능	제한 없음

구 분	일반리츠	CR리츠
주식 분산	1인당 주식 소유한도(총 발행주식의 10%) 제한 연·기금 및 공공기금 제외	제한 없음
상장 및 등록	상장, 등록요건 충족 시 즉시	제한 없음
자산운용 업무위탁	임의사항 부동산투자자문회사에 자산운용 자문 및 평가 위탁 가능 위탁관리 시 자산운용업무 전부의 위탁 불가	위탁관리 의무화(자산관리회사), 자산관리회사(자본금 70억 원 이상, 전문인력 5인 이상, 건설교통부 인가)
개발사업	자기자본의 30% 이내	좌동
부동산 처분제한	원칙적으로 부동산은 취득 후 3년 이내 처분 금지 나대지는 개발사업 시행 전 처분금지	제한 없음
차입	투자 목적 차입 금지 일시적인 운영자금 차입 가능	좌동
배당	90% 이상 주주에게 배당	배당한도 제한 없음 (90% 이상 배당 시 세제혜택)
세제	취·등록세 50% 감면 투자손실금 적립으로 법인세 이연	취·등록세, 법인세 100%면제
투자기회	자본금이 대부분 일반 공모로 이루어지므로 일반인의 투자기회가 큼	대기업 및 금융기관이 대주주이므로 일반인의 투자기회가 적음

3. 환매여부에 따른 분류

환매여부에 따라 개방형리츠와 폐쇄형리츠로 구분할 수 있다.

1) 개방형리츠(open end REITs)

개방형리츠는 REITs회사가 투자자의 환매에 언제든지 응하는 리츠이다. 부동산 경기 침체가 예상될 때, 대부분의 투자자들은 환매 요청을 하게 되는데, 이때 개방형리츠회사는 부동산을 단기간 내에 매각, 처분하여 투자자의 주식을 상환해 주어야 하지만 사실상 불가능하다.

2) 폐쇄형리츠(closed-end REITs)

폐쇄형리츠는 최초 주식발행금을 일정액으로 한정시켜 존속기간이 만료될 때까지 추가로 주식을 발행하지 않으며, 투자자가 직접 리츠 회사에 대하여 환매를 요구할 수 없고, 증권시장에서 주식을 매각하여 투자한 자금을 회수하는 형태를 말한다.

4. 도표로 본 리츠의 종류[55]

리츠의 종류를 한눈으로 볼 수 있게 도표로 나타내면 다음과 같다.

<표 10-4> 리츠의 종류

분류기준	종 류	특 징
투자대상	1. 지분형(equity REITs) 2. 저당형(mortgage REITs) 3. 혼합형(hybrid REITs)	1. 총 투자자산의 75% 이상이 부동산 소유지분으로 구성. 주로 임대료가 주 수입원임 2. 총 투자자산의 75% 이상이 부동산관련 대출, 저당증권으로 구성 3. 총 투자자산이 부동산 소유지분, 부동산관련대출, 저당증권 등에 골고루 분산
환매여부	1. 개방형 (open-end REITs) 2. 폐쇄형 (closed-end REITs)	1. 투자자의 환매에 언제든지 응해야 하는 리츠. 당초 모집한 금액에 더하여 추가로 주식을 발행하여 자산을 매입하여 규모를 확대해 갈 수 있는 형태 2. 투자자는 리츠회사에 환매를 요구할 수 없고, 증권시장에 매각하여 투자금을 회수하는 형태. 최초 주식발행 금액을 일정액으로 한정시켜 존속기간이 만료될 때까지 추가로 주식을 발행하지 않음
기한한정여부	1. 무기한(unfinite-life REITs) 2. 기한부(finite-life REITs)	1. 존속기간이 정해져 있지 않은 리츠 2. 일정 기간 후에 보유자산을 매각하여 매각대금을 투자자에게 배분하고 해산되는 리츠
법적 형태	1. 회사형(corporate type) 2. 신탁형(trust type)	1. 주식회사 형태로 설립된 리츠로 이사와 주주가 존재. 뮤추얼펀드와 유사한 형태 2. 신탁의 형태로 설립된 리츠로 수탁자(리츠)와 신탁자(투자자)가 존재. 투자지분(share)은 증권거래소에 상장

---

55) 한국토지신탁 출처

5. 리츠의 수익요소

우리나라의 리츠는 총자산의 70% 이상을 부동산에, 90% 이상을 부동산 및 부동산관련 유가증권 및 현금으로 구성하도록 되어 있다. 이와 같이 리츠가 투자, 운용하는 자산의 범위는 크게 부동산, 부동산관련 유가증권, 현금으로 구성된다.

자산의 취득방법은 부동산의 취득, 처분, 관리, 개량(개, 보수), 개발 임대차 등에 의한 방법과 유가증권의 매매, 금융기관의 예치에 의해 운영된다.

이때 부동산의 개발사업은 발행주식의 상장 후 자기자본의 30% 이내에서만 가능하도록 규정하고 있다.

리츠의 운용방식에 따른 리츠의 수익 요소는 다음과 같다.

(1) 부동산-기존 자산에 대한 임대수익, 자산의 매매차익이나 개발이득, 수수료 등
(2) 유가증권-부동산 관련 유가증권 매매에 따른 매매수익
(3) 리츠 회사의 주가상승에 따른 이익
(4) 자산을 처분하는 경우-양도차익에 따른 자본이득
(5) 현금-금융기관의 예입에 따른 이자수익

현재 유가증권시장에 상장되어 있는 리츠 상품은 6개가 있다. 이전에 청산 절차를 거친 코크렙 1, 2호는 보유 중이던 빌딩의 매각 및 운용실적으로 연평균수익률(코크렙 1호의 경우 28%)과 배당률(코크렙 1호의 경우는 연 13%, 코크렙 2호의 경우는 연 43%)이 높은 성과를 달성했다. 그 외의 리츠 상품들이 10% 전후의 높은 수익률을 나타내고 운용 중에 있으며, 참고로, 증권시장에

상장된 리츠를 보면 다음과 같다.

<표 10-5> 유가증권시장에 상장된 리츠의 현황

상품명		코크랩 3호		코크랩 7호		코크랩 8호		유레스메리츠		멕쿼리센트럴오피스		리얼티코리아 1	
자산관리회사		코람자산신탁						코리츠		맥쿼리인터내셔날		리얼티어드바이저스	
자본모집		일반공모								일반공모			
설립일		2003.08.05.		2005.10.26.		2006.05.18.		2003.07.29.		2003.12.12.		2003.04.17.	
상장일		2003.08.29.		2005.11.11.		2006.06.15.		2003.08.29.		2004.01.08.		2003.05.13.	
자산총액		1,533억 원		1,269억 원		1,239억 원		1,183억 원		1,693억 원		1,434억 원	
만기일		2008.08.05.		2010.10.26.		2013.05.18.		2008.07.29.		2008.12.12.		2008.04.17.	
		배당률	1년환산	배당률	1년환산	배당률	1년환산	배당률	1년환산	배당률	1년환산	배당률	1년환산
수익률	1기	3.63	7.26	6.70	13.40	3.60	7.20	5.25	7.95	4.59	8.29	3.82	7.64
	2기	3.42	6.84	4.80	9.60	−	−	4.20	8.39	4.83	9.65	4.22	8.44
	3기	3.68	7.36	−	−	−	−	5.38	10.54	6.09	12.27	3.95	7.90
	4기	4.20	8.40	−	−	−	−	4.37	8.72	6.31	12.52	3.95	7.90
	5기	4.40	8.80	−	−	−	−	5.38	10.78	6.44	12.99	5.02	10.04
	6기	4.68	9.36	−	−	−	−	4.21	8.42	6.57	13.04	5.02	10.04
	7기	3.30	6.60	−	−	−	−	−	−	−	−	5.12	10.24
평균배당률		3.90	7.80	5.75	11.50	3.60	7.20	4.80	9.13	5.81	11.46	4.44	8.89
보유부동산		여의도 한화증권빌딩 논현동 아이빌 힐타운빌딩		중구 LG화재 다동빌딩 과천 별양동 코오롱별관		종로구 거양빌딩 서현동 센트럴타워		세이브존(성남, 노원, 대전), 노원구 한신 스포츠센터, 장유 아쿠아웨이브		중구 충무로 극동빌딩		수서 로즈데일빌딩, 대전 세이백화점, 분당 터보테크빌딩	

6. 리츠의 영향

리츠 제도가 시행되고 대중화됨에 따라 부동산시장은 더욱 전문화될 것이다. 특히, 부동산시장 외에 금융시장에도 많은 변화가 발생할 것으로 예상된다. 최근에는 증권시장에서도 리츠 관련 테마주가 진행 중에 있으며, 펀드와 같은 리츠 운용 전문 인력을 양성하기 위한 교육 프로그램이 운영 중에 있다.

따라서 리츠가 활성화될 경우 우리의 경제생활에 미치는 영향에 관하여 살펴보면 다음과 같다.

1) 부동산 관련 사업의 급성장

리츠 시장에서 부동산 관련사업은 새로운 전환기를 맞고 있다. 기존의 비체계적인 관리 수준에서 전문적인 부동산 관리 체제로의 변화가 예상된다. 부동산 관리회사는 부동산 관리비용의 절감, 전문임대서비스, 각종부동산 관리서비스 등을 통하여 부동산 자산의 가치를 상승시키는 역할을 수행하게 된다.

효율적인 부동산 관리운영은 리츠 회사에서 매우 중요한 역할을 수행하게 되는데, 부동산관련회사의 특징은 조직구조를 최대한 축소하고 위탁관리를 확대, 강화함으로써 효율성을 극대화시키는 데 있다.

2) 부동산 건설회사와 개발회사의 자금조달

부동산건설회사 및 개발회사의 리츠 시장의 장점은 무엇보다도 자금조달이 매우 용이하다는 것이다. 특히 CR리츠의 경우에는 현물출자가 가능하므로 개발사업 추진이 더욱 용이해진다. 그동안 건설업체나 개발업체들에게 가장 큰 부담이었던 차입금조달의 부담을 덜고 시공분야에만 전념하거나, 개발 분야를 강화시킨다면 리츠에 대한 더 많은 대중적 참여의 계기가 마련될 것이다.

3) 은행 및 보험회사의 적극적 투자 유치

은행과 보험회사는 CR리츠를 통해 자신들이 보유한 부동산을 현물출자하거나 채권기업에 대한 부실채권을 정리하기 위해 더욱 리츠에 관심을 보이고 있다. 이들은 저금리와 증시 침체로 인하여 마땅한 투자대상을 찾기 어려운 상황에 있는데, 리츠에 대한 투자와 운영자금의 대출을 통하여 안정적인 수익처를 확보할 수 있을 것이다.

4) 증권회사의 역할 기대

리츠는 주식시장에서 거래되므로 증권회사의 역할은 매우 크다고 할 수 있다. 증권회사는 리츠를 상장할 때 주간사의 역할을 담당하게 된다. 이들은 리츠회사의 기업공개는 물론이고 증자를 하는 경우에 자본시장에서 투자자와 리츠를 연결하는 매개체 역할을 수행하게 된다.

7. REITs의 장·단점

REITs는 다음과 같은 장·단점이 있다.

1) REITs의 장점

(1) 부동산관련 실물경제의 구조조정을 지원해 준다

우리나라의 기업을 비롯한 각종 금융기관의 구조조정은 아직도 미흡한 상태이다. 적적한 기회에 부동산을 매각할 수 있도록 하여 구조조정을 촉진시키고, 또한 REITs를 통하여 새로운 수요와 시장기능을 창출하여 경제구조를 활성화시킨다.

(2) 투자자의 위험을 분산시킨다

REITs는 부동산관련 자산에 분산투자를 하여 단일 부동산에 내재하는 각종 위험을 최소화시킴과 동시에 부동산 투자 위험을 다른 부동산과 여러 지역으로 분산시키는 효과가 있다.

(3) 조세혜택의 효과가 있다

REITs 제도는 국내 부동산업계의 대형화, 선진화를 촉진시킨다. 또한 개인의 부동산 투기적 투자에서 전문가에 의한 건전한 자산운용으로 전환시키고, 부동산 시장의 투명화로 효율성 확보하여 탈세를 방지시킨다. 리츠의 특징은 다른 주식과 같지만 주주들은 리츠의 포트폴리오로 인해 발생하는 부동산의 감가상각으로부터 조세혜택을 받는다.

(4) 환금성과 다양한 투자기회를 제공한다.

부동산은 유가증권에 비해 대규모의 고가이므로 거래가 이루어지기가 어렵고 환금성도 떨어진다. 그러나 리츠를 통해 증권화된 부동산에 대해 투자자들이 매수, 매도를 동시에 할 수 있으므로 환금성을 상승시킬 수 있다.

REITs 주식은 다른 수식과 마찬가지로 투자자가 원할 때 신속히 투자원금을 회수할 수 있는 기회를 제공키 위해 상장된 시장에서 매매한다. 따라서 REITs 주식은 투자자들에게 부동산을 손쉽게 매각하는 것과 똑같은 효과를 갖도록 해준다. 즉 부동산은 소유의 편중 정도가 상당히 심한 편인데, REITs 제도를 통하여 투자자들이 소액자금으로 손쉽게 대규모 부동산에 투자할 수 있는 기회를 갖게 된다.

(5) 건설 및 개발사업에 새로운 자금조달 수단이 된다

건설회사들의 부채비율 및 부동산신탁회사들의 부실로 인하여 현재 부동산 개발시장에는 필요한 자금이 제때 공급되지 못하고 있다. REITs 제도는 기존 금융기관이 아닌 자본시장을 통하여 개발사업에 필요한 자금을 투자자로부터 직접 조달받을 수 있다.

(6) 자본시장의 활성화와 투자안정성이 확보된다.

부동산에 직접 투자할 경우 많은 거래 비용이 발생하고 유동성이 확보되지 않아 취득하기 어려운데, REITs 제도로서 자본시장에 안정성을 장점으로 하는 부동산관련 투자상품을 공시하고, 투자자들로부터 다양한 투자 포트폴리오 구성을 하게 할 수 있다.

주식의 경우 증시가 여러 경제 변수에 의해 대폭락하게 되고, 거래정지나 청산절차에 들어가게 되면 주식은 한순간 휴지 조각으로 변한다. 그러나 부동산의 경우는 그럴 가능성이 없는 실물자산에 투자하기 때문에 투자자금에 대해 어느 정도 안정성을 보장해 줄 수가 있다. 여러 종류의 부동산에 분산 투자를 하면 한 종류의 부동산에 투자한 것보다도 위험을 분산시킬 수 있다.

(7) 투자수익률의 증대와 투명성이 확보된다.

리츠가 설립되기 전에는 부동산 거래라는 것이 극히 한정된 소수의 재산가에게만 정보가 제공되었다.

따라서 사회적 위화감과 빈부의 격차가 커질 수밖에 없었지만 리츠가 설립된 후부터는 리츠를 통해 부동산이 공개시장에서 거래되고 많은 분석가들에 의해 매일 분석되기 때문에 다양한 부동산 관련 정보가 공개적으로 투자자들에게 제공된다. 소액투자자들도 투자를 자유롭게 할 수 있고 다른 투자의 배당에 비해 상당한 수익률을 투자자에게 제공해주고 있다. 즉 소액의 자본으로도 높은 수익률을 가진 부동산 투자가 가능하다.

2) REITs의 단점

(1) 부동산 투기가능성 및 가격상승의 우려가 있다.

부동산 투자회사에 의한 부동산투기 발생의 우려와, 부동산 시장과열로 인한 가격상승에 대한 우려가 있다. 투기우려가 높은 지역에서의 부동산의 취득 및 처분을 제한하고 취득대상 부동산을 한정시킬 수 있다.

(2) 투자자의 손실이 발생될 가능성이 있다.

법적 요건을 충족지 못하거나 투자자 모집을 실패할 경우 부실한 자산운영으로 인하여 투자자들의 손실이 발생될 가능성이 있다. 따라서 부동산투자회사를 대형화하고 감독기관이 철저하게 관리, 감독할 필요가 있다. 부동산투자회사의 자산운용(자산요건, 수입요건, 배당요건)기준을 엄격하게 적용하거나, 투자부동산의 가격, 위험성, 수익성 등을 계속 공시하며, 외부 감사인 및 사외이사를 통한 감사, 감독과 발행주식의 상장으로 유동성을 확보시킨다.

(3) 부동산 투자로 인하여 설비투자가 부족할 수 있다.

유동자금이 부동산에 투자되어 생산에 필요한 설비자본이 부족해질지도 모른다는 우려가 있다. 이럴 땐 부동산 투자회사를 통하여 불필요한 부동산을 매각하여 부동산에 묶여 있던 자금을 생산부문에 투입시켜야 한다. 또한 전문가에 의하여 부동산이 개발, 관리, 운용되어 기업들은 핵심사업 부문에 자금을 집중할 수 있다.

(4) 무분별한 개발사업에 의한 사회적 폐단이 우려된다.

무분별한 개발사업으로 인하여 사회적 폐해가 우려된다. 따라서 개발사업을 단계적으로 허용시키거나, 개발사업에 대한 투자규모 및 투자금액의 제한, 개발사업을 일정 지역으로만 한정시키는 등 여러 가지 방법이 있다.

3) 기타 부동산 투자 상품과의 차이점

(1) 부동산 투자신탁상품과의 차이점

부동산 투자신탁상품은 신탁업 법에 근거한 금전신탁의 일종으로 일반인이 은행에 돈을 맡기고 수익증권을 받은 뒤 이자를 받는 방식이다. 은행이 채권 발행과 관리를 전담하며 주로 건설회사에 대출해주는 형태로 자금을 운용하고, 그 대출이자를 주된 수익으로 하며, 중도환매는 어렵다.

(2) 자산유동화증권(ABS)과 주택저당증권(MBS)

ABS(asset backed securities)는 "자산담보부증권"이라고 했는데, 1998년부터 법이 개정되면서부터 자산유동화증권(ABS)으로 사용되고 있다. 자산유동화증권은 자산을 담보로 발행되는 증권이다. 즉 기업이나 금융기관이 보유한 자산을 직접 매각하는 대신 이를 담보로 채권이나 수익증권을 발행하는 것을 말한다. 여기서 자산이란 기업이 미처 받지 못한 대출채권, 금유기관의 대출금, 부동산 등의 일반자산을 말한다. ABS는 우리나라에서 1999년부터 발행되기 시작했으며, 기업과 금융기관의 구조조정과정에서 발생한 부실채권을 처리하는 방법으로 자주 쓰이고 있다.

MBS(mortgage backed securities)는 주택저당증권이라고 하는데, ABS의 일종이다.

주택저당증권이란 주택저당채권을 기초로 하여 발행하는 증권을 말한다. 여기서 말하는 주택저당채권은 금융기관이 고객에게 주택을 담보로 장기대출을 해주면 대출금을 회수할 권리가 생기는데 이러한 대출채권을 뜻한다.

예를 들어, 어떤 금융기관이 A에게 주택을 담보로 1억 원을 대출해주고 A는 20년에 걸쳐 원금과 이자를 갚기로 했을 경우를 생각해보자.

금융기관이 담보로 잡은 주택과 저당채권을 근거로 증권을 발행해 투자자에게 직접매각하거나, 유동화중개회사(SPC)인 한국주택저당유동화㈜ 또는 한국주택금융공사를 통해 증권을 발행하여 투자자에게 매각해 대출자금을 회수한다는 것이다.

MBS가 처음 발행된 것은 2000년 KOMOCO(한국주택저당유동화중개회사)를 통해서였으며, 2004년엔 모기지론 전담기구인 한국주택금융공사가 모기지론을 통해 확보한 저당채권을 담보로 MBS를 발행하였다.

이러한 채권 유동화 과정을 통해 금융기관은 대출금을 조기에 회수할 수 있기 때문에 대출이 활성화되고, 내 집 마련을 계획하고 있는 고객입장에서는 집값의 20~30%만 있으면 주택을 구입할 수 있게 된다.

일반투자자들은 금융시장에서 ABS나 MBS에 투자함으로써 간접적으로 부동산에 투자한 효과를 가질 수 있다.

제3절 우리나라 REITs의 현황

우리나라에서 리츠가 도입되기 이전에는 거의 다 부동산에 직접투자했다. 이러한 투자방식은 투자자가 직접 부동산에 투자하여 부동산의 개발, 분양, 리모델링, 임대사업 등 수익성 있는 부동산을 찾아 개발, 운영, 관리하여 직접 이익을 갖게 되는 투자이다.

투자자는 부동산 분야에 해박하고 전문적인 지식이 필요하다. 이 투자방식의 장점은 정보나 새로운 투자대상에 탄력적으로 대응할 기동성이 있다는 점이다. 반면에 소문이나 거짓 정보에 속아 넘어가기 쉽거나, 경매절차, 법적 문제 등 전문적 지식 부족 문제로 큰 손실을 입을 수 있다는 문제점이 있다.

우리나라에서 부동산 투자 신탁 제도의 도입에 대한 활발한 논의는 1998년 임시국회에서 "자산유동화에 관한 법률"이 통과되어 처음으로 ABS(asset backed securities)와 MBS(mortgage backed securities)를 발행할 수 있는 법적 근거가 마련되면서 본격적으로 논의되기 시작하였다.

1. 우리나라의 REITs 제도

우리나라는 리츠를 통해 조달된 거액의 자금이 아파트, 사무실, 토지 등에 대거 몰리면 가격 폭등의 부작용이 있을 것이라고 우려해 도입 시기를 늦추었다. 도입 후에도 부동산 투자회사법의 철저한 감독을 받도록 했다.

회사의 설립은 발기, 정관작성, 주식발행사항 결정, 예비인가, 주식모집, 청약서 제공과 인수청약, 창립총회, 설립등기, 본인가 순으로 진행된다. 주식시장에 상장되기 위해서는 본인가를 마쳐야 한다. 즉 부동산 투자를 전문으로 하는 상법상의 주식회사이며, 설립 요건으로 최저 자본, 발기인에 대한 의무, 주식분산 요건 등을 마련한다. 자산의 운용은 자체적으로 수행하거나 외부위탁도 가능하다.

부동산 투자 관련 제도의 도입 현황을 살펴보면 다음과 같다.

1991. 2.　　부동산신탁 도입
1998. 4.　　계약형 부동산투자신탁 도입
1998. 9.　　자산담보부증권(ABS) 도입

1999. 1.   주택저당증권(MBS) 도입

2001. 4.   부동산투자회사(K-REITs) 도입

2001. 5.   기업구조조정부동산투자회사(CR-REITs) 도입

2001. 7.   부동산투자회사법의 시행

2007. 10.   부동산투자회사법의 일부개정 시행

2. 리츠의 도입배경

우리나라의 리츠에 대한 논의는 IMF 이후 활발히 전개되어 왔다. 1997년 외환위기로 말미암은 전반적인 경기침체로 인하여 부동산가격이 급락하고, 부동산시장이 침체국면에 접어들면서 기업이 보유하고 있는 부동산의 매각이 어려워지고 많은 기업들의 구조조정에 어려움을 겪었다.

대기업에서부터 중소기업에 이르기까지 기업의 재무구조 개선을 위해 과감한 기업구조조정에 들어갔다. 특히, 과도한 부채비율을 축소하기 위해 기업들은 기업 소유의 부동산을 매각하려고 했지만, 그 당시 경기가 급속도로 침체되어 있고 부동산에 대한 가치가 저평가되어 있던 시기라서 부동산 매각은 더욱 어려웠다. 부동산이 워낙 규모가 크고 가격도 고가여서 이것을 사려고 하는 사람을 찾기가 정말 힘든 때였다.

이에 따라, 1998년 9월 주택저당채권 유동화를 포괄하는 자산유동화법이 마련되면서 ABS(asset backed securities)와 MBS(mortgage backed securities) 발행의 법적 근거를 마련하게 되면서 금융기관의 부동산관련 부실 채권정리와 기업구조조정이 원활해졌다.

또한 부동산시장의 활성화를 위한 부동산투자신탁제도의 도입이 함께 검토되었다. 즉 리츠 제도가 기업과 금융기관이 내놓은 부동산을 처리하는 대안으로 활용될 수 있다는 점으로 활발히 논의되었던 것이다.

이러한 과정에서 "부동산투자회사법"이 2001년 3월 8일 국회를 통과한 데 이어 기업구조조정 부동산투자회사제도 도입을 골자로 한 "부동산투자회사법" 개정안이 4월 26일 국회를 통과함에 따라 2001년 7월 1일부터 부동산투자회사제도가 본격적으로 시행되었다.

우리나라의 경우 미국의 리츠 제도를 모델로 삼아 부동산투자신탁회사가 도입되었지만, 도입 시기상 기업의 구조조정을 위한 부동산 매각의 필요성에 의해 도입되었으므로 미국 리츠 제도를 우리나라 실정에 맞추어 알맞게 변형시킨 기업구조조정 부동산투자제도(CR-REITs)라고 할 수 있다.

3. K-REITs(부동산투자회사)의 자격요건

우리나라에서 리츠(REITs)회사의 설립요건은 미국의 리츠제도와 거의 비슷한 수준의 요건을 요구하고 있다.

1) K-REITs의 설립요건

부동산투자회사의 법적 형태는 주식회사로 하고, 자본금은 당초 500억 원 이상으로 하였으나 최소자본금을 250억 원에서 또 100억 원으로 하향 조정하였다. 과거 500억 원 이상의 큰 자본 규모기준은 리츠 시장의 진입장벽으로 볼 수 있었으나, 그 기준을 하향시켜 리츠 시장 진입에 한결 수월해질 수 있을 것이다.

〈표 10-6〉 리츠(REITs)회사의 설립요건

구 분	종 전	개 정
회사유형	-부동산투자회사(실체회사, 일반리츠) -기업구조조정부동산투자회사(서류상회사, CR리츠)	-자기관리부동산투자회사(실체회사, 종전 일반리츠와 같은 개념) -위탁관리부동산투자회사(서류상회사, 신설) -기업구조조정부동산투자회사(서류상회사, CR리츠)
최소자본금	-500억 원	-250억 원에서 100억 원으로 완화
현물출자	-일반리츠는 설립 시 불허, 개발사업인가 이후 가능 -CR리츠는 설립 시 자본금 30%까지 가능	-자본금의 50% 내 허용 -기금이 리츠주식 30% 이상 인수 땐 사모 허용
개발사업	-자기자본의 30% 범위 내에서 건교부 인가	-총자산의 30% 범위 내에서 허용 -건설임대주택사업, 도시개발사업 100%까지 허용, 부동산 개발사업을 전문으로 하는 "개발전문리츠"허용
차 입	-원칙적으로 불가	-주주총회 특별결의를 통해 자기자본의 10배(종전 2배) 이내에서 자금차입허용
이익배당	-이익잉여금, 감가상각비 배당불가, 청산 때 정산	-이익잉여금 적립규정 배제, 감가상각범위 내에서 이익 초과배당 가능
법인세	-CR리츠는 법인세 감면 -일반리츠는 정상과세	-위탁관리부동산투자회사, CR리츠는 법인세 감면
내부통제기준	-	-임직원이 따라야 할 내부통제기준 제정, 시행 등

2) 자본금 조달 및 소유제한과 주식상장

발기인은 설립 시 자본금의 10% 이상을 의무적으로 인수하여야 하며, 자본금의 30% 이상은 일반 공모로 모집하여야 한다. 주주 1인 및 특정이해관계자는 지분을 10% 이상 초과소유를 하지 못하도록 하였으며, 또한 설립 후 2년 이내에 상장 또는 협회중개시장에 등록토록 하여 공개를 강화하여 투자자 확대를 도모하고 있다.

3) 배당 및 운영방법

당해연도 배당가능이익의 90% 이상을 주주에게 금전 배당해야 한다. 자산운용에 있어서는 매 분기 말 총 자산의 70% 이상을 부동산 수익으로 구성하여야 한다.

기업이나 금융기관의 부실자산을 손쉽게 처리할 수 있고, 침체된 부동산업계의 요청을 받아들여 개발사업 자금을 REITs 시장을 통하여 쉽게 조달하고, 미분양 아파트 처리를 위하여 투자자 보호 장치를 소홀히 한다는 것은 깊이 고려해야 할 부분이다.

4. 리츠 도입에 따른 파급효과

리츠를 도입함에 따른 파급효과는 부동산시장, 자본시장, 정부, 일반투자자, 건설업계, 부동산투자회사, 기관투자가에 따라 각기 다르게 나타난다.

1) 부동산시장의 파급효과

(1) 부동산관련 매매거래나 임대료, 공실률, 수익성 등의 정보를 공시하도록 의무화함으로써 부동산시장의 투명성에 상당히 기여하게 될 것이다.

(2) 부동산 투자회사는 부동산업의 대형화, 투명화, 부동산 산업의 선진화를 앞당기고, 종합부동산관련 서비스가 가능하게 되어 부동산업의 대내외 경쟁력을 확보하는 계기가 될 것이다.

(3) 주택, 업무용빌딩 시장 위주로 되어 있는 임대시장이 호텔, 소매시설, 창고, 병원, 산업시설 등의 다양한 용도의 임대시장으로 확대 적용되어 산업전체의 경쟁력 향상에도 도움이 될 것이다.

(4) REITs제도 도입은 부동산에 대한 수요기반을 확대함으로써, 부동산에

대한 대다수의 기대가 즉각 부동산시장에 반영되게 되어 장기적인 부동
산가격 안정에 크게 기여할 것이다.

2) 자본시장의 파급효과

(1) 부동산관련 증권이 지속적으로 공급되기 때문에 자본시장의 전체 규모
가 확대되는 계기가 될 것이고 그 결과 자본시장도 크게 발전할 것이
다. 향후 부동산 시장의 규모가 커질 것이므로 주식시장 시가의 약 7%
정도가 부동산투자회사 주식으로 제공될 수 있을 것이다.

(2) 다양한 재테크 취향을 갖고 있는 투자자에게 주식의 대체투자 상품인
부동산 투자회사의 주식이 제공되어 자본시장의 다양화와 질적 향상에
크게 도움을 줄 것으로 보인다. 즉 투자자 입장에서는 적은 자금으로도
대규모 부동산에 투자하는 효과를 얻을 수 있고, 적정수준 이상의 안정
적인 배당과 주가변동에 따른 자본이득의 가능성이 있는 상품에 대한
투자기회를 갖게 될 것이다.

(3) 자본시장의 활성화와 더불어 투자위험에 대한 분산효과도 있다. 미국의
주식가격 대폭락이 있었던 2000년 가격변화율을 비교한 결과 다우존스,
나스닥, S&P500 지수 등이 모두 마이너스(−) 성과를 나타낸 반면, 리
츠의 경우 모기지형리츠를 제외하고는 대부분 손익의 변화가 없거나 오
히려 상승하는 결과를 나타내었다.

3) 정부의 파급효과

(1) 자본이득이 아닌 운용수익 중심의 부동산투자환경이 조성됨으로써 부동
산 가격안정을 꾀할 수 있고, 정부의 직접적인 규제에서 벗어나 자본시
장을 통한 간접규제 방식이 정착됨으로써 부동산시장의 자율조절 기능

이 크게 제고될 수 있을 것이다.

(2) 우리나라의 부동산에 대해 직접투자에 따른 위험을 꺼려 왔던 외국인들이 부동산투자회사에 대한 투자를 크게 늘릴 가능성이 높아 외국인 투자유치를 확대하는 효과가 기대된다.

(3) 정부의 재정부담 없이 임대주택 공급을 확대할 수 있고, 그동안 대형국책사업을 제외하고는 지지부진한 상태에 있는 공공개발사업의 활성화에도 어느 정도 기여하게 될 것이다.

(4) 부동산시장, 특히 사무실 임대시장 등의 불투명성이 상당부분 해소되어 각종 부동산관련 조세의 과세가 용이해지게 될 것이며, 장기적으로는 부동산관련 조세수입의 확대도 기대된다.

4) 일반 투자자의 파급효과

(1) 소액 투자자에게도 호텔, 소매시설, 업무용빌딩 등 대규모 부동산의 소유 기회를 제공하게 됨으로써 부동산 가격상승 시 자본이득을 고루 분산투자할 수 있게 될 것이다. 이에 따라 부동산투자에 대한 대중화에 공헌할 수 있게 진입장벽이 완화됨으로써 긍정적인 재테크의 효과도 기대할 수 있게 될 것이다.

(2) 부동산투자회사 제도의 도입으로 자산관리, 시설관리, 부동산 등의 가치평가, 부동산투자자문, 부동산 법률·세무·건축 등 관련 서비스업의 발전에도 기여하게 되고, 새로운 일자리 창출에 따른 고용기회의 확대 효과도 기대된다.

(3) 임대주택의 공급확대로 주거생활 안정에 도움이 될 것으로 예상된다. 즉 부동산투자회사가 ABS, MBS 등의 기관투자자로 등장함에 따라 부동산 관련자산을 담보한 증권의 발행이 확대되고, 이는 주택금융의 공

급 확대나 이자율 인하의 효과가 크게 될 것이다. 또한 대규모 임대전문 부동산투자회사가 등장함으로써 주택시장이 전세 위주에서 월세시장으로 전환될 것이고 안정적인 월세시장 형성이 가능해질 것이다.

(4) 수익창출을 위한 부동산투자회사 간의 경쟁으로 서비스의 질이 높아질 것이며, 수요자의 욕구에 맞는 다양한 임대시장 형성에도 기여를 할 것으로 예상된다.

5) 건설업계의 파급효과

(1) REITs제도가 활성화되면 건설업계에서도 건설 및 개발사업에 필요한 자금을 자본시장에서 직접 조달할 수 있게 된다.
따라서 금융기관의 차입의존도가 크게 낮아질 것이며, 선 분양 방식에서 후 분양방식 등의 여러 변화가 예상된다. 아울러 개발사업에 대한 보다 투명한 관리도 가능해질 것이다.

(2) REITs제도 도입으로 단기 중심의 임대시장에서 중·장기 임대시장이 형성될 것이다. 기업입장에서는 구태여 부동산을 보유하지 않더라도 부동산을 안정적으로 이용할 수 있게 되기 때문에 보유부동산을 급히 처분하거나 새로이 부동산을 직접 취득할 필요가 줄어들 것이다.

6) 부동산업투자회사의 파급효과

(1) 부동산투자회사는 회계의 투명성 유지를 위하여 부동산투자회사의 재무제표를 공개할 것이다. 부동산투자회사 제도가 활성화되면 수익성에 기초한 평가방식의 정착이 가능해지고 평가기법의 선진화가 이루어질 것이다.

(2) 부동산투자회사의 소유부동산 관리를 통해 수익과 자산가치를 높이는 관

리전문회사에 대한 수요가 늘어날 것이다. 이것은 단순 시설관리 수준에 머물러 있는 국내업계의 수준을 획기적으로 높이는 계기가 될 것이며, 다양한 시설 및 자산관리 업체가 성장하고 다른 부동산소유자의 관리위탁을 통한 부동산업 전체의 경쟁력 제고에도 일조하게 될 것이다.

(3) 부동산투자자문회사 제도를 통해 투자자들에게 제대로 된 투자정보를 제공하고 부동산투자자문을 전문적으로 상담할 수 있는 새로운 기관이 형성되고 부동산개발 및 관리와 관련한 분업화, 전문화도 활발히 진행될 것이다.

7) 기관투자자의 파급효과

(1) 은행, 보험, 연금기금 등 기관투자자들도 다양한 투자 포트폴리오 구성이 가능해져 주식시장 침체 시 다른 주식을 처분하고 부동산투자회사의 주식을 취득하는 등 투자위험의 분산효과를 기대할 수 있다. 또한 뮤추얼펀드에도 다양한 투자기회를 제공하게 된다.

(2) 보유부동산의 현물출자를 통해 관리비용을 절감한다든지, 전문가에 의한 관리를 통해 보다 나은 수익을 올릴 수 있게 되고, 은행, 보험사 등은 보유부동산의 증권화로 자기자본비율을 향상시킬 수 있게 된다.

5. 리츠(REITs)의 제반사항

우리나라에서는 1980년대에 이미 리츠 도입에 대해 검토하였으나 당시 부동산 가격이 계속 상승하고 있는 시기여서 부동산시장에서 별 반응을 얻지 못하였다.

그러나 1997년 말 IMF외환위기가 도래하여 부동산가격이 폭락하고 상당수의 거대 부동산이 외국 자본에 넘어가는 사태가 발생하자 정부에서는 이러한 부동산가격의 급락을 방지하고 기업의 구조조정을 지원하기 위해 미국의 리츠 제도를 검토하게 되었다.

당시 기업의 구조조정을 총괄하는 재정경제부에서 리츠 제도의 도입을 검토하였으나 IMF 이후 은행 및 기업의 구조조정 등 산적한 경제현안을 처리하기에 급급하여 국내 부동산 관련업무를 관장하는 건설교통부에서 법안제정을 추진하게 되었다.

드디어 2001년 4월 기업구조조정 부동산투자회사 제도 관련조항을 리츠 법안의 특례조항으로 신설하여 국회를 통과됨으로써 우리나라에서 리츠의 법적 기반이 마련되게 되었다.

이러한 법적 배경을 바탕으로 2001년 일반리츠의 첫 사례인 에이팩리츠가 출시되었다. 그러나 초기에 우리나라에서의 기존 부동산 투자의 문제를 보완해 줄 유망한 제도로 기대와 관심을 모았으나, 투자자들에게 리츠가 아직까지 생소한데다 리츠회사도 수익에 대한 확신을 투자자들에게 심어주지 못했기 때문에 이는 실패로 막을 내리게 된다.

이에 우리나라에서의 리츠의 정착에 대한 우려의 목소리가 높았다. 한편 이와 비슷한 시기에 교보증권, 메리츠증권, 동양화재를 발기인으로 하는 교보－메리츠 CR리츠가 출시되었다.

그러나 에이팩리츠와 달리 교보－메리츠리츠는 어느 정도 성공적인 결과를 드러냄에 따라 다시 한 번 우리나라의 리츠 정착에 긍정적 신호탄으로 받아들이며 현재까지 그 맥을 유지하고 있다.

2002년부터 현재까지 설립된 리츠는 위탁관리 리츠 3개와 기업구조조정 리츠(CR－REITs) 13개 등 총 16개에 불과했다.

코크렙 CR리츠 4호를 포함한 기존 코크렙 CR리츠 3개와 교보－메리츠, 케이원, 리얼티 1호, 유레스메리츠 1호 그리고 맥쿼리 CR리츠 등이 우리나라에서 인가된 기업구조조정리츠(CR-REITs)라고 볼 수 있다.

투자는 업무용빌딩에 76%가 편중되어 있고, 상업시설과 주거시설에 대한 투자는 미비했다.

투자자 역시 금융권, 연금기금 등 기관투자자의 비중이 58%였고, 일반 공모 비중은 낮았다.

도입 여건상 아직 일반리츠는 없고 CR리츠만 존재하고 있다. 따라서 현재 우리나라에서 운용 중인 리츠는 모두 CR리츠이다. 이러한 요인으로는 투자에 대한 위험 부담이 CR리츠가 일반리츠보다 낮으며 설립 규제와 운용 규제도 CR리츠가 일반리츠보다 완화되어 있다.

무엇보다 투자대상이 되는 부동산의 성격도 CR리츠는 이미 검증된 기업의 수익형 부동산을 대상으로 하기 때문에 안정성, 수익성, 환금성이라는 측면에서 당연히 선호됨에 따라 성공적 정착이 가능하였다고 분석된다.

그러나 에이팩리츠 이후 침체상태를 벗어나지 못한 일반리츠의 활성화를 위해, 건설교통부는 설립 조건과 운용규제를 완화하는 방향으로 부동산투자회사법 개정을 추진하였다.

6. 기업구조조정 부동산투자회사
(corporation restructuring REITs: CR-REITs)

앞에서 논하였듯이 우리나라에 현재 존재하고 있는 부동산투자회사는 모두 기업구조조정 부동산투자회사 즉 CR리츠다. CR리츠는 일반리츠와는 약간의 차이가 있다. 여기서는 CR리츠에 관하여 일반리츠와의 비교를 통해 그 특징을 알아보기로 한다.

CR리츠는 다수투자자로부터 자금을 모아 기업이 구조조정을 위해 매각하려는 부동산을 매입하고 관리, 운영하여 수익을 투자자에게 배분하는 제도를 말한다.

CR리츠는 존립 기간을 정관에 정하는 한시적 명목회사(paper company)로 설립할 수 있어서 회사의 설립과 해산이 용이하다. CR리츠는 일반리츠와는 달리 설립 및 자산 운용에 대한 여러 가지 특례 사항을 부여하고 있다.

주요 내용을 살펴보면 1인당 주식소유한도인 10% 적용을 배제하고 있고 설립 시 자본금의 30% 이내에서 현물 출자를 허용하고 있으며 설립 시 발행 주식 총수의 30% 이상을 일반 공모하도록 한 규정을 배제하고 있다. 또한 구조조정부동산의 신속한 처리를 위해 부동산의 단기 거래를 허용하며, 한시적인 명목회사인 점을 감안해서 자율적인 배당 결정을 가능하게 하고 있다.

이 외에도 세제 혜택 측면에서 CR리츠는 일반리츠에 비해 많은 세제 혜택을 받고 있다. CR리츠의 경우 배당가능이익의 90% 이상을 배당할 때 배당 금액이 전액 법인세 과세 대상에서 제외되며 부동산 취득 시의 취득세, 등록세도 전액 면제된다.

반면 일반리츠는 법인세 면제 혜택이 없으며 취득세, 등록세는 50%만 감면되고 있다. 일반리츠와 CR리츠는 각기 장단점이 존재한다.

CR리츠는 일반리츠에 비해 세제 감면 혜택이 크다는 장점이 있지만 한시적으로 운영되는 paper company형태이기 때문에 일정 기간 동안 존재하다가 기간이 만료되면 없어지게 된다. 또한 일반리츠의 투자대상 부동산이 모든 부동산인 데 반하여, CR리츠는 기업구조조정용 부동산으로 한정되어 있으므로 투자대상의 한계가 있다(총자산의 70% 이상을 기업구조용 부동산에 매입해야 함). 이러한 차이점은 투자자가 현명하게 판단해서 적절한 투자를 할 때 자신에게 보다 많은 수익을 보장해줄 수 있다. 리츠를 선택하고 투자하는 것은 전적으로 투자자 몫이다. 일반리츠, CR리츠 둘 중에 어느 한쪽으로 치우쳐 생각하기보다는 투자자들의 경제 상황과 시기별 최적판단 결정을 통해 가장 수익을 많이 올릴 수 있고 배당을 많이 가져다 줄 수 있는 리츠를 선택하는 것이 우선순위가 되는 것이다.

현재 우리나라에 일반리츠가 아직 없기 때문에 CR리츠와의 직접투자수익률 우위 비교는 어렵다. 앞으로 CR리츠 외에도 일반리츠가 설립되어 리츠시장에서 많은 투자자들이 부동산에 투자할 수 있는 선택의 폭을 늘릴 수 있다면 우리나라도 앞으로 리츠 시장에 대한 전반적인 투자참여의 폭이 확대될 것이다.

제4절 외국 리츠의 사례

리츠제도는 1960년대에 도입한 미국을 비롯해 영국, 독일, 호주, 일본 등이 모두 리츠의 상장을 허용했다. 미국의 경우 리츠는 자본금 등 일정한 요건만 갖추면 누구나 설립이 가능하며, 뮤추얼펀드나 연·기금, 은행, 보험회사 등의 기관투자가들이 대거 투자하고 있는 것이 특징이다.

1. 미국의 REITs제도

1) REITs의 개요

미국의 REITs는 회사(coporation)나 신탁(trust), 조합(association) 등 3가지 형태로 설립될 수 있다. 미국의 REITs는 대부분 주식회사형태이며 주식이나 채권을 발행하여 다수의 일반투자자로부터 투자자금을 모아서 부동산에 투자하거나, 부동산관련대출을 운용하여 원금과 이익금을 투자자에게 되돌려주는 방식으로 운영되고 있다. 초기에는 회사의 형태가 아닌 신탁, 조합의 형태로만 설립될 수 있었지만, 1976년부터 실질회사의 형태로 설립될 수 있었다. 대부분 리츠가 회사형태로 조직되고 조직구성, 운영상요건, 배당요건을 충족해야 부동산투자회사로 인정되고 법인세 면제혜택을 준다.

REITs의 주식은 대부분 증권거래소에 상장되어 수시로 거래되기 때문에 직접투자에 비해 유동성이 매우 높다. 또한 투자자들이 소액의 자본으로 다양한 종류의 업무용 부동산과 여러 지역에 분산투자가 가능하도록 하여, 유가증권에 투자하는 것보다 투자자들의 위험부담을 완화시킨 것이 큰 특징이다. 또한 REITs보유 부동산은 전문가에 의해 관리되기 때문에 투자자는 자산운용과 처분에 대한 부담을 줄일 수 있다.

2) REITs의 자본조달과 운용

미국 리츠의 투자자금은 주로 지분 투자자 모집을 통해 조달하였다. 1960년대 말, 1970년대 중반, 1990년대 중반 이후의 3차에 걸친 리츠의 붐은 미국의 리츠제도를 안정화, 대형화시켰다.

미국 리츠의 대형화를 위한 방안으로는 주로 M&A와 유상증자를 활용하였는데, 1994년 이후 리츠의 주식가치는 크게 상승하였고, 이러한 때에 리츠는 수익의 대부분을 투자자에게 배분하면서 신규 투자자금 조달원으로 유상증자를 하였고 대형 리츠로 발전한 계기가 되었다.

리츠 자금의 운용은 주로 오피스 건물, 쇼핑센터, 호텔 등 안정적인 현금흐름이 있는 부동산에 투자하였고, 투자유형별로는 업무용시설, 쇼핑센터 등의 판매용시설과 주거시설 순이다.

미국 리츠의 경우 총자산의 75% 이상을 부동산 또는 부동산관련 채권, 현금 등으로 구성해야 한다.

3) REITs의 배당방법과 세제혜택

미국은 우리나라와 같이 수익의 90% 이상을 투자자에게 현금 배당하도록 의무화하고 있으며, 리츠회사의 법인세를 면제해줘서 투자자가 배당이익을 받으면서 이중으로 세금을 부담하는 것을 방지하고 있다. 미국의 REITs는 1960년 일정한 요건을 갖춘 REITs에 대해서만 법인세를 면제하는 법안을 통과시켜 리츠의 활성화에 박차를 가하였다.

법인세 면제혜택은 투자자에게 대규모 부동산의 보유와 융자에 따른 자산운용이익과 높은 자본이득을 제공할 수 있어 리츠(REITs)의 이점을 최대한 발휘할 수 있었다.

4) REITs의 투자수익률

미국의 REITs 투자수익률은 경기변동에 민감하게 반응한다. REITs는 채권과 비교하면 채권보다는 위험하지만 반면에 수익률이 높고, 일반주식과 비교하면 일반주식보다는 안정적이지만 반면에 수익률이 상대적으로 낮다.

지난 30년간 리츠를 통한 연평균 수익률은 약 28%로, 같은 기간의 주식수익률 20%에 비해 상대적으로 높았다. 일반적으로 미국 리츠는 배당이익의 6~10%에 주가상승분을 더해서 평균 11%대의 수익을 올리는 것으로 분석되었다.

2. 호주의 상장부동산신탁증권(LPT)제도

1) LPT(listed property trusts)의 개요

호주의 상장부동산신탁증권(listed property trusts: LPT)은 다수의 투자자로부터 자금을 모집하여 부동산에 투자하는 신탁증권의 상장제도를 말한다.

LPT는 주주들에게 주식을 발행하여 자금을 모집하고 모집된 자금은 신탁규약에 의해 피신탁자에게 이전하고 피신탁자는 부동산을 매입, 보유, 처분하여 주주들에게 운영 수익을 배분하는 구조이다. 그러나 호주의 LPT는 약 80년 정도 기한의 제한이 있는 한시적 신탁조직이다. 차입금의 규모는 신탁규약에 따라 총자산의 60% 이내로 제한하며 차입금의 상환은 자산의 처분이나 증자를 통해서만 가능하다. 또한 LPT지분은 주식시장에 상장되어 자유롭게 거래가 가능하며 투자자산에 대해 자기관리(self-administrated)가 허용되지 않는다.

자기관리가 허용되지 않기 때문에 외부경영자를 선임하여야 되는데 이를 위해 자산운용회사와 계약을 맺어 운영을 위탁하게 되어 있다.

주주는 신탁운용에 따른 수익을 분배받으며 지분범위 내에서 유한책임을 부담한다.

2) LPT의 세제혜택

LPT는 미국의 리츠와 마찬가지로 소득세법상 일정한 요건을 충족하면 이중과세 면제혜택이 제공된다.

LPT의 이중과세 면세요건은 다음과 같다.

(1) 소득세법상 자금의 75% 이상을 임대수익용 토지에 투자한 경우

(2) 30% 미만의 상업적 거래행위만 하는 경우

(3) 운영수익의 100%를 주주들에게 배당하는 경우

(4) 500명 이상의 주주를 보유하고, 이들 주주는 2,000호주 달러 이상의 지분을 보유하는 경우 등이다.

3) LPT의 자금조달 및 운용

호주가 1971년에 도입한 LPT는 다수의 투자자들에게 돈을 위탁받아 신탁증권을 발행해주고 끌어 모은 자금을 부동산에 투자한 뒤 이익이 생기면 원금에 붙여 되돌려주는 일종의 부동산 간접투자상품을 말한다.

건물의 주인이 수천 명이 넘고, 우리나라 상식으로는 도저히 이해가 안 가

는 식의 건물의 소유주가 매일 바뀌는 일이 호주의 부동산 시장에서는 실제로 벌어지고 있는데, 그 이유가 바로 LPT제도 때문이다.

LPT의 주요 투자가는 연금 등 기관투자가로서 LPT지분의 70~80%를 퇴직연금, 은행 등 기관 투자가가 차지하고 있다. LPT의 자산운용은 오피스, 소매판매, 공장, 호텔, 영화관 등 상업용 부동산 부문에 특화되어 있으며 개발형 LPT도 일부 존재하지만 주거용 부동산 투자는 미미하다.

호주 LPT업체의 연간 배당수익률은 약 6~8%인데, 투자이익의 일부를 자기 몫으로 떼어 재투자하는 리츠(REITs)와는 달리 버는 대로 모두 돌려주기 때문에 리츠보다는 배당수익률이 좋은 편이다. 그만큼 고정적인 현금배당을 원하는 투자자들로부터 인기가 높다.

3. 일본의 J-REITs제도

일본의 J-REITs제도는 2000년 11월 "투자신탁 및 투자법인에 관한 법률"이 개정되면서 도입되었다. J-REITs는 일반투자자나 기관투자가 법인들의 자금으로 만들어진 페이퍼컴퍼니가 상업용 부동산을 매입하여 전문자산관리회사(AMC)에 위탁운영하면서 운용수익을 투자자들에게 배당하는 형태이며 일반투자자의 참여를 활성화하기 위해 1구좌를 5만 엔 단위로 소액화하였다.

1) 일본 REITs의 개요

일본의 J-REITs인 SPC법에 의할 경우엔 불량채권의 담보 부동산뿐만 아니라 일반적인 우량부동산에 대해서도 증권화가 가능하며 금융기관 이외에 일반 사업법인도 활용이 가능하도록 되어 있다.

SPC의 자금조달 방안은 채권형과 주식형 증권의 동시발행이 가능해 우선출자증권(주식형), 특정사채(채권형), 특정약속어음(CP형) 등 3종류의 유가증권을 발행해 자금을 조달할 수 있다.

SPC는 상법상의 주식회사와는 다른 특별법상의 영리사단법인이다. 일본정부는 1995년부터 부동산 시장의 장기침체로 인한 기업 자산가치 하락을 멈추기 위해 여러 가지 부동산 유동화 장치를 마련하였다. 1996년과 1998년에 선보인 "부동산특정공동사업법"과 부동산의 미래수익을 담보로 유가증권을 발행하는 "특수목적회사(SPC)법"이 대표적이다.

2) J-REITs의 세제혜택

J-REITs는 제도의 조기정착을 위해서 법인세 면제, 등록면허세 면제, 취득세 감면 등과 같이 조세감면혜택을 부여하였다. 법인세의 경우 과세소득의 90% 이상을 배당하면 해당 배당은 경비처리가 인정되어 과세가 면제되며 개인투자자들의 배당에 대한 과세는 통상의 일반주식배당과 동일하게 취급하고 기관투자가의 경우에는 기본적으로 동일하나 과세소득의 공제는 인정되지 않고 있다.

3) J-REITs의 운용현황

일본리츠의 운용방식은 기본적으로는 미국식 회사형 리츠에 가깝다. 일반투자자나 기관투자자, 법인들의 자금을 조달받아 만들어진 리츠(paper company)가 사무용 빌딩과 상업용 빌딩, 아파트 등 부동산을 매입한 뒤 전문 자산관리회사에 위탁 운용토록 하면서 임대수익이 나면 투자자에게 이익을 배당하는 형식이다.

J-REITs는 REITs총자산의 75% 이상을 부동산과 부동산관련자산에 투자하도록 별도의 상장규정을 마련하였고, REITs 총자산의 50% 이상을 고정적

인 임대수익의 수취가 가능한 수익성 부동산으로 구성하도록 하여 최소한의 원금보장을 담보할 수 있도록 하였다. 또한 과세소득의 90% 이상을 배당하도록 하였으며, 기말시점에서 50명 이상의 개인투자자나 기관투자자로 구성하고 상장REITs의 경우 매년 2회의 자산운용 내역공시와 연 1회의 부동산가격공시를 의무화하였다. J-REITs는 2001년에 처음으로 REITs가 도쿄증권거래소에 상장하였고, 앞으로 리츠시장이 큰 규모로 성장할 것으로 내다보고 있다.

눈길을 끄는 것은 일반투자자 참여 활성화를 위해 만들어진 보호장치로서 1구좌를 5만 엔으로 잘게 쪼개서 서민들도 부담 없이 투자할 수 있도록 하되 운용자산의 절반 정도로는 고정적인 임대수입을 올릴 수 있는 빌딩, 아파트 및 이를 담보로 발행한 유가증권에 투자하도록 해 최소한의 원금은 지킬 수 있도록 했다. 일본리츠의 예상수익률은 약 30% 이상으로 추정되고 있는데, 이는 일본의 일반예금금리보다 훨씬 높은 수치로서 폭발적인 인기가 기대되고 있다.

제5절 성공적인 리츠(REITs)의 재테크 투자전략

투자의 기본은 "쌀 때 사서 비쌀 때 판다"는 원칙하에 한다면 누구나 성공할 수 있다. 그렇지만 투자는 누군가 이익을 본다면 누군가는 손해를 보게 된다.

이익을 얻기 위해서는 적기를 찾아 투자하는 것이 중요한데, 이것은 리츠에도 적용된다.

주식과 채권을 비교하여 설명하면, 리츠 주식 보유자는 리츠 회사 이익의 90% 이상을 배당금으로 받는다. 리츠가 성장하면 당연히 배당금도 늘어난다. 일반 주식 투자자는 발행회사의 경영성과에 따라 배당금을 받는다. 다만 법인세를 내고 남은 세 후 순이익 중에서 일정 부분을 배당하는 것이 리츠와 다른 것이다.

채권의 경우 투자자는 미리 정해진 이자율에서 이자 소득세를 내고 남은 세후 이자수익만을 얻는다. 발행회사의 기업가치가 오르던 내리던 간에 이자 수익은 항상 일정하다.

시세차익의 측면에서 리츠는 주가 변동이 상대적으로 적은 편이다. 그 이유는 중장기로 부동산을 운용하므로 단기적으로는 수익과 자산가치가 크게 변하지 않기 때문이다. 따라서 리츠주식은 일반주식보다 가격 하락기에는 손실이 작아 유리하지만, 반면 가격 상승기에는 수익률이 작아 불리하기도 하다. 인플레이션 시기에 채권은 이자율 상승에 따른 가격하락의 위험이 있지만, 리츠주식은 부동산 가치의 상승으로 수익성이 높아질 수 있다. 물가상승 시에는 자산을 더욱 선호하기 때문에 부동산가격이 올라갈 가능성이 높기 때문이다.

1. 리츠(REITs)에 투자하기 전의 전략

일반적으로 REITs의 투자자에게 가장 필요한 것은 부동산투자신탁회사를 잘 선택하는 것이다. 일반투자자들은 투자 이전에 부동산투자신탁회사가 제시한 투자수익률이 어떻게 산출되며, 조성된 펀드가 어떠한 과정을 거쳐 운영되는지를 잘 고려해야 한다. 그리고 결산 시 지급되는 배당금이 어떻게 산정된 금액인지, 초기에 제시한 수익률과 일치하는지 등을 꼼꼼히 살펴봐야 할 것이다.

따라서 부동산투자회사(REITs)에 투자를 하려는 투자자는 리츠회사에서 제시한 설명서를 자세히 살펴봐야 한다. 즉 투자목적 부동산의 위치, 부동산의 가치, 기대수익률 등의 투자의사결정에 가장 중요한 요소를 꼼꼼히 알아본 후에 투자여부를 판단한다.

제시된 목표수익률은 미래의 투자수익률과 경제 환경에 따라 많은 차이가 날 수 있음을 유의해야 한다. 예를 들면 부동산 종류별, 지역별로 차이가 심하게 날 수 있으며, 공실률의 경우에도 신뢰성 있는 산정이 어렵다. 따라서 정확한 자료제시를 요구해서 봐야 할 것이며, 운영경비 및 부채비율 등의 중요한 변수도 자세하게 알아봐야 할 것이다.

2. 리츠(REITs) 투자운영의 전략

부동산투자회사에 투자한 투자자는 투자회사의 주주로서 권리행사를 하게 된다. 리츠의 경우는 주식형 뮤추얼펀드와 동일한 폐쇄형 상품으로서 원금손실의 우려가 있다. 따라서 리츠의 운영에 관하여 적극적인 관심가지고 관찰을 해야 할 것이다. 리츠 투자는 주식을 구입함으로써 권리가 생기지만, 그 투자 대상은 부동산이므로 관련비용을 최소화하고, 수익을 극대화하는 방안으로 강구해야 할 것이다. 부동산 공실률을 최소한으로 줄이고 자산관리를 잘하는지 혹은 운영경비를 줄이려고 노력하는지 등에 관하여 투자회사를 잘 분석해 보는 것도 중요하다고 본다. 부동산투자회사 효율적인 자산관리운영에 관한 유의사항을 살펴보면 다음과 같다.

(1) 투자대상 REITs회사의 선정

투자자가 투자한 REITs회사를 선정하여 REITs 회사의 경영진, 경영 구조, 재무 구조, 투자 전략 등을 알아본다.

(2) REITs의 투자 부동산의 선정

부동산 시장의 상황, 부동산의 유형별·지역별 가치, 수익성, 성장성 등을 평가한다.

(3) 보유자산의 관리 및 운용 인력의 평가

보유 자산의 관리 및 운용 인력의 부동산 투자관련 경험과 실적을 평가한다.

3. 리츠(REITs) 배당금수령의 유의사항

리츠의 운영수익 산정은 일반적으로 FFO(fund from operation)에 의한다.

FFO는 리츠의 수익측정 방법 중 가장 널리 사용되는 운영수익산정방식이다. 일반적으로 기업을 평가 분석할 때는 당기순이익이 널리 사용되지만, 리츠를 분석할 때는 FFO를 사용한다.

FFO에 의한 산정방법은 투자 부동산의 가치는 지속된다는 가정하에서 시작되므로 감가상각을 고려하지 않는다는 약점을 가지고 있다. 즉 모든 부동산의 가치는 지속적으로 유지된다고 가정하는데, 일반적으로 건물의 가치는 하락하고, 토지의 가치는 상승하기 때문에 부동산가격의 증감을 전혀 고려치 않는다는 단점이 있다. 리츠의 투자자들이 알아두어야 할 점은 부동산 가치산정에서 감가상각은 반드시 발생하게 되고, 운영수익은 감가상각 정도에 따라 상당한 영향을 받는다는 점에 유의해야 하며, 운영비용도 적정하게 사용된 것인지 확인할 필요가 있다.

부동산투자회사에서 제시한 수익률만 믿는다면 수익은 고사하고 원금까지 까먹는 상황이 있으므로 이점을 유의하여 투자자는 정보 분석능력을 갖추어야 할 것이다.

4. 리츠(REITs)의 효율적인 재테크 투자전략

은행의 예금금리보다 높은 수익률을 받으면서도 안정적인 투자 상품을 찾는 것이 일반적인 투자자의 전략이다. 주가변동에 심한 상품보다도 좀 더 안전하고 수익률도 높은 투자를 원한다면, 부동산 간접투자 상품에 관심을 가져볼 만도 하다.

리츠(REITs)는 주식이나 수익증권 등을 발행하여 자금을 모집한 후 이를 부동산이나 부동산관련 대출, 부동산 유가증권 등에 운용한 후 그 수익을 투자자에게 배분하는 부동산 간접투자 상품이다.

리츠는 자금의 모집방법, 투자대상, 자산관리 형태에 따라 회사형(주식형)과 계약형(신탁형)으로 분류된다. 즉, 회사형은 투자자가 주식을 매입하여 주주가 되어 회사의 경영권을 갖는 방식이고, 계약형은 투자자가 수익증권을 매입하여 경영에 참여하지 않고 이익이 발생하면 투자한 만큼 이익을 받는 방식이다.

리츠 투자를 할 때는 상품에 대한 위험, 투자대상 부동산 등이 기록되어 있는 투자설명서를 잘 보고 선택해야 한다.

효율적인 리츠투자를 위한 리츠(REITs)의 재테크 기본전략을 간추리면 아래와 같다.

1) 리츠(REITs)에 투자하기 위하여 전체적인 부동산시장의 동향을 파악해야 한다.

리츠(REITs) 투자의 수익성은 부동산시장에 대한 정보와 직결되므로, 전체적인 부동산시장의 동향을 항상 주시해야 한다.

2) 리츠(REITs) 투자에 대한 자신의 목표수익률을 사전에 결정해야 한다.

고위험, 고수익 상품을 선호할 것인지, 저위험, 저수익의 안정적인 상품을 선호할 것인지에 대하여 자신의 투자성향을 먼저 파악하고 자신의 목표수익률을 사전에 결정해야 할 것이다.

3) 리츠(REITs)투자에 대한 장기적인 안목을 가져야 한다.

장기적인 투자안목을 갖고 지속적이고 성장 가능성이 있는 기업을 선택함
으로써 리츠투자에 대한 수익률을 극대화할 수 있다.
  4) 리츠(REITs)는 투자부동산 보다 관리 및 운영 인력을 보고 선택하는 것
     이 좋다.
  리츠(REITs)의 수익성은 투자부동산 보다 자산 관리 및 운영을 얼마나 효
율적인 하는 가에 따라 많은 차이가 날 수 있으므로 잘 선택해야 한다.

제6절 리츠(REITS)의 사례분석

1. 사례분석기업 - 교보매리츠퍼스트 기업구조조정 부동산투자회사

1) 회사의 목적

(1) 부동산의 취득, 관리, 개량 및 처분
(2) 부동산의 개발
(3) 부동산의 임차
(4) 유가증권의 매매
(5) 금융기관의 예치
(6) 지상권, 임차권 등 부동산 사용에 관한 권리의 취득, 관리 및 처분

2) 회사의 연혁

2001. 10. 19. - 발기인총회
2001. 11. 09. - 설립예비인가(건설교통부)
2001. 12. 21. - 창립총회 및 회사 설립(자본금 840억 원)

2001. 12. 21.－자산관리계약 체결: ㈜제이더블유에셋

　　　　　　　자산보관위탁계약체결: ㈜한국외환은행(현금 및 유가증권)

　　　　　　　㈜생보부동산신탁(부동산)

2002. 01. 09.－설립본인가(건설교통부)

2002. 01. 30.－한국증권거래소 상장

2004. 02. 23.－자산관리계약해지: ㈜제이더블유에셋

　　　　　　　자산관리계약체결: ㈜코리츠

　　　　　　　일반사무위탁계약해지: ㈜한국외환은행

　　　　　　　일반사무위탁계약체결: 외환펀드서비스㈜

3) 회사의 자금조달 및 주식관련 사항

위 회사는 설립 시 주식 모집을 통해 투자자들로부터 발기인주금을 제외한 367억 원의 투자자금을 모집하여 총 840억 원의 자금을 주주로부터 조달하였다.

(1) 주식의 총 수

〈표 10－7〉 교보메리츠퍼스트 CR－REITs의 주식에 관한 사항

(2005. 06. 30. 현재)　　　　　　　　　　　　　　　　　　　　　(단위: 주)

구 분	주식의 종류	
	보통주	합 계
발행할 주식의 총 수	18,000,000	18,000,000
현재까지 발행한 주식의 총 수	16,800,000	16,800,000
현재까지 감소한 주식의 총 수	0	0
발행주식의 총 수	16,800,000	16,800,000
자기주식 수	0	0
유통주식 수	16,800,000	16,800,000

(2) 주식의 분포

가. 최대주주

교보생명보험㈜ - 보통주 8,560,000주 / 지분율 50.95%(자본금출자)

나. 5% 이상 주주

교보생명보험㈜ - 보통주 8,560,000주 / 지분율 50.95%
신한생명보험㈜ - 보통주 1,530,770주 / 지분율 9.11%

4) 기업의 재무구조 특징

(1) 재고자산 및 무형자산이 없다

그 이유는 리츠회사의 자산은 부동산과 그와 관련된 증권들이기 때문에 재고자산과 무형자산이 존재하지 않는다.

(2) 영업이익의 변동이 없다

임대료수익이 영업이익이기 때문에 고정된 수입을 얻는다.

(3) 배당에 관한 사항

〈표 10-8〉 교보메리츠퍼스트 CR-REITs의 배당에 관한 사항

구 분	제7기	제6기	제5기
주당액면가액(원)	5,000	5,000	5,000
당기순이익(백만 원)	3,929	3,755	3,874
주당순이익(원)	234	223	231
배당가능이익(백만 원)	3,929	3,414	3,522
현금배당금총액(백만 원)	3,572	3,414	3,522
주식배당금총액	-	-	-
현금배당성향	90.91%	90.91%	90.91%
현금배당수익률	3.90%	3.78%	4.13%
주당현금배당금(원)	213	203	209

주당순이익 및 주당현금배당금은 꾸준한 증가세를 나타내고 있다. 또한 일정한 현금배당성향을 보이고 있는데, 이는 이익금의 90% 이상을 현금배당을 해야 하는 리츠회사의 특징으로 보인다.

2. 국내 리츠(REITs)의 현실과 전망

국내 리츠는 많은 규제 때문에 CR리츠 회사만이 상장되어 운영되고 있다. 일반리츠 회사가 설립이 되지 않은 이유는 첫째, 법인세 감면 혜택이 별로 없고, 둘째, 자본금이 적지 않은 부담감이 있다는 점 셋째, 기타 사업부문에서도 여러 규제가 존재하였기 때문이었다. 하지만 이러한 조건이 이번 부동산투자회사법 개정으로 많이 완화가 되어서 현재 위탁관리부동산투자회사인 ㈜코크렙 제7호 부동산투자회사가 처음으로 설립이 되었다.

부동산의 직접투자는 여러 가지 경제요인의 변동으로 인하여 어려움이 뒤

따른다. 이로 인해 REITs나 기타 부동산투자신탁상품과 같은 간접투자 상품이 주목을 받고 있는 중이다. 특히 REITs는 연 수익률이 8~15% 정도로 고수익이 예상되고, 거래소에서 상장되어 거래되기 때문에 손쉽게 투자를 할 수 있다는 면에서 많은 매력을 가지고 있다.

3. 국내 리츠(REITs)의 발전전망

국내 부동산투자회사인 리츠(REITs) 시장이 자산 1~2조 원 규모로 형성되고, 앞으로 3년 내에 5조원 이상의 규모로 커질 가능성도 있는 것으로 전망됐다.

일반리츠의 경우는 당초 기대와는 달리 시장 진입에 실패한 상황이다. 앞으로도 세제 등의 측면에서 상대적으로 유리한 CR리츠 위주로 시장이 확장될 것이다. 상대적으로 유리한 CR리츠 위주로 시장이 확장될 것 같다는 전망은 분명하다. 또한 제도적인 장벽으로 여겨졌던 부동산투자회사법이 개정되면서 리츠시장은 급속도로 확장될 것이다.

부동산투자회사법의 개정으로 리츠는 부동산 시장의 차세대 투자 상품으로 떠오를 것이고 부동산 시장을 바로잡을 수 있는 기회가 될 수 있을 것이다.

더욱이 일반리츠가 활성화될 경우 부동산 시장에 거품을 조장하는 주요 요인 중 하나인 시중 유동자금을 리츠 시장으로 유입시킬 수 있고, 건전한 부동산 시장질서의 정착과 함께 시장안정 효과까지 기대할 수 있다.

또한 다른 금융상품과의 경쟁에서 리츠의 장점이 두드러지게 나타나고, 일반투자자가 참여할 수 있는 일반리츠가 설립되면 그야말로 소액투자자들을 위한 부동산투자제도로 발전할 수 있을 것이다.

1) 리츠(REITs)의 향후전망

K-REITs의 향후 전망은 CR-REITs가 선도할 것이며, 보다 안정적인 리츠투자가 정착될 것으로 보고 있다.

(1) 기업구조조정 부동산투자회사가 선도할 것이다.

① 법인세감면으로 세제혜택의 폭이 크다
② 자본금의 30%이내에서 현물출자가 가능하다.
③ 대주주의 주식분산의 의무가 없다
④ 투자대상이 구조조정용부동산으로 명시되어 있다

(2) 안정적 리츠(REITs)투자가 정착될 것이다.

일반주식과 리츠(REITs)중에서는 리츠가 위험성이 더 적다. 주식가치 상승에 의한 수익보다는 안정적이고, 상대적인 배당률이 높다는 것이 리츠투자의 장점이다. 따라서 다음과 같은 예측이 가능하다.
① 우리나라 부동산투자의 새로운 전기를 마련할 것이다.
② 투자의 전문성을 통하여 높은 수익률을 올릴 수 있을 것이다.
③ 리츠(REITs)회사에서는 이자의 부담이 없는 대규모 자금의 조달이 가능하다.
④ 건설회사 및 부동산 업종에 기여할 것이다.

2) 투자대상의 사업선택

투자대상은 안정형이나 수익형에 따라 다음과 같이 투자선택이 달라질 수 있다

(1) 리모델링(remodeling)과 분양 및 임대사업

(2) 아파트임대사업

(3) 아파트 분양 사업 등 개발사업에 투자

(4) 전문 소매 시설

(5) 사무용빌딩(office building)

3) 리츠(REITs) 투자수익률의 비교

은행예금 및 주식과 채권 등에 투자했을 때 보다 리츠에 투자할 경우의 수익률을 비교해 보면 다음과 같다.

(1) 은행 등의 금융기관에 예금했을 때와 비교해 볼 때, 사무용 빌딩을 포함한 수익성 부동산에 투자하는 경우 주식가치의 상승분이 현재 실질은행금리인 4~5%보다 훨씬 더 높을 것이다.

(2) 채권에 투자했을 때와 비교해 볼 때, 리츠(REITs)가 투자수익률이 더 높다고 볼 수 있다. 그러나 채권에 투자했을 때는 이자와 원금이 보장받는 반면에 리츠(REITs)는 자산가치 상승이익이 매력적이지만 원금이 보장되지는 않는다는 단점이 있다.

(3) 부동산 직접투자와 리츠투자를 비교해 볼 때, 부동산에 직접투자하는 경우 투자수익을 개인이 독점할 수 있지만, 위험성 역시 자신이 전적으로 부담해야 한다. 그러나 리츠투자의 경우는 다수의 소액투자가 가능하고 안정적인 배당수익을 얻을 수 있다.

4. 리츠(REITs)투자의 문제점

우리나라에서의 리츠는 많은 규제로 말미암아 일반리츠는 실제로 존재하지

않고, CR-REITs(기업구조조정리츠)만이 존재하고 있다. 리츠가 부동산간접 투자로서 고수익을 올릴 수 있다는 투자매력으로 주목받고 있지만 아직까지는 다음과 같은 문제점을 지니고 있다.

(1) 부동산 투기의 발생이 우려된다(구조조정용 부동산회사의 경우).
(2) 1인당 주식소유의 제한이 없다.
(3) 법인세가 면제되며, 세금혜택목적으로 투자과열의 우려가 있다.
(4) 부채상환 목적으로 매각하는 부동산에 특히 유리하다.
(5) 리츠(REITs)는 현물출자를 통한 설립이 불가능하다.
(6) 일부 리츠(REITs)투자회사의 과도한 투자자모집으로 투자자의 수익성 진위여부에 혼란이 야기되기 쉽다.
(7) 리츠(REITs) 투자자의 투자이익 보호를 위한 제도적인 장치가 아직은 미흡하다.

5. 리츠(REITs)투자에 대한 시사점

리츠(REITs)가 처음 등장하게 된 것은 단순한 부동산간접투자를 의미하기 보다는 효율적이고 합리적으로 부동산과 부동산관련자산에 투자해 부동산 수 요를 이끌어내자는 의미에서 도입되었다.

1997년 외환위기 이전 부동산의 성공불패의 신화는 계속될 것 같아 보였다. 그러나 외환위기와 함께 불어 닥친 경제적 위기는 각종 투자 시장은 물론 부 동산 시장에까지 커다란 영향을 미쳤다. 이 과정에서 나타난 문제점을 보완하 기 위하여 리츠(REITs)가 도입되었다.

그렇지만 CR리츠는 어느 정도 성과를 이루었다고 보고 있더라도 일반리츠 의 경우에는 투자자들의 리츠에 대한 이해 부족과 투자 성공에 대한 확신부족으로 만족할 만한 수준의 성과를 거두지 못하고 실패하고 말았다.

그러나 에이팩리츠 이후 침체상태를 벗어나지 못한 일반리츠가 정부로부터 외면만 당하고 있는 것은 아니다. 건설교통부는 일반리츠의 활성화를 위해, 설립 조건과 운용규제를 완화하는 방향으로 부동산투자회사법 개정을 추진하는 등 법적 기반을 보완하고 있다. 수익 대상을 다각화시켜 리츠를 활성화하겠다는 의미이며, 우리나라 부동산투자에 유용하게 되리라고 예상하고 있다. 앞으로 CR리츠가 더 번창할 것이며, 일반리츠도 곧 이루어질 것이라고 판단된다.

이미 몇몇 선진국에서 성공적으로 정착하여 부동산시장과 금융시장의 중간에서 영향력을 발휘하고 있는 리츠 제도가 정착되었듯이, 우리나라의 경우에도 우리 경제환경의 실정에 맞게 정착할 것이라고 본다.

이러한 성장을 위해서 정부의 실질적인 제도적 장치의 마련과 투자자들의 리츠에 대한 이해를 높이기 위한 관심과 홍보가 필요하다고 본다. 그리고 리츠가 우리의 경제활성화에 도움을 줄 수 있도록 각각의 경제주체들이 제 역할을 다할 때에, 성공적인 리츠투자가 정립될 것이라고 본다.

제11장 지주회사

시대가 변하고 여건이 달라짐에 따라 대기업 위주의 집단 족벌 경영체제에서 점차 지주회사 형태로 바뀌어 가고 있다. 투명경영과 지배구조의 개선을 내세우는 지주회사로의 전환은 기업 간 상호출자가 제한되는 독립적인 경영체제라는 점에서 의의가 있겠다.

제1절 지주회사의 개념

지주회사는 기업결합 및 기업지배에 의한 독점형성의 수단으로 이용될 우려가 있기 때문에 지주회사의 설립과 지주회사로의 전환을 금지하고 있었다. 이러한 금지제도는 1986년 12월 상호출자금지, 출자총액제한, 채무보증제한 등 공정거래법 개정 작업의 일환으로 금지되었다가, 1999년 4월 기업구조조정 과정을 촉진하고 외국자본과 역차별의 시비를 없앤다는 취지하에 순수지주회사에 한하여 허용하였다.

본절에서는 지주회사의 포괄적인 개념을 알아보기로 한다.

1. 지주회사의 정의

지주회사라 함은 다른 회사의 주식소유를 통해서 그 회사의 경영권을 지배하는 것을 주요 목적으로 하는 회사를 말한다. 즉 사원의 지분을 통합한 주식소유를 통하여 자회사 자산총액에 50% 이상(상장법인은 30%이상)을 소유한 회사를 말한다. 자회사라 함은 지주회사에 의하여 그 사업내용을 지배받는 국내회사를 말한다.

지주회사는 생산과 영업 등 자체 사업을 하면서 특정계열사를 자회사로 거느리는 사업지주회사와 영업활동을 하지 않으면서 순수하게 계열사 경영권만을 지배하는 순수지주회사로 나눌 수 있다.

2. 지주회사 체제의 필요성

1997년 IMF 외환위기 및 상품, 노동, 금융시장의 개방과 국제화 등 경영환경의 변화는 우리나라 기업들의 사업구조 및 소유구조를 선진국 형으로 바꿀 것을 요구하였다. 특히, 우리나라 대기업 지배구조의 고질적인 문제점이었던 "계열사 간 순환출자구조"를 해소하고 기업경쟁력을 제고하기 위해서는 출자구조의 재편이 필수적이었다.

이에 계열기업들이 출자에 대한 부담 없이 고유사업에만 전념토록 할 수 있는 지주회사 체제가 가장 효율적인 대안으로 인식되고 있다.

지주회사는 1986년 공정거래법이 개정되면서 경제력 집중의 부작용을 막는다는 취지에서 금지되었었다.

지주회사 외에 상호출자가 금지되었고, 출자총액제한 제도가 도입되었다. 또 금융회사가 보유한 계열사 주식의 의결권이 제한되었다. 지주회사가 금지된 이후 당시 대기업들은 지주회사 대신 순환적인 출자를 통해 많은 계열사를 거느렸다. 외환위기 이후 기업 구조조정이 시급한 과제로 부각하면서 재계는 지주회사 규제 폐지를 요구했고, 정부는 1999년 공정거래법을 개정해 지주회사를 제한적으로 허용했다.

당시 공정위는 "지주회사는 분사와 인수합병(M&A)의 활성화, 외자유치 등을 통해 구조조정을 촉진하는 순기능이 많다."고 허용배경을 밝혔다. 공정위는 지주회사를 허용하되 계열확장의 수단으로 히용되는 것을 방지하기 위해 요건을 엄격하게 제한했고, 출자총액제한으로도 규제를 하였다. 출자총액을 까다롭게 제한하면 지주회사의 설립이 어려워진다.

지주회사는 부채를 적게 진 상태에서 자회사 지분은 많이 가져야 하는데, 그렇게 하면 출자총액제한을 어기게 된다. 이에 따라 정부는 그동안의 형성된 우호적인 시각에 힘입어 지주회사를 출자총액제한의 예외로 인정했다.

3. 지주회사의 설립조건

지주회사의 설립조건은 다음과 같다.

1) 자산총액이 1,000억 원 이상이어야 한다.

2) 순자산 대비 부채비율이 100% 이내이어야 한다.

3) 소유한 자회사의 주식가액의 합계액이 회사자산총액의 50%(상장법인은 30%) 이상이어야 한다.

4) 자회사 외에 국내회사의 주식을 지배목적으로 소유하지 않아야 한다.

5) 일반지주회사의 경우 금융회사의 주식을 소유하지 않아야 한다.

6) 사업연관이 없는 손주회사를 소유하지 않아야 한다.

4. 지주회사의 분류

지주회사는 분사형, 중간형, 합병형 등으로 나눠서 설명할 수 있는데, 분사형은 기존의 사업부나 사내분사를 독립회사로서 나누고 지주회사가 독립회사를 총괄한다. 중간형은 사업회사 산하에 사업부와 지주회사를 두고, 다시 지주회사가 복수의 사업회사를 거느리는 방식이다. 합병형은 복수회사가 합병하여 공동으로 지주회사를 설립하는 방식을 말한다.

지주회사는 자기사업의 영위여부에 따라 순수지주회사와 사업지주회사로 분류될 수 있으며, 자회사의 성격에 따라 일반지주회사와 금융지주회사로 나뉠 수 있다.

1) 자기사업의 영위여부에 따른 분류

지주회사를 생산과 영업 등 자체 사업을 하면서 특정 계열사를 자회사로 거느리는 "사업지주회사"와 영업활동은 하지 않으면서 순수하게 계열사 경영권만을 지배하는 "순수지주회사"로 분류한다. 우리나라에서는 자회사 지분율이 50%(상장사는 30%) 이상이면 지주회사를 설립할 수 있다.

(1) 순수지주회사(pureholding compony)

자회사의 지분이나 출자관리만을 맡으며, 독자사업부문을 가지지 않고 전략수립 등과 같은 본사기능만을 가지는 회사를 말한다. 즉 지주회사가 자회사의 경영, 관리 이외의 다른 사업을 영위하지 않는 경우이다.

(2) 사업지주회사(operating holding company)

순수지주회사는 경영권만 확보할 뿐 독립적인 사업을 할 수 없지만, 사업지주회사는 독자의 주된 사업을 영위하면서 주식소유를 통해 자회사를 거느리는 지주회사 기능을 겸하는 회사를 말한다. 즉 지주회사가 자회사의 경영, 관리 이외의 다른 사업도 영위하는 경우이다.

2) 자회사의 성격에 따른 분류

지주회사는 자회사의 성격에 따라 일반지주회사와 금융지주회사로 분류할 수 있다.

(1) 일반지주회사

지주회사(holding company)는 다른회사의 주식을 소유한 회사이며, 단순히 주식을 소유하는 것만이 아니라, 해당회사의 법적기준 이상의 주식(의결권)을 보유함으로써 그 회사에 대하여 실질적인 지배권을 취득하는 것을 목적으로 하는 회사이다. 즉 자회사를 관리하는 회사를 의미한다.

일반지주회사는 금융기관 이외의 일반기업을 자회사로 지배하고 있는 지주회사를 말한다. 2007년 현재 우리나라의 일반지주회사는 36개 사이다.

(2) 금융지주회사

금융지주회사는 주식소유를 통하여 금융업을 영위하는 회사 또는 금융업의 영위와 밀접한 관련이 있는 회사를 일정기준(대통령령)에 의하여 지배하는 것을 주된 사업으로 하며, 1개 이상의 금융기관을 지배하는 회사를 말한다. 즉 은행, 증권, 보험 등의 금융업을 직접 경영하는 것이 아니고, 이들 금융기관의 주식을 소유함으로써 간접적으로 금융업을 영위하거나 금융관련회사를 지배하는 회사를 뜻한다. 2007년 현재 우리나라의 금융지주회사는 신한금융지주회사, 우리금융지주회사, 하나금융지주회사, 한국투자금융지주회사의 4개 사가 있다.

5. 지주회사의 장·단점

최근 글로벌 경영화 추세에 맞추어 2000년대 새로운 시스템으로 지주회사 제도가 부각되고 있다. 지주회사는 통합경영제도로서 선진 국가에서는 이미 허용되어왔던 제도이다. 국내에서도 기업구조조정 촉진을 위해 1999년부터 지주회사 설립을 제한적으로 허용해 왔는데, 지주회사의 장단점을 자세하게 살펴보면 다음과 같다.

1) 지주회사의 장점

(1) 지주회사는 출자에 집중하고, 자회사는 고유의 영업활동에 전념할 수 있어서 경영효율성이 높아진다.
(2) 외자유치, 신규사업진출 등 상시적인 사업 구조조정과 사업 분리매각이 가능하다.
(3) 수직계열화로 사업자 간의 시너지 창출효과가 있고, 기업가치가 높아진다.
(4) 순환출자구조보다는 소유지배구조로 경영 투명성이 높아진다.

2) 지주회사의 단점

(1) 기업 내 그룹회사의 결속으로 인한 경제력 집중 수단의 우려가 있다.
(2) 자금 관계의 불투명화 및 자회사의 재무구조가 악화될 수 있다.
(3) 과세회피 수단으로서 악용될 수 있다.

(4) 기업경영정보의 부족으로 소수 투자자의 불이익이 우려된다.

(5) 빈번한 퇴출. 진입으로 경영이 불안정되기 쉽다.

6. 지주회사체제의 도입과정

1986년   금지조항의 도입
- 피라미드형 자본지배경제력 집중방지 목적
- 출자총액제한 조항을 포함해 공정거래법에 도입(법과 현실사이의 괴리)

1999년   정부의 입장 변화
- 제도장치로서의 지수회사 언급 시작
- 구체적 방안 강구

2000년   금융지주회사법 통과
- SK엔론 첫 지주회사 전환
- 대기업(특히 재벌기업) 지주회사제도에 무반응

2001년   금융지주회사의 출범
- 4월 우리금융지주회사 정부주도하에 가장 먼저 출범
- 9월 신한금융지주회사 설립
- 국내 금융시장 본격적 지주회사체제로 돌입

2003년   정부의 지주회사제도 권유
- 농심, 풀무원 등 전환준비
- 6월 동원금융지주회사의 설립
- 녹십자 지주회사로 재편
- (주)LG카드 논란

2004년   주식 5% 초과 소유 금지
       - 삼성에버랜드 지주회사 전환
       - 지주회사의 비계열사 주식 5% 초과 소유 금지

7. 지주회사의 현황

지주회사는 2004년에는 22개 사, 2005에는 25개 사, 2006년에는 31개 사, 2007에는 40개 사로 해마다 증가하고 있다. 이렇게 증가하는 이유는 복잡한 순환출자에 있는 대기업집단보다 지주회사체제가 시장에서 긍정적인 반응을 얻고 있고, 지주회사로의 전환이 이전보다 더 용이해졌다고 볼 수 있다.

40개의 지주회사 중 일반지주회사는 36개 사로서 이중 상호출자제한기업의 지주회사는 SK㈜, LG㈜, GS㈜ 등 15개 사이며, 21개의 지주회사가 상장되었다. 지주회사로 전환한 기업(일반지주회사 74.2%, 금융지주회사 76.1%)의 대부분이 순수지주회사이고, 사업지주회사의 비율은 대체로 낮았다.

〈표 11-1〉 2007년 상반기 지주회사현황

(단위: 십억 원)

회사명	설립.전환일	자회사수	손자회사수	자산총액	지주비율	부채비율
에스케이㈜	2007.07.03.	7	16	6,478	88.2	86.3
㈜LG	2001.04.03.	14	14	4,604	103.3	8.6
금호산업㈜	2007.01.01.	11	10	3,887	65.8	240.9
㈜태평양	2007.01.01.	4	0	1,370	68.2	12.3
에스케이아이엔에스㈜	2007.01.01.	10	1	953	94.5	14.8
CJ홈쇼핑	2007.01.01.	5	8	851	71	86.4
㈜한진중공업홀딩스	2007.08.01.	4	0	587	54.1	52.3
㈜드림파마	2007.04.01.	5	0	528	63.8	104.1
㈜넥슨홀딩스	2007.01.01.	6	0	439	61	10.2
TAS자동차손해사정서비스㈜	2007.04.01.	1	0	302	94.8	0

회사명	설립. 전환일	자회 사수	손자 회사수	자산 총액	지주 비율	부채 비율
㈜HCN	2006.01.01.	9	1	280	87.1	0.9
에이오엔이십일(유)	2007.01.01.	9	0	238	67.3	32.9
㈜KPC홀딩스	2006.09.01.	7	0	225	59.6	6.6
㈜디피아이홀딩스	2006.06.02.	8	3	189	67.6	43.4
㈜엘아이지홀딩스	2006.01.01.	4	0	154	83.2	1.7
㈜케이씨홀딩스	2007.01.01.	4	0	138	56.6	6.8
바이더웨이씨브이에스홀딩스㈜	2007.01.01.	1	0	130	96	45.5
평화홀딩스㈜	2006.05.02.	6	1	122	81.1	14.4
㈜네오위즈	2007.04.26.	6	0	121	58.2	56.5
㈜비에스이홀딩스	2006.01.01.	2	0	110	92.7	3.6
㈜차산골프장홀딩스	2006.01.01.	1	0	100	70.8	0
㈜화성사	2000. 4. 1.	1	0	309	99.9	0
㈜온미디어	2000. 6. 15.	5	0	412	60.1	104.1
㈜동원엔터프라이즈	2001. 4. 16.	11	1	373	90.5	66.4
㈜대교홀딩스	2001. 5. 4.	7	6	688	94.2	4.2
세아홀딩스㈜	2001. 7. 3.	14	0	729	91.2	23.7
한국컴퓨터지주㈜	2002. 5. 27.	10	0	119	98.5	6.4
㈜대웅	2002. 10. 2.	13	4	170	83.5	5.9
㈜풀무원	2003. 3. 11.	14	0	262	58	65.9
㈜농심홀딩스	2003. 7. 10.	6	2	449	97.8	24.4
동화홀딩스㈜	2003. 10. 1.	11	0	282	56.4	20.1
삼성종합화학㈜	2004. 1. 1.	1	0	794	96.7	2.7
㈜이수	2004. 1. 1.	4	5	203	69.3	80
㈜다함이텍	2004. 1. 1.	4	0	170	63.5	2.7
㈜GS홀딩스	2004. 7. 7.	5	9	3,273	94.8	24.7
대상홀딩스㈜	2005. 8. 1.	4	1	311	73.4	1
일반지주회사-36개 사						
우리금융지주㈜	2001. 3. 27.	9	6	13,794	98.5	15.6
㈜신한금융지주회사	2001. 9. 1.	11	3	15,004	85.2	32.1
㈜하나금융지주회사	2005.12.01.	5	3	7,803	98.2	0.1
한국투자금융지주㈜	2003. 5. 30.	4	3	2,462	81.3	33.7
금융지주회사-4개 사						

위의 <표 11-1>를 보면, 일반지주회사의 부채비율은 평균 34.1%(일반지주
회사 47.8%, 금융지주회사 20.4%)로 현행 법률상의 부채요건인 200%에 비해
상당히 낮은 것으로 나타났다. 지주회사의 자회사는 총 263개 사(일반지주회
사 234개 사, 금융지주회사 29개 사)로 나타났고, 지주회사의 손자회사는 총
101개 사(일반지주회사 86개 사, 금융지주회사 15개 사)로 나타났다. 자회사
와 손자회사에 대한 지분율은 각각 평균 74.2%, 76.1%로 법적인 지분율보다
높은 것으로 보여 지배력이 한층 강화된 것으로 생각된다. 이같이 지분율이
훨씬 높게 나타낸 것은 이들 자회사와 손자회사에 대한 지배력확보를 위한
기업의 자발적 선택인 것으로 분석되며 지분율이 높을수록 배당수익에 대한
법인세혜택효과가 있어서 이들 요인도 영향을 미칠 것으로 본다.

　금융지주회사도 평균 지주비율이 법적 지주비율보다 높고, 부채비율은 평균
20.1%로 나타내고 있다. 이것은 법률상의 부채비율요건보다 훨씬 낮은 수치
로서 금융지주회사의 체제가 안전하게 자리잡아가고 있음을 보여주고 있다.

제2절 금융지주회사와 사업지주회사

본절에서는 금융지주회사와 사업지주회사를 중심으로 좀 더 자세히 살펴보
기로 하겠다.

1. 금융지주회사

최근 금융산업에서는 기존의 국가 또는 금융권역별 경쟁을 초월하여 글로벌
경쟁상태로 치닫고 있다. 선진금융기관들은 초대형 금융기관과 인수합병(M&A)
을 통해 시장지배력을 키우고 있으며, 금융지주회사를 통한 겸업화시도가 계속

되고 있다. 이러한 추세에 맞추어 우리나라의 금융지주회사법이 2000년 10월 공포되었고, 우리금융지주회사, 신한금융지주회사 등이 설립되었다.

1) 금융지주회사의 정의

금융지주회사란 금융회사를 자회사로 거느리는 지주회사(홀딩컴퍼니)를 말한다. 즉 금융회사 주식을 보유한 일종의 페이퍼컴퍼니(paper company)로 은행, 증권, 보험 등 다양한 금융 계열사를 동시에 소유하는 회사이다.

현재 공정거래법에 따르면 지주회사는 부채비율이 100% 미만이어야 하고, 자회사가 상장회사일 경우 30%, 비상장회사일 경우 50%의 지분을 가지고 있어야 한다.

금융지주회사는 비금융회사를 자회사로 거느릴 수 없다. 금융지주회사가 설립되면 계열사 간 원활한 협력 체제를 구축할 수 있는 효과가 있다. 또 대외 신인도를 높여 영업력을 활성화할 수 있을 뿐만 아니라 인수, 합병(M&A) 등 대형화에도 신속하게 대응할 수 있는 장점이 있다.

2) 금융지주회사의 도입배경

금융산업 간의 치열한 경쟁환경 하에서 금융기관 시장지배력을 위한 금융지주회사의 도입배경은 다음과 같다.

(1) 은행업, 증권업, 보험업 3대 업종 간의 엄격한 분업주의
(2) 금융시장의 비효율성
(3) 외환위기 이후 금융환경의 급격한 변화
(4) 외국계 금융회사의 시장잠식 가속화

3) 금융지주회사의 장점

(1) 금융회사 간 결합, 운영이 용이하다.
(2) One-stop 서비스가 제공된다.
(3) 금융시스템의 안정성과 건전성이 확보된다.
(4) 금융산업의 구조조정을 촉진할 수 있다.
(5) 자회사를 통한 금융업무의 범위 확대가 용이하다.
(6) 지주회사만이 자회사 간 고객정보 공유가 가능하다.

4) 금융지주회사의 단점

(1) 금융산업의 집중화로 금융시장의 경쟁력을 약화시킬 수 있다.
(2) 자회사 간 불공정 내부거래의 가능성이 있다.
(3) 조직구조의 다단계화로 인한 의사결정단계가 길어진다.
(4) 비효율적인 금융업무의 확대로 금융지주회사를 설립할 경우 발생될 폐단이 우려된다.

2. 사업지주회사

사업지주회사는 지배회사 또는 모회사라고도 하며 자회사의 주식 전부 또는 일부를 소유해 자회사의 경영권을 지배하는 회사를 말한다. 사업지주회사는 변형된 지주회사로 혼합지주회사로 불리기도 한다. 순수지주회사는 경영권만 확보할 뿐 독립적인 사업을 할 수 없는 반면에 사업지주회사는 독자적으로 영업을 할 수 있다.

3. 재벌그룹과 지주회사의 차이점

지주회사는 다른 기업을 지배하기 위해 만든 회사이다. 즉 자회사의 주식전부 또는 일부를 소유해 자회사의 경영권을 지배하는 회사를 말한다. 이에 비해 재벌이란 한국에만 있는 특수한 기업형태이다.

재벌이란 상호출자와 상호보증 등을 통해 계열사가 하나의 집단으로 묶이고 이들 전체를 한 사람이 지배하는 기업체계이다. 그러나 지주회사의 경우 해당 업종의 기업 여러 곳을 지배한다. 예를 들어 우리금융그룹의 경우 우리은행, 우리카드 등 금융회사를 계열사로 거느린다.

이에 비해 재벌그룹은 문어발식으로 전혀 관련도 없는 여러 회사를 거느린다. 재벌의 경우 엄밀히 말해서 자회사, 모회사가 따로 없다. 서로가 지분보유를 통해 지배를 하고 있으며, 서로 채무보증을 서는 등의 형태이다.

의사결정과정에서도 재벌그룹은 특정 소수가 편법을 통해 지배하는 기업형태를 나타내기도 하지만, 지주회사는 그렇지 않다는 점이 다르다.

1) 재벌기업의 지배권과 의결권

지배권은 주식보유지분을 의미하며, 의결권은 실제로 지배하는 주식지분을 말한다. 우리나라 재벌의 경우 어느 한 회사의 지분은 적게는 1%에서 많으면 20% 정도이다. 그런데 이들 재벌이 그 기업을 지배할 수 있는 것은 상호출자 등을 통해 추가로 해당 기업의 주식을 간접보유하고, 이 지분까지 의결권을 행사하기 때문이다.

1%의 주식을 가지고 30%의 의결권을 행사하면 이 차이는 29%의 지분을 보유하지도 않고서도 기업의 지배가 가능해진다.

전환사채를 헐값에 판매하는 행위, 손실을 전가하는 행위, 주식 내부거래

등등 재벌회사의 경우 재벌총수 개인이나 특수 관계인의 이익을 위해 일반 주주에게 손실을 입히는 경우는 종종 있는 일이다. 지주회사가 되면 지배권과 의결권의 문제점이 해결되어, 자신의 지분만큼 의결권을 발휘할 수 있으며, 이는 상대적으로 소액주주의 의결권이 커지고 그에 따라 소액주주에게 큰 혜택이 돌아갈 수 있다.

2) 지분법의 회계처리

지분법의 개념은 단일실체개념에서 파생된 것으로서, 어떤 기업이 다른 기업의 순자산가액의 20% 이상을 소유했을 때 지분법이 적용된다.

$$A회사 \ = \ A회사의 \ 순자산가액 \ + \ B회사의 \ 순자산가액 \ X \ 20\%$$

위에서 B회사(자회사) 순자산가액의 20%는 A회사(모회사) 것으로 본다.

(1) 단일실체개념

모회사가 자회사의 경영권을 지배할 목적으로 주식을 취득한 경우 자회사의 순자산가액에 변동발생 시 모회사의 지분만큼 지분법적용 투자주식에 반영하여 회계 처리하는 것을 말한다.

(2) 지분법 회계처리와 일반적인 회계처리

<표 11-2>의 당기순이익 보고 시와 배당금 지급 시 지분법의 회계처리[56]를 보면 다음과 같다.

---

56) 여기서는 투자주식 ₩500,000, 당기순이익 ₩100,000, 배당금 ₩50,000 이라고 가정한다.

〈표 11-2〉 일반적인 회계처리와 지분법 회계처리의 차이점

구 분	일반적 회계처리	지분법 회계처리
취득 시	차) 투자주식 500,000 대) 현금 500,000	차) 지분법적용투자주식 500,000 대) 현금 500,000
당기순이익 보고 시	없음	차) 지분법적용투자주식 100,000 대) 지분법이익 100,000
배당금 지급 시	차) 현금 50,000 대) 배당금 수익 50,000	차) 현금 50,000 대) 지분법적용투자주식 50,000

지분법과 일반적인 회계처리의 가장 큰 차이점은 당기순이익 보고 시와 배당금 지급 시의 경우가 가장 대표적이다. 일반적으로 어떤 기업의 지분을 보유하고 있을 경우 그 기업이 당기순이익을 보고하여도 그것은 투자회사의 이익이 되지 않으며 배당금을 수령한 경우 이익이 발생한다. 지분법을 적용하지 않으면 이를 악용하여 배당률을 조정해 투자회사의 이익을 조작할 수 있다. 이를 막기 위한 것이 지분법으로서 경제적 실체의 자산 부채의 변동을 잘 반영해 주는 방법이다.

4. 연결회계제도

지주회사는 개별재무제표 작성 이후 연결 재무제표도 작성하여 보고하여야 한다. 연결재무제표란 기업 간 상호독립적인 법인격을 갖고 있으나, 경제적으로는 하나의 기업과 같은 유기적인 관련이 있을 때 한 회사의 경영실적에다 자회사의 실적까지 합쳐서 재무제표[57]를 작성하는 것을 말한다.

즉 주식소유를 통해 지배, 종속관계에 있는 기업들을 하나의 실체로 보고, 그 연결기업의 재무정보를 제공하기 위하여 지배회사가 재무제표를 작성한다.

연결재무제표는 각 독립적인 기업들의 재무제표를 모두 포함한 것으로 이

---

57) 여기에 대한 자세한 내용은 중급회계서적을 참고하기 바람.

들 기업 상호 간의 거래를 제거한 후 작성한 자산, 부채, 자본, 수익 및 비용을 말한다.

이에 반하여 결합재무제표는 재벌기업에 속해 있는 모든 동일소속 계열사를 단일실체로 보고 재무제표를 작성하는 것이다. 이것은 결합대상의 기업집단에 속하는 모든 국내계열회사와 모든 형태의 해외계열 회사를 포함하여 작성하여야 한다.

제3절 지주회사의 사례분석

1. 사례분석기업－대상그룹(지주회사 체제로 대상홀딩스에 5개社 편입)

대상(大象)그룹이 지주회사 체제로 전환했는데, 대상㈜은 이사회결의를 통해 '인적 분할'을 통해 순수지주회사 형태의 대상홀딩스㈜를 설립하였다. '인적 분할'이란 존속 회사의 주주들이 기존의 지분율대로 신설 법인의 주식을 나눠 갖는 것을 말한다. 대상그룹의 2005년 말 총매출은 2조 2240억 원이며, 자산 순위로는 재계 40위권에 속한다.

이에 따라 대상㈜은 1주당 0.6 대 0.4의 비율로 대상㈜과 순수 지주회사인 대상홀딩스㈜로 분할되고, 이 지주회사 밑으로 대상㈜, 대상사료㈜, 대상식품㈜, 대상정보기술㈜, 상암커뮤니케이션즈㈜ 등 5개 자회사가 편입된다.

따라서 그룹 모기업 역할을 해온 대상㈜ 지분 중 가장 많은 27.6%를 갖고 있는 임창욱(林昌郁) 명예회장 등 특수관계인들은 신설 법인인 대상홀딩스㈜에서 역시 최대주주가 된다.

이에 따라 지주회사 전환 이후에도 대상그룹 지배구조에는 큰 변화가 없을 것으로 보인다.

〈표 11-3〉 대상그룹 지주회사 전환 후 지배구조

최대주주(임창욱 명예회장 등 특수관계인)
대상홀딩스(자본금 185억 원)

대 상	대상식품	대상사료	대상정보	상 암
상장사	비상장사	상장사	비상장사	비상장사(광고대행사)
연매출액 1조 3,546억원	연매출액 2,512억원	연매출액 4,150억원	연매출액 510억원	연매출액 102억원
자본금: 462억원	자본금: 178억원	자본금: 158억원	자본금: 80억원	자본금: 13억 원

* 2005년 말 기준

2. 사례분석기업: (주)LG

LG그룹은 구인회 LG 창업회장이 1947년 락희화학공업사(현 LG화학)를 설립하면서 시작되었다. 그 후 LG그룹은 비약적인 발전을 거듭하여 50여개 이상의 계열사를 가지고 있었고, 매출액 기준 국내 2위의 대그룹으로 발전하였다. 그만큼 LG그룹이 우리 경제에 차지하는 비중은 매우 중요하였다. (주)LG는 2003년 3월 1일자로 화학부문의 지주회사인 LGCI와 전자부문의 지주회사인 LGEI를 합병, 통합지주회사인 (주)LG를 설립하였다. 대기업집단 최초로 출발한 (주)LG는 발행주식총 수 260,168,555주, 자본금 13,008억원, 자산 62,000억원, 자기자본 46,000억원, 부채비율 35%의 순수지주회사이다.

1) (주)LG의 지주회사체제의 도입

(주)LG가 지주회사로 전환하게 된 계기는 계열사 간의 복잡한 출자구조와

IMF이후의 단계별 구조조정 추진의 일환으로 지배구조의 근본적인 개선을 통한 경쟁력을 강화하는데 있다.

－LGCI, LGEI 및 LGMRO(서브원)가 합병하여 탄생한 LG그룹의 지주회사로 2003년 3월 4일자로 상호를 LGCI에서 주식회사 LG로 변경, 2004년 7월 1일을 기준일로 정유, 유통, 홈쇼핑 등에 대한 출자부문 및 임대사업 일부를 영위하는 GS홀딩스가 동사로부터 인적분할되었다.

2004년 7월 1일 －㈜LG
                ㈜GS홀딩스

－수익의 대부분이 지분법 평가이익으로 발생하며 동사의 가치는 투자자산의 가치와 배당금, 로열티 수입에 영향을 받았다. 2005년 상반기 기준 영업수익 중에서 지분법평가이익이 60.6%, 브랜드수익이 28.6%, 배당수익이 6.3%, 임대수익이 4.5%이다.

－동사가 지분을 보유한 자회사중 LG전자와 LG화학의 비중이 가장 높아 이들 자회사의 실적이 동사의 실적에 가장 큰 영향을 받고 있다. 2005년 6월 기준 LG전자, LG화학을 포함하여 15개의 자회사를 포함하고 있다.

2) 지주회사 추진과정

1단계 출자구조의 재편(1999년~2000년)

　　　: LG계열사간의 출자구조의 단순화

　　　－ 화학&에너지 사업권의 소속회사

　　　　→ (주)LG화학 중심으로 출자구조 재편

　　　－ 전자& 정보통신 사업권의 소속회사

　　　　→ LG전자(주) 중심으로 출자구조 재편

2단계 (주)LG화학, LG전자(주)의 기업분할(2001년~2002년)
     : (주)LG화학과 LG전자(주)의 기업분할을 통해 두개의 지주회사 설립
     - (주)LG화학
        → (주)LGCI(지주회사), (주)LG화학, (주)LG생활건강으로 기업분할
     -LG전자(주)
        → (주)LGEI(지주회사), LG전자(주)로 기업분할
3단계 지주회사 설립(2003년)
     : LG의 단일 지주회사 (주)LG출범
      - (주)LGCI와 (주)LGEI의 합병

3) (주)LG의 향후 전망

(주)LG의 향후 실적회복은 핵심 자회사들의 실적회복 여부가 관건인데, 최대 자회사인 LG전자의 휴대폰과 디스플레이 부문 회복이 기대되고 있어 동사의 실적도 회복이 기대된다.

아울러 경제의 악순환을 가지고 왔던 기존 재벌구조의 폐해를 제거할 수 있는 지주회사는 재벌의 기업지배구조의 장점을 상황에 알맞게 접목시킬 수 있을 때 성공할 수 있으며, 이를 위해서는 정부의 규제와 회계제도 등의 변화가 뒷받침 되어야 하겠다.

· 저자 ·

정 추 란   ·약 력·
(鄭 秋 蘭)   성균관대학교 경영학부 회계학과 졸업
성균관대학교 교육대학원 교육학 석사
경희대학교 일반대학원 경영학 박사

현) 서울동산정보산업고등학교 부장교사
현) 경희대학교 경영대학 경영학부 강사
한국외국어대학교 상경대학 경영학부 강사
경희대학교 교양학부 강사
경희대학교 교육대학원 강사
중앙이아피(주) 재무회계 전문상담위원

·주요논저·

「한국코스닥기업의 가치평가에 관한 연구」, 박사학위논문, 사단법인 기업가치평가협회
우수논문 게재
「진로지도에 관한 연구」, 석사학위논문
「코스닥기업의 가치평가에 관한 연구 -비선형모형의 적용과 비회계정보의 역할-」(2인 공저),
경희비즈니스 연구, 2005

·저 서·

『한국코스닥기업의 가치평가』, 한국학술정보(주), 2005

자본시장과 재테크

· 초판 인쇄 | 2008년 3월 10일
· 초판 발행 | 2008년 3월 10일

· 지 은 이 | 정추란(鄭秋蘭)
· 펴 낸 이 | 채종준
· 펴 낸 곳 | 한국학술정보㈜
경기도 파주시 교하읍 문발리 513-5
파주출판문화정보산업단지
전화 031) 908-3181(대표) · 팩스 031) 908-3189
홈페이지 http://www.kstudy.com
e-mail(출판사업부) publish@kstudy.com
· 등   록 | 제일산-115호(2000. 6. 19)
· 가   격 | 34,000원

ISBN 978-89-534-8274-6 93320 (Paper Book)
      978-89-534-8275-3 98320 (e-Book)